U0488768

公共事务与国家治理研究丛书

# 当代社会政策研究[十六]：
# 共同富裕与社会政策创新

林闽钢　关信平　主编

南京大学出版社

图书在版编目(CIP)数据

当代社会政策研究. 十六,共同富裕与社会政策创新/林闽钢,关信平主编. — 南京:南京大学出版社,2023.10
(公共事务与国家治理研究丛书)
ISBN 978-7-305-27098-7

Ⅰ. ①当… Ⅱ. ①林… ②关… Ⅲ. ①社会政策—文集 Ⅳ. ①C916-53

中国国家版本馆 CIP 数据核字(2023)第 113679 号

| 出版发行 | 南京大学出版社 | | |
|---|---|---|---|
| 社　　址 | 南京市金银街 8 号 | 邮　编 | 210093 |
| 出 版 人 | 王文军 | | |

丛 书 名　公共事务与国家治理研究丛书
书　　名　当代社会政策研究[十六]:共同富裕与社会政策创新
　　　　　DANGDAI SHEHUI ZHENGCE YANJIU [SHILIU]: GONGTONG FUYU YU SHEHUI ZHENGCE CHUANGXIN
主　　编　林闽钢　关信平
责任编辑　梁承露
编辑邮箱　1958835184@qq.com

照　　排　南京南琳图文制作有限公司
印　　刷　南京玉河印刷厂
开　　本　635×965　1/16　印张 20.5　字数 276 千字
版　　次　2023 年 10 月第 1 版　2023 年 10 月第 1 次印刷
ISBN　978-7-305-27098-7
定　　价　88.00 元

网址:http://www.njupco.com
官方微博:http://weibo.com/njupco
官方微信号:njupress
销售咨询热线:(025) 83594756

* 版权所有,侵权必究
* 凡购买南大版图书,如有印装质量问题,请与所购
　图书销售部门联系调换

# 总序

在人类文明体系演进中，政治共同体的良善治理始终是衡量文明发展水平和程度的标尺。在中华民族源远流长的历史中，形成了丰厚的治理文明传统，至今依然熠熠发光。在近现代基于文明互鉴的治理实践中，中华民族不断探索新的治理文明道路。时至今日，在中华民族伟大复兴背景下，推进国家治理体系现代化成为时代发展的主题。推进国家治理体系和治理能力现代化，就是为人民幸福安康、为社会和谐稳定、为国家长治久安提供一整套更完备、更稳定、更有效的制度体系并构建其实践能力。这既是历史发展的主题，也是当今中国社会科学的时代责任，探究合法性和有效性兼备的治国理政知识，无疑是政治学和公共管理的根本旨趣。

在国家"双一流"建设背景下，南京大学确立了创建具有中国特色、南大风格的世界一流大学的总体目标，其中包括"国家治理现代化"学科高峰和"理论创新与社会治理"特色学科群建设计划。为高水平实现这些目标，南京大学以政府管理学院为主体组建了"公共事务与国家治理"学科群。本学科群以人类社会发展中的公共事务及其规律为基本关怀，研究国家治理与全球治理中的理论及实践问题，探索良政善治之道，全面服务于推进国家治理体系和治理能力现代化的总体目标。

南京大学政府管理学院脱胎于1921年成立的国立中央大学政治学系,历经百年沧桑,她既见证了中国现代国家治理体系的形成过程,又致力于通过对国家治理的知识创造积极参与到中国现代国家治理体系的建构之中。"周虽旧邦,其命维新",经过数代学人的不懈努力,南京大学政府管理学院形成了"道器相济,兼有天下""真诚研究、立德树人"的文化传承,确立了基础理论原创性研究和应用问题引领性研究的学术布局;在新时代社会科学发展进程中,南京大学政府管理学院正在成为科研力量雄厚、学术特色显著、传承紧致有序、发展充满朝气的国家治理现代化的研究和教学机构。

南大校歌云:"吾愿无穷兮,如日方暾。"创新性地开展国家治理现代化的研究,是政治学和公共管理的使命和挑战,呈现在读者面前的这套丛书,是我们研究国家治理现代化的学术成果。我们由衷期待这套丛书成为我们与学术界开展对话和交流的平台,并期待与学界同仁一道为探究国家治理现代化的中国话语做出贡献。

# 目 录

1. 关信平:《中国特色社会政策理论构建及其主要议题》…… 1
2. 沈洁:《日本社会政策学科的发展路径及现状》………… 20
3. 林闽钢:《中国社会政策体系的结构转型与实现路径》…… 29
4. 岳经纶、范昕:《幼有所育:新时代我国儿童政策体制的转型》
   ……………………………………………………………… 45
5. 刘涛:《共同富裕治理的制度主义方法论》……………… 65
6. 林卡:《回顾与展望:中国社会保障体系演化的阶段性特征与社会政策发展》
   ……………………………………………………………… 87
7. 唐钧:《中国传统文化中的长期照护思想》……………… 105
8. 高琴、王一:《中国儿童多维贫困的水平、趋势与模式研究——基于 2013—2018 年 CHIP 数据的证据》……… 119
9. 张浩淼:《困境与出路:"激活"视角下我国就业救助制度透视》
   ……………………………………………………………… 162
10. 房莉杰、陈慧玲:《平衡工作与家庭:家庭生育支持政策的国际比较》
    …………………………………………………………… 185
11. 郭未、鲁佳莹、刘林平:《流动时代的健康中国:社会经济地位、健康素养与健康结果——基于 CMDS2016 数据的实证研究》
    …………………………………………………………… 206
12. 熊跃根:《大变革背景下中国社会政策的发展方向与基本策略》
    …………………………………………………………… 240

13. 严新明:《"幼弱""老弱"及其社会政策》················ 254
14. 高传胜、王雅楠:《少儿家庭支持,何以可为?——严峻的人口形势下少儿家庭政策建设再探讨》················ 260
15. 于萌:《在灵活性与保障性之间:平台劳动者的社会政策保护》················ 286
16. 霍萱:《农村家庭慢性贫困的生成机制及跨代弱势累积研究》················ 302

# 中国特色社会政策理论构建及其主要议题

关信平[*]

改革开放以来，中国社会政策实践经历了重大的转型发展过程。特别是进入 21 世纪以来，社会政策有了长足的发展，在项目齐全性、覆盖广泛性、水平恰当性、制度完整性、管理有效性等方面都取得了重大进展，在保障和改善民生的各个方面发挥着重要作用。但是，相对来说，我国的社会政策理论发展还不够成熟，还未形成较为系统的社会政策理论体系。理论发展的不足将制约我国社会政策未来的持续健康发展。未来我国将面临新发展阶段的各种新的和重大的挑战，需要社会政策发挥更大的作用，因此需要进一步加强和优化社会政策。面对未来更加复杂的发展环境和更高的要求，我国社会政策的发展应该具有更加突出的价值引导，更加清晰的发展思路，更强的预测性和前瞻性眼光，对未来的机会、挑战和风险有更加清晰的认识。而这一切都需要在社会政策领域有更加清晰和系统的理论指导。因此，加快发展中国特色社会政策理论是当前我国社会政策实践发展的亟需，也是摆在我国社会科学领域，尤其是社会政策研究者面前的一项重要任务。

---

[*] 本文发表于《社会政策研究》，2021 年第 3 期。
关信平，南开大学社会建设与管理研究院教授。
基金项目：国家社科基金重大项目"当前我国普惠性、基础性、兜底性民生建设研究"项目批准号：20ZDA068

## 一、社会政策理论的意义及我国社会政策理论发展概况

### (一) 社会政策理论的含义与意义

社会政策理论是对制定和实施社会政策的理论解释与预测体系。社会政策理论是社会政策实践发展的产物,是专门反映社会政策行动及运行规律的理论体系,属于应用性理论,是关于社会政策行动体系的理论概括。社会政策理论建构要依托社会科学领域的若干基础性理论,包括经济学理论、社会学理论、政治学理论等,但具有不同于这些基础理论的应用性理论内容。同时,在实践上社会政策属于公共政策领域,与国家的法制体系也有密切关联。在理论建构上,当代公共政策学科和法学学科中的理论和分析工具可以为社会政策提供一定的工具性帮助,并与后者有一定的内容交叉,但难以替代社会政策理论。因此,社会政策理论是一套独立的理论体系,是以社会科学若干基础学科理论为基础,与公共管理、法学等领域的理论体系并列,专门针对社会政策行动领域的应用性理论体系。

社会政策理论对当代社会政策实践发展具有重要意义。社会政策实践是一套行动体系,是国家为实现其保障和改善民生的社会目标而制定和实施相关政策的行动。在当代社会中,社会政策行动已经远远超越了为解决各种眼前问题的零散行动组合,是政府为了解决各种长期性的问题而建构一整套完整的制度和行动体系,不仅能够全面满足当前的各种需要、解决各种社会问题,还能应对将来可能出现的各种风险。要制定和实施好社会政策,需要通过大量的理论研究而对其规律有清楚的认识,尤其是在当代社会中,政府的社会政策越来越庞大、越来越复杂,并且是在越来越复杂的经济、政治、文化和社会环境中进行的,受到来自各方面的复杂影响。政府要把握好社会政策行动,一方面必须全面掌握制定和实施社会政策所需要的

各方面信息,另一方面必须清楚地把握制定和实施社会政策的一般性规律,即哪些因素会对社会政策产生何种影响、不同的社会政策会给社会各个方面带来何种影响等等。要做到前一方面,需要有较为完整有效的信息获取和分析手段;而要做到后一方面就要求有较为完整有效的社会政策理论。

(二) 当代世界社会政策理论的发展及其影响

在国际上,社会政策理论发展由来已久。在西方古代社会思想中就包含许多关于福利制度的思想观点。工业革命之后,西方国家的经济学、社会学、政治学等社会科学学科的理论都包含社会福利议题。20世纪中叶以来,随着西方工业化国家社会政策实践的快速发展,其社会政策理论也快速发展,形成了独立的社会政策理论体系(又称"社会福利理论")。并且,随着西方工业化国家经济与社会的发展和变化,其社会政策理论也出现了从早期社会民主主义福利国家社会政策理论一统天下,到后来遭遇新自由主义的理论挑战,再到后来"第三条道路"社会政策理论占据主导地位的"正—反—合"转型。当前,西方社会政策理论已经成为一个很大的理论体系,其中发展出了许多针对不同问题的、不同视角的和不同分支领域的社会政策理论。[①] 西方社会政策理论的繁荣发展为西方各国政府制定和实施社会政策的实践提供了丰富的理论指导,在帮助政府应对各种社会政策难题方面发挥了重要的作用。并且,从20世纪后半叶开始,西方社会政策理论的研究和影响力开始超越西方工业化国家,其探究对象延伸到世界其他地区和国家,包括许多发展中国家,其影响力也扩展到西方世界之外,在推动世界社会政策发展方面起到了重要的作用。

---

[①] 参见彭华民,《西方社会福利理论前沿:论国家、社会、体制与政策》,北京:中国社会出版社,2009年版。

## (三) 我国社会政策理论的发展

早在古代社会,我国早期思想家就有对当时社会福利制度和行动的思想论述。从孔夫子到孙中山两千多年的历史中,众多的古代及近代社会思想家有大量的社会福利思想观点,形成了中国社会福利思想史的丰富内容。[1] 中国共产党在百年历史的各个阶段都有主张、制定和实施社会政策的行动,其背后也有相应的价值理念和理论支撑,包括鲜明的价值目标和工具性的理论思考。中华人民共和国成立以后,在计划经济体制下建立了一整套保障民生的制度体系。制度来源一是基于本国实际的探索创新,二是学习苏联的制度体系。在当时制定和实施社会政策行动的背后也有一定的理论指导,包括当时计划经济理论的支撑以及来自马克思主义经典作家的理论依据。例如,马克思《哥达纲领批判》中关于"必要扣除"的理论[2]以及恩格斯《论住宅问题》中关于住宅性质的分析[3],都为我国计划经济体制下的社会政策提供了理论依据。

在改革开放之前,西方的社会政策理论难以直接应用到我国。改革开放以后,在思想解放运动的推动下,我国开始学习西方的社会科学理论,其社会政策理论也被引入我国的学术体系中,推动了我国社会政策理论和社会政策学科的发展。一方面,改革开放以来我国社会政策的转型发展过程中较为广泛地借鉴了西方社会政策的理论与实践模式。另一方面,西方社会政策理论也广泛地进入我国学术界的教材、课堂和研究论文中,对我国社会政策学科领域的基本概念、理论和方法等方面都产生了很大的影响。当今西方社会政策理

---

[1] 参见田毅鹏等:《中国社会福利思想史》,北京:中国人民大学出版社,2017年版。
[2] 马克思:《哥达纲领批判》,《马克思恩格斯文集》第2卷,北京:人民出版社,2009年版,第52—53页。
[3] 恩格斯:《论住宅问题》,《马克思恩格斯文集》第3卷,北京:人民出版社,2009年版,第432—433页。

论中的主要理论流派在中国学术界都有介绍,包括福利多元主义理论、社会质量理论、福利三角理论、发展型(生产型)社会政策理论、资产建设理论、社会保护底线理论、福利体制理论、社会排斥与社会融入理论、全球社会政策理论、绿色社会政策理论等。其中有些还产生了较大的影响,不仅在中国社会政策研究中被广泛采用,而且在社会政策相关领域的研究生论文中也被作为研究的理论依据而广泛使用,对我国社会政策实务研究、理论发展和人才培养都产生了重要的影响。

西方社会政策理论全面进入我国学术界有多方面的原因。第一,西方社会政策理论是基于对西方国家社会政策长期实践的总结,经过西方国家庞大的社会政策学科多年的理论研究和实践检验,并且早已延伸到西方国家之外的发展中国家,包含对发展中国家社会政策的经验总结和在发展中国家的实践检验。其体系的完整性和包容性使它可应用的范围相当广泛。第二,我国改革开放以后的经济体制和社会环境与西方国家和其他许多发展中国家之间的差距缩小,客观上为西方社会政策理论在我国的传播和应用提供了理论需求和制度条件。第三,改革开放以后中国与西方国家之间的意识形态对抗缩小,人们不再抱着意识形态对抗的眼光去拒绝西方的社会政策理论,而是从更加实用的角度去从西方的社会政策理论中寻找有用的内容。第四,与西方相比,我国的社会政策研究起步晚。从学科发展规律来看,处于"后发"地位的中国社会政策学术界不得不首先学习消化西方较为成熟的社会政策理论,在中国社会政策理论创新和发展过程中难以也不应该简单跨过已经较为成熟的西方社会政策理论体系。

西方社会政策理论对迄今为止我国社会政策领域的研究起到了积极的参考作用,对我国社会政策的理论和实践发展都产生了积极的影响。同时,我国社会政策理论与实务的研究者总体上也不是简单地照搬西方社会政策理论,而是在学习消化的基础上,注重将西方的理论与中国的实际相结合，注重借鉴西方理论中适用于中国国情的内容，取得了较好的成效。但是，我国过去社会政策理论的发展中也存在一些问题。一方面是对西方社会政策理论的借鉴使用中还存在一定的"消化不良"现象，对有些理论的精神实质、内容体系和应用条件理解得不够深入全面，在应用时与本国实际问题的结合还不够紧密恰当，甚至存在一些单纯"炒作"西方概念和理论的现象。另一方面，更重要的是，我国社会政策学术界立足本国国情和社会政策实践的本土理论创新不足。我们较多采用西方社会政策理论对本国社会政策实务做出解释和提供参考，但基于本国实践，超越西方社会政策理论已有体系的本土社会政策理论创新成果不足。总体上看，我国学术界的社会政策理论研究与西方发达国家的水平相比还有较大的差距。

## 二、当前大力发展中国特色社会政策理论的重要意义

为了弥补我国社会政策理论研究的不足，当前应该大力发展中国特色社会政策理论研究。中国特色社会政策理论具有特定含义，切合当前中国特色社会主义建设的实际需要，对我国保障和改善民生以及推动社会建设具有重要的意义。

### （一）中国特色社会政策理论的含义与实质

中国特色社会政策理论具有重要的内涵和意义。首先，中国特色社会政策理论是当代中国特色社会主义建设中制定和实施社会政策行动的理论概括。从全世界范围看，各国在社会政策方面的实践行动都有共同的一面，都是面临相同或相似的问题，通过一定的路径去建立相关的社会政策行动体系，从而满足民众的需要，维护社会公平和解决各种社会问题。但是，各个国家由于经济、组织、文化与社会等方面国情不同，发展阶段不同，民众的实际需要也不尽相同，因

此社会政策发展的环境和条件以及执政党和政府的中心任务也不同，由此导致各国需要根据本国的实际去制定和实施适合本国国情的社会政策。特别是当代中国的改革开放和社会主义初级阶段的国家现代化建设是一场波澜壮阔的大规模行动体系，其中社会政策所处的环境条件和面临的问题既不同于西方发达国家，也不同于其他发展中国家，与我国改革开放前也有很大的差异，因此难以简单地应用西方社会政策理论和延续本国传统的理论思维，而应该在已有社会政策理论的基础上，在总结本国当前中国特色社会主义建设中制定和实施社会政策的行动实践中，创新和发展中国特色社会政策理论。因此，中国特色社会政策理论应该是在坚持中国特色社会主义事业大方向的基础上，通过全面传承中国共产党社会政策价值理念与实践经验，全面借鉴当代世界社会政策研究中有价值的理论成果，系统总结和反映当前中国特色社会主义建设中制定和实施社会政策实践经验基础上建立的，适合中国国情的社会政策理论体系。从这个意义上看，中国特色社会政策理论应该能够对我国社会政策发展史做出理论解释，能够对当今中国特色社会政策实践做出理论总结，并且能够包容西方社会政策理论，对当今世界各国的社会政策实践做出回应，能够与世界社会政策理论发展进行对话和交流。

### （二）当前大力发展中国特色社会政策理论的国内意义

当前，在中国特色社会主义建设中，社会政策是一个越来越重要的公共行动领域，已经形成一个宏大的政策体系，在国家建设五位一体的总体布局和政府公共政策行动体系中都占有重要的地位，每年为此而调动许多资源。2019年，全国各级政府在教育、卫生健康、社会保障与就业、住房保障、扶贫开发等几个社会政策领域的公共财政预算内支出占国内生产总值的比例为9.30%，全国社会保险基金支出占国内生产总值的比例达到7.51%,①二者相加占国内生产总值的比例达到了16.81%。尽管与社会政策更为健全的西方发达国家相比,我国在社会政策领域投入的资源相对水平还有明显差距,但与我国过去相比已有较大的发展,而且从绝对量上看已经是一个宏大的行动体系。如此宏大的行动体系需要在资源调动、资源分配、服务供给等方面有科学合理的规划、决策、实施、监控和评估等行动,因此要构建稳定有效的规则体系和行动体系,在此背后应该有完整的理论体系作为支撑。这套行动体系越是宏大、越是复杂,理论支撑的作用就越是重大。

理论的本质是对客观现实的抽象反映,通过建构理论可以更好地看到客观事物的本质和规律,并因此具备解释和预测的功能。制定和实施社会政策是主体与对象及环境之间的复杂互动过程。在这一过程中,研究者和决策者需要清楚地把握政策主体与对象及环境之间的复杂关系,以便让政策主体明确地了解对象的实际需要以及环境条件的实际状况,并且需要让政策主体清楚地了解其具体的政策行动会在各个方面带来的实际改变及反馈效应,从而增强政策主体行动的目的性和有效性。在具体的社会政策行动中,这需要根据特定社会时空中的具体条件来加以分析和把握。但在这一认识过程中研究者和决策者能够通过科学的理论来预先掌握其中的一般规律,则有助于更加准确地把握社会政策的宏观方向,更加合理地分析各种具体信息,并更加精准、合理和高效地制定和实施各项社会政策。

改革开放以来,我国社会政策的发展更多是通过本土实践探索和借鉴国外经验被逐步推动的,尤其是在早期阶段有一定的"摸着石

---

① 根据财政部公布的财政数据、国家统计局公布的国内生产总值和社会保险支出的数据计算。财政数据来自财政部《2019年全国财政支出决算表》,国内生产总值和社会保险支出数据来自国家统计局《中国统计年鉴(2019)》。

头过河"的特点。① 这是因为我国的改革实践是前所未有的,既没有现成的经验可以借鉴,也没有成熟的理论加以指导。但是,到了后来,我国的社会政策改革发展在总体方向上越来越明确,带动了过去20年我国社会政策的快速发展。但是,迄今为止,我国的社会政策理论发展还较为滞后,在许多具体策略上的理论研究还不够系统、不够深入。面向未来发展,在我国全面建设社会主义现代化国家的新征程中,社会政策将发挥更大的作用,并且其体系将更加宏大,内容更加复杂,因此要求社会政策体系增加均衡,社会政策行动更加稳定,具有更大的包容性,并且能够更好地应对来自国内外经济社会各方面的风险挑战。为此,在未来的发展中社会政策需要更多的顶层设计、系统规划和宏观调节,并且需要更强的方向性、前瞻性、预测性、宏观操作性和主体调节性,而要达到这些更高的要求,需要更多更好理论指导。因此,大力发展社会政策理论研究是我国未来社会政策实践发展所必需的。

加强社会政策理论研究还是我国发展统一的社会政策行动体系所必需的。迄今为止,党和政府的重要文件中还没有系统稳定地使用"社会政策"的概念,在党和国家的行政部门中也还没有专门的社会政策管理部门或专门的协调机制。这说明在党和国家的政策实践中还没有明确地将社会政策作为一个统一的政策领域。社会政策的具体行动还分散在民政、教育、人社、卫健、医保、住建等部门分门别类地开展。党和国家重要的综合性文件往往将这些领域放到同一个"保障和改善民生"的文本中,但各个领域具体的政策制定和实施仍是由各部门分头进行。过去我们讨论社会政策的成就时,一般只是将各个领域的成就简单地加在一起;讨论其不足时是将各个方面的不足罗列一番。这种体制最大的缺陷是不利于社会政策内部的整合

---

① 王曦、彭业硕:《从摸着石头过河到顶层设计——中国改革模式的演进》,《中山大学学报(社会科学版)》,2018年第6期。

与协调。在未来的发展中,这种缺陷可能带来更大的负面影响。因此,应该更加重视我国社会政策的整合发展,从两个方面加强社会政策的整合。一是重视超越各个具体领域之上的社会政策总体行动框架,包括确定总体发展方向,制定总体性目标、一般性原则和总体规划,建立总体性决策机制及领导机构。二是在总体行动框架下加强部门之间的合作,以促进社会政策各个方面行动的协调性和相互配合。要促进社会政策的整合发展,就更加需要社会政策理论的指导,以帮助宏观决策者更好地了解社会政策一般运行规律,以及社会政策整合运行中的各种策略性问题。

(三)大力发展中国特色社会政策理论的国际意义

大力发展中国特色社会政策理论的意义还将超越国界,对社会政策的国际交流和世界各国社会政策的发展起到积极的影响。第一,制定和实施社会政策是当代各国政府共同面临的既重要又复杂的任务,各国应该在此领域加强交流,相互学习先进经验。在我国社会政策发展中有许多学自国外,而中国在社会政策方面的成功经验,尤其是改革开放以来在保障和改善民生及消除绝对贫困等方面的社会政策成功经验,也应该积极地向外推广。而在向外介绍推广我国社会政策经验时,不仅要介绍推广实务模式,而且应该将实务模式背后的理念和理论体系推介到世界,以便世界各国更好地理解中国的成功经验。第二,在世界社会政策理论发展中,过去一直是西方社会政策理论占据主导地位。在一定程度上已经形成西方社会政策理论等于世界通用的社会政策理论的局面。但事实上,面向全球的社会政策理论体系还应该更加广泛地总结各种不同国家的社会政策实践经验,尤其是中国在过去几十年经济和社会发展都取得了丰硕成果,应该为世界社会政策理论发展做出更多贡献。因此,中国社会政策的理论研究应该在继续学习消化现行西方社会政策理论的基础上,结合本国实践,总结本国经验,发展中国特色社会政策理论,为全世界社会政策理论的丰富和发展做出贡献。第三,在经济全球化背景下,各国之间在经贸关系、人员流动以及在资源环境、国家安全、疫情防控等方面都越来越多地牵扯到社会政策的议题,社会政策国际之间的相互影响越来越重要。在这一背景下,更需要通过加强社会政策理论研究,不仅为社会政策领域的学术交流,而且为其他相关领域的政策制定提供理论依据。

(四)大力发展社会政策理论研究对我国社会政策学科发展的重要意义

随着社会政策的不断发展,我国不仅需要更多的政策研究人才,而且需要更多的社会政策实务管理人才。因此,社会政策领域的人才培养将越来越重要,由此需要在高校建立较为宏大的社会政策学科。过去几十年里,社会政策学科已经在全世界普及开来,社会政策较为发达的国家(如一些欧洲国家)中,社会政策学科发展水平也较高。我国高校和科研部门中的社会政策学科已经有了初步的发展,目前许多学校正在积极推动社会政策学科的大发展。要发展社会政策学科就离不开一套较为成型的社会政策理论体系。但是,我国未来社会政策学科发展不能只是采用国外的社会政策理论,而是应该依托中国特色社会政策理论。只有这样,未来我国社会政策学科发展才能具有正确的方向、扎实的学科基础和高质量的人才培养体系。

## 三、新时代大力发展中国特色社会政策理论的基础和主要理论议题

当前大力发展中国特色社会政策并不是从零开始,而是已经有了较为充分的实践与理论基础。应该在此基础上,根据新阶段我国社会政策实践发展的需要,重点确定社会政策发展的一批重点议题。

## （一）新时代大力发展中国特色社会政策理论的实践基础

经过多年的发展,我国在社会政策领域已经取得了较为丰富的实践经验,并且已经形成了较为完整的社会政策制度体系,为发展中国特色社会政策理论打下了较为坚实的实践基础。

首先,我国社会政策实践发展已有很长的历史和丰富的经验。中国共产党百年历史中一直在社会政策领域进行着实践探索。[①] 尤其是在中华人民共和国成立以后,党和国家在计划经济体制时期和改革开放以后都有丰富的社会政策实践经验。在计划经济体制时期,我国依托计划经济体制建立了一整套综合性、高度普惠性、项目体系较为完整的社会政策体系,在当时总体温饱不足的困难条件下,较好地保障了民众的基本生活。改革开放以后,面对新的经济发展目标要求,政府在社会政策进行了引入市场机制和推动社会福利社会化的改革,在扩大服务供给和促进经济发展方面取得了成效,但同时也带来了新的问题。党的十六大以来,党和国家进一步重视保障和改善民生,社会政策有了较大的发展,社会政策的内容进一步扩大,覆盖面大幅度扩展,城乡社会政策差距大幅度缩小,全国社会福利总体水平明显提高。十八大以来,我国社会政策进一步完善,总体福利水平继续保持上升,社会政策的公平性进一步提高,特别是如期完成了脱贫攻坚的任务,实现了在中国消除绝对贫困的宏大目标。总体上看,在新中国 70 多年的历程中,我国社会政策经历了在复杂条件下的多样化发展过程,在各个阶段中我国社会政策在价值理念、发展目标、制度设计、资源调动、福利分配、服务提供以及规划与管理等方面都带有较为鲜明的中国特色,并且具有丰富的经验,可以为中国特色社会政策理论研究提供丰富的实践素材。

其次,目前我国已经建立了较为完整的社会政策体系。这套体

---

① 李迎生:《中国共产党建党百年来的社会政策探索》,《学术月刊》,2021 年第 6 期。

系内容较为丰富,项目体系较为宏大,对象覆盖面较为广阔,总体福利水平已有较大幅度的提升。有多个政府部门分别管辖着这套行动体系的各个方面,每年投入大量的财力和人力。在各项社会政策的制定、规划、实施、管理、评估、改革调整等方面有大量的行动,并且有大量的实务性研究。这套宏大的行动体系给中国特色社会政策理论的建构与发展提供着丰富的素材,并且需要社会政策理论的指导。

再次,我国社会政策未来实践发展将给中国特色社会政策理论提供更加丰富的实践素材。我国已经完成全面建成小康社会的任务,已经开启全面建设社会主义现代化国家的新征程。在未来的发展中,社会政策要发挥更加重要的作用,需要回应来自经济转型与发展、人口老龄化、新型城市化、经济与社会风险增大等各个方面的挑战,社会政策实践将比过去更加丰富多彩。尤其是党中央提出了我国未来高质量发展的要求和走共同富裕的方向,这需要社会政策在其中发挥更大的作用。这一切都给社会政策理论发展提供了广阔的实践平台,也对社会政策理论发展提出了很高的要求。

### (二) 新时代大力发展中国特色社会政策理论的理论基础

当前中国特色社会政策理论不仅有坚实的实践基础,而且也有丰富的理论基础。

首先,党和国家在社会政策领域有着明确的指导思想。在习近平新时代中国特色社会主义理论的指导下,党和国家在保障和改善民生方面提出了明确的指导思想,包括以人民为中心的发展理念,提高保障和改善民生水平的要求,以及尽力而为量力而行的指导原则,加强普惠性、基础性、兜底性民生建设的发展方向等方面的指导思想。这些都为现阶段中国特色社会政策理论发展提供了方向原则,并且其本身也是社会政策理论的研究对象。

其次,当代中国经济学、社会学、政治学的发展为中国特色社会政策理论提供着重要的基础理论体系。社会政策理论与实践的发展与国家的经济、政治、社会等各个方面都具有密切的联系,发展中国特色社会政策理论离不开社会学、经济学、政治学等基础学科的理论体系,而唯有深深植根于广阔的社会科学理论体系之中,从各个重要基础理论学科获取理论支撑。当代中国社会科学领域在基础理论研究方面已有长足的进展,尤其是在中国特色社会学、经济学、政治学等领域已经形成较为成熟的基础理论体系。在大力发展中国特色社会政策理论时,应该系统学习应用这些领域的基础理论,广泛而深入地了解当代中国特色社会主义在经济、政治、社会等方面的运行规律,从而使社会政策理论具有更加坚实的理论基础和更大的应用价值。

再次,中国特色社会政策理论应该广泛采用相关应用性学科与专业的知识体系,其中重点包括公共管理、法学、社会工作等相关领域的应用性理论与操作性知识。每个学科都有其特定的研究对象和研究内容及方法,但各个学科之间也有一定的交叉,并且有些理论与方法可以为多个领域共用。从这个意义上看,社会政策具有交叉学科特点,可以从多个学科及专业中汲取应用性理论知识与方法。

最后,大力发展中国特色社会政策理论离不开全面深入了解当代世界社会政策理论及其发展前沿。西方社会政策理论对我国社会政策理论发展具有重要的借鉴意义。我们应该继续全面掌握和深入分析西方社会政策理论体系,尤其是要密切关注其理论发展前沿,加强与西方社会政策理论的对话,既在相互学习与借鉴中丰富自身,又在学术批评与竞争中加强自身,在学术交流和理论互动中不断推动本国和世界社会政策理论的发展,既支撑中国特色社会主义社会政策的发展,又为解决全人类共同问题做出贡献。

**(三)新时代大力发展中国特色社会政策的主要议题**

理论是实践的反映,新时代中国社会政策实践领域相当广泛,有众多的问题需要加以理论研究。因此,中国特色社会政策理论有着广泛的议题。在众多的议题中,下面一些在近期具有较为重要的理论研究意义。

第一,应该重点研究中国特色社会政策的目标。社会政策的最基本的目标应该是满足民众的基本需要。但是,民众的基本需要具有较大的弹性,这就给社会政策基本目标带来了较大的选择空间,因此,应该从理论上研究在市场经济条件下社会政策基本目标如何随着经济社会发展而逐步提升的弹性选择议题。此外,各国政府制定和实施社会政策都有多重目标,包括经济、政治、社会等各个方面的目标。应该从理论上研究我国社会政策多重目标的合理性、具体内容及其相互关系,研究社会政策目标设定时应如何平衡价值理性和工具理性的关系,并且研究多重目标对总体福利水平、福利结构、福利内容等方面的影响。

第二,应该着重研究我国社会政策的价值基础。任何国家的社会政策都是植根于特定时期的社会价值体系中,其实质是政府依据主导社会价值而对相关公共事务作出的选择。当代各国社会的价值系统都是多元的,而政府的社会政策选择事实上是在各种价值之间作出平衡。其中较为重要的价值有社会公平、社会权利、社会平等、集体主义等。应该认真研究这些价值理念的实质内涵、相互关系,以及它们对社会政策的实际影响,并且分析这些价值与经济效率、发展速度、个人自由等方面价值的碰撞与调适。

第三,应该仔细研究在现阶段我国社会合理确定总体福利水平中的理论问题。总体福利水平是任何一个国家制定和实施社会政策都需要解决的总体性和基础性问题,并且也是一个较为复杂,争论较大的问题,涉及社会政策的价值理念,经济和社会条件、国际环境及国内群体间关系,以及社会政策的主体结构、资源调动能力及社会支持等方面的因素。我国总体福利水平在过去近20年的时间里有较大的提升,但针对未来的发展,目前国内学术界存在着"朝向福利社会"和"警惕高福利陷阱"两个方向上较为尖锐的观点冲突。对此问题应该有全面和深入的理论研究,在此基础上缩小争论,力求取得理论共识,以便为我国下一步社会政策的发展提供科学的理论支撑。

第四,应该认真研究中国特色社会政策中的责任主体问题。这在我国既是一个老问题,也是在全球背景下重新被赋予新含义的重要问题。在此领域中的主要问题:一是政府责任与家庭责任的关系问题,其中既有家庭责任的伦理问题和政府责任的公共伦理问题,也涉及社会公平的公共价值目标问题,同时还涉及实际福利效能的实证分析议题。二是政府与社会的责任关系,包括如何促进社会组织的参与,以及在社会广泛参与背景下政府与社会组织的价值协调、分工体系及合作与协调的议题。三是市场经济条件下企业应承担何种社会责任,包括企业对其内部员工保障、福利与发展的责任,以及企业参与政府社会政策及社会公益事业等问题。四是政府间责任关系问题,包括各级政府在社会政策方面的责任分担关系和各个部门之间的分工与合作问题。

第五,应该广泛研究现阶段我国社会政策的经济、政治和社会基础问题。社会政策是在特定的经济、政治和社会条件下运行和发展的,并且能够在促进经济、政治和社会发展中发挥重要作用,这是社会政策最重要的工具性价值,在世界各国都较为重视,在中国尤其重要。为此,应该从理论上仔细研究中国特色社会政策的经济、政治与社会环境,以及如何使社会政策更好地促进经济、政治、社会等方面的全面发展,尤其是社会政策如何为未来我国高质量发展和共同富裕道路作出重要贡献的理论议题。

第六,应该深入研究新发展阶段中我国社会政策体系建构中的理论问题。社会政策体系建构涉及社会政策行动范围及社会政策各类项目之间的结构关系问题。这两个方面的问题都既涉及客观的民众福利需要及资源供给情况,也涉及政府的主观态度及行动选择。在未来新的人口、经济和社会背景下,以及高质量发展和共同富裕道路的要求下,应该如何确定社会政策行动的合理范围,在总体的行动体系中如何确定重点领域,以及在各个项目之间如何更加合理地分配资源,都需要通过深入的研究而得到理论上的依据和指导。

第七,应该继续研究我国社会政策的公平性问题。社会政策的公平性问题在我国是一个老问题,也是比较复杂的问题,受多种因素的复杂影响。过去十多年里,在"基本公共服务均等化"的要求下,我国社会政策的公平性已有较大幅度提高。但迄今为止仍存在一些不足。面向未来发展,我国对社会政策的公平性的要求会更高。应该继续从理论上分析社会政策公平性的含义、内容、标准和各种影响因素,社会政策公平性与总体社会公平的关系,影响我国社会政策进一步提高公平性的制度性和文化性因素等,进而为进一步提高社会政策公平性的行动提供理论依据。

第八,应该加强对我国社会政策运行机制的理论研究。社会政策的运行机制研究主要是关注在社会政策行动的各个环节应该采用何种方式运行才能提高运行效率,在达到社会保护和社会公平目标的同时也能有效节约资源。这一问题在我国过去的社会政策研究中受到的重视程度总体不够,但随着社会政策行动力度的加大,资源投入的增多,这一问题的重要性也将越来越突显。应该立足本国实际,从理论上研究福利机制与市场机制的关系,分析社会政策运行中,尤其是在服务传递的环节中引入市场机制的必要性、条件及具体方式,并且系统性地研究我国社会政策实施过程中的管理体制及方法等方面的问题。

第九,应该加快对经济波动与社会风险下的社会政策稳定运行的理论研究。鉴于未来发展中存在各种不确定性和风险,应该从理论上研究不确定性条件下社会政策稳定运行的可能性和实现路径,包括经济社会环境波动下的政策稳定机制建设,韧性社会福利创新①,以及围绕提高"福利弹性"而进一步优化制度体系等理论议题。

第十,应该进一步重视对全球社会政策的理论研究。在经济全球化的带动下,社会政策正在朝向超越国别的全球社会政策分析扩展,形成了全球社会学的研究领域。② 全球社会政策是指对经济全球化背景下世界各国社会政策发展变化的研究,主要有两个层面:一是全球化背景下各国(地区)社会政策自身的变化,二是经济全球化和区域经济一体化背景下各国社会政策的相互影响、协调和一体化。尽管经济全球化目前处于一种胶着发展状态,但在未来的发展中还可能继续对各国社会政策产生重大的和复杂的影响。因此,应该密切注意经济全球化未来发展趋势及其对各国社会政策的影响。一方面要加强对世界各国社会政策发展动态研究,密切关注各国经济发展、人口变动以及政治、社会等方面的因素对社会政策的复杂影响,从理论上分析总结新的背景下各国社会政策的发展变化规律。另一方面要加强对经济全球化与社会政策国际协调及一体化关系的理论研究,包括全球经济结构变化、人口变动、新科技发展、产业转型、贸易冲突以及重大疫情等全球性变化下,各国的社会政策对国际贸易、投资、国际合作、区域经济一体化等方面影响的新变化,以及各类国际组织在社会政策方面新的理论方向及其对各国社会政策新的影响。

除此之外,在社会政策各个领域中还有大量重要的问题需要通过理论研究来加以回应。中国特色社会主义事业的发展推动着我国社会政策实践的大发展,而社会政策实践的大发展又呼吁着社会政策研究者们从理论上去深入研究重大现实问题。在中国特色社会政策研究中,第一,要紧密贴近中国国情,全面反映当代中国社会政策

---

① 陈星、彭华民:《韧性中国:社会福利创新与重大危机应对》,《社会工作》,2020年第5期。

② 林卡:《社会福利、全球发展与全球社会政策》,《社会保障评论》,2017年第2期。

的实践;第二,要密切关注当今世界社会政策理论发展的前沿,注重借鉴全世界有价值的理论;第三,要有积极的创新意识,通过理论创新去更好地指导实践发展,为我国新发展阶段中社会政策的顶层设计和系统发展做出更大贡献。

# 日本社会政策学科的发展路径及现状

沈 洁[*]

在日本,社会政策是一个具有悠久历史传承且有影响力的研究领域,但是,它并没有像经济学、法学等学科一样独树一帜发展成为拥有属于自己阵地的一级学科,而是选择了遍地开花的方式发展,将社会政策学独特的理念、视角和方法耦合交叉于各个学科领域,产出了诸如经济政策、社会政策、教育政策、环境政策、城市规划政策等等具有综合趋向的学科领域。

为什么没有成为一级学科?可以从三个侧面来说明。第一,从社会因素看,社会政策是根植于社会发展进程的一门学问,它需要随着社会结构、经济结构、人口结构等社会变革不断更新自身的理论架构和价值体系。社会发展越来越多元化,专业分工越来越细微化,作为应对社会问题的社会政策也需要多元和综合的政策视角,将社会政策作为一项政策工具耦合于其他学科,更有益于推进社会发展。第二,从学科发展自身因素看,社会政策为解决来自不同层面的社会问题,不断地吸收社会保障、社会福利等新兴学科的基础知识来弥补自身贫弱的知识结构,使其逐渐形成了一个横跨多边学科的政策学知识结构体系。第三,从日本学界发展趋势看,该学科倡导以综合知识、广视角研究解决问题,鼓励跨学科的教育与研究。因此,学科和

---

[*] 本文发表于《社会建设》,2021年第5期。

沈洁,日本女子大学教授,复旦大学社会发展与公共政策学院特聘讲座教授,主要研究方向为社会福利政策比较研究,东亚社会保障比较研究。

学科之间的界限越来越模糊。逐渐形成的政策学体系也尚未形成独立的一级学科，授予的博士学位分散在政治学、法学、社会福利学、环境学等不同领域，但是学位名称则是综合政策学、政策科学、政策学等。

上述选择也有日本社会政策学界的主观意愿。他们普遍认为具有历史传承的社会政策学科，只有走出狭隘的学理价值体系，与社会实践相结合，才能真正实现解决现代社会问题的目的。日本社会政策学会会长、京都大学教授久本宪夫曾经评述："今天的社会政策是一门承认多样化和跨学科的研究领域，它试图以研究和解决社会问题为己任。在这个多学科交叉研究领域中，虽然每个学科领域和研究者都有自己的价值观和研究方法，但评判每个学科孰轻孰重并不是学术研究，我们决不能陷入单纯的道德主义陷阱。我们必须谦虚地看待社会的现实，追究它的发展规律，讨论可行的解决方案，这就是社会政策研究现在和将来的任务。"[①] 当下的日本，一般将社会政策以及政策学定位为一个研究领域、学问体系，所以，各个大学以社会政策的名称来设立院系的情况很少见，而以综合政策、政策科学等冠名的院系，或者在社会福利以及社会学院系内设置社会政策研究方向的比较普遍。形成目前的格局不仅是日本社会发展对社会政策需求选择的结果，也是社会政策学界为开拓发展空间而做出的抉择。

为了理解日本社会政策对上述发展路径的选择，以下从发展进程的纵向维度和知识结构的横向维度进行简单梳理。

---

① 久本憲夫:《この学問の生成と発展:社会政策》,《日本労働研究雑誌》,2012,621:20—23.

## 一、日本社会政策学科的发展路径

日本社会政策的教学与研究，与1897年由海归学人发起成立的日本社会政策学会几乎同步。由于社会政策是舶来品，在传入日本之后伴随日本的社会变迁大致经历了三个发展时期。笔者尝试用社会政策的英文翻译中出现的三次变化来描述不同发展时期所表现的内涵和外延的扩展。这三个发展时期分别是"社会和劳动政策"（social and labor policy）时期，"社会政策"（social policy）时期，"新社会政策或综合政策"（policy innovation/comprehensive policy）时期。

### （一）社会和劳动政策时期

1897年成立的日本社会政策学会是日本第一个社会科学领域的学术团体，它不仅开启了日本社会政策的教育和研究，也推进了日本社会科学整体的发展。由于学会创始人多为欧美留学归国者，而且大多隶属于旧帝国大学法学部、经济学部，因此法学和经济学成为日本社会政策最初的基础知识结构。社会政策作为新的知识领域传入日本时，正是早期工业化发展兴盛时期，社会面临的主要危机是劳资对立和劳工运动以及社会主义思潮影响，学会将解决劳工保护以及贫困问题等作为主要的研究对象。由于首创者桑田熊藏等人留学德国，深受德国社会政策改良主义学派影响，初创时期以在资本主义与社会主义之间寻求中间道路，防止和解决社会问题激化的改良主义为其价值体系。日本1911年颁布的以劳工保护为目的的《工厂法》，正是在社会政策学会主要成员的策划和积极推动下出台的。尤其是《工厂法》中倡导的保护童工和女工权益的理念和法律规制，对日本社会产生深远的影响。这一时期对应社会政策的英文翻译既有"social and labor policy"，也有"social policy"，两种译法并行不悖。

从明治中期到日本战后经济复苏,社会政策以解决劳工保护和下层社会的绝对贫困问题为主要的研究对象。在这一发展阶段,究竟以哪些知识作为社会政策学的基础知识结构,曾有过不少争议。从发展过程上看,法学、经济学、社会工作构成了这一时期的基础知识结构。当时有许多研究项目是针对劳工和劳工家庭以及下层社会的贫困问题,为了切实解决现实的社会问题,社会政策积极吸收了社会调查和社会工作的实践方法。大学教育也由此分为两个流向:第一,以帝国大学为代表的国立教育机构的社会政策教育以法学、经济学为基础,比如具有代表性的东京大学,以培养劳工政策立法和国家政策设计人才为己任,从而构成了社会政策与法学、经济学组合的知识结构。第二,以培养解决实际问题、具有实务操作能力人才为目标的私立大学。比如,笔者供职的日本女子大学就是很好的例证。1921年日本女子大学率先开设社会政策人才培养教育课程,成立"社会事业学部"(School of Social Work),下设女工保全科和儿童科。因为日本最初的产业工人代表是纺织厂的女工,社会政策以劳工问题为对象自然不能回避女工面临的特殊问题。女工问题和儿童贫困问题相联系,因此同时设立了两个方向。女工以及儿童问题多属于慈善救济领域,于是将社会工作的实践方法纳入了社会政策的知识结构。

### (二) 社会政策时期

日本战败之后,在朝鲜战争"特需景气"背景下很快地进入了经济复苏时期。劳动力从农村向城市大规模流动,推动了工业化、城市化发展。同时,国民收入和生活水平迅速提高,传统的劳工和贫困问题已不再构成主要社会危机,取而代之的是产业关系、劳动经济、社会保障、环境污染等社会问题。战败之后的社会政策面临转型和重建,这时期日本选择了《贝弗里奇报告》所构建的发展社会保险和福利服务政策模式,学界中留学英国的英国社会政策学派的崛起取代了德国社会政策学派的影响。这时期有关社会政策的英文翻译不再出现"labor"一词,而被统一译为"social policy"。1960年全面实施全民医疗和全民养老保险制度之后,社会保障作为一个新兴学科迅速发展,并确立了以分配政策为核心的理论体系。与此同时,社会福利服务需求的增大,推动了老年人、残疾人、儿童以及社区福利的发展,对专业人才的需求量逐渐增加。这一时期,日本政府相继颁布了有关社会福利人才培养的法律如《社会福利士以及介护福利士法》(1987年)和《精神保健福利士法》(1997年),为社会福利学科建设开拓了空间。传统社会政策学科体系面临新兴学科的崛起和竞争,不得不考虑自身的变革和转型。

同时,从国际前沿理论发展趋势看,西方发达国家所推动的"福利国家理论",耦合政治学、社会政策、社会保障、社会福利等跨学科的理论和方法,对进入社会多元化的日本更具有指导意义。从20世纪80年代开始,围绕社会政策学科何去何从这一论题,学界展开了一场"再议社会政策的本质"以及"社会政策转型"的大讨论。经过长达十年的争论,最终形成了一定的共识,即不再拘泥于狭义的社会政策学理概念,而是将其作为一个开放性、包容性的研究领域或者说学问体系以求与时俱进。这一时期的社会政策在尊重其他学科相关领域的知识结构和价值观体系的同时,积极吸收新知识和新方法,用多学科交叉的理论框架和研究方法应对越来越复杂化和多样化的社会问题以及生活问题。"社会政策以建设性的方式,吸取了相关学科基础知识和研究方法,推动各学科的相互补充,并澄清相互之间的关系,作为一门跨学科的研究领域获得新的发展。"[1]

另外一个特殊背景是大学教育普及。在上述提及的有关福利人才教育法的推动下,出现了一大批以社会福利冠名的院系和社会保障研究机构,并吸收兼并了一部分社会政策院系。笔者任职的日本

---

[1] 久本憲夫:《この学問の生成と発展:社会政策》,《日本労働研究雑誌》,2012,621:20—23。

女子大学,1921年开创社会事业学部设置的女工保全科与儿童科几经波折改组成社会福利学系,下设社会政策和社会工作两个专业方向。师资由社会政策、社会工作、社会保障、法学、社会学专业背景的学者构成。学生可以自由选择两个专业方向的课程,毕业时可以获得社会福利学士学位。这一时期,社会政策与社会工作、社会学、医疗保健等边缘学科交叉耦合而成立的福利政策、医疗保健政策等学科大量涌现。社会政策理论和方法作为一个横贯社会科学各个领域的基本知识和方法得到广泛认同并获得发展。

### (三) 新社会政策或者综合政策时期

20世纪90年代以后,在美国兴起的政策科学传播到日本。特别是美国成立的"智囊团""智库"为联邦、州和地方政府提供政策设计、预算改革方案,展示了政策研究可以直接与政府政策决策和企业经济连接的可能性。这种"产官学"连动的政策科学模式激励了日本政界和学界对再建政策学科的热情。同时,哈佛大学、加利福尼亚大学(伯克利分校)和密歇根大学等纷纷建立政策科学教育和研究机构,也为日本提供了具体的模板。政策科学的特征是超越传统的学科分类,在综合利用如政治学、社会学和经济学等社会科学的同时,积极吸收自然科学的系统分析、控制理论和信息科学等方法,通过学科间的交叉与横向联系发挥综合效率。如果说第二发展时期进行的跨学科改革仅仅局限在社会科学领域,这一时期改革的重点则是再次拓展学科之间的横向联合,体现了文理交叉。

1996年由留美归国学者倡导,成立了日本公共政策学会,以美国为代表的公共政策教育也开始被移植到高等教育中。1997年第一所国家政策研究生院大学(GRIPS)成立,它是一所直属文部省以研究生教育为主的国立大学,部分课程直接采用美国教材并用英语授课。

2004年东京大学将法学、政治学、经济学研究生院改组,成立公共政策研究生院,目的是培养政策设计、实施和评估方面的新型专业人员。20世纪90年代以后，在"policy innovation"和"comprehensive policy"为导向的新一轮学科建设中，大约有80所国立大学以及私立大学对既有的传统学科进行改组重建，设置了横跨学科的综合政策院系或公共政策院系。这次的改组体现了政策学科建设国际化、知识结构综合化、教育与社会实践结合等特点。首批进行改革的大学有筑波大学、庆应义塾大学、中央大学、法政大学、同志社大学、立命馆大学、关西学院大学、南山大学、岩手县立大学和岛根县立大学等，它们相继成立了综合政策学院。进入第二批改革的有东京大学、京都大学、北海道大学、东北大学、早稻田大学、明治大学等，相继组建了公共政策研究生院。以社会政策冠名的院系虽然逐渐退出历史舞台，但它的知识结构和基本理念以综合政策和公共政策的新形式获得了拓展并开始了新的探索。

## 二、日本社会政策学科发展现状

由于日本社会政策学科建设经历了独特的发展历程，相关政策学科的发展形成了三个板块：社会福利教育体系、跨学科知识体系的综合政策教育体系、借鉴美国经验的公共政策教育体系。

### （一）综合政策学教育

综合政策学教育这些大多是在大学扩招、高等教育拓展的潮流下新设或者对原有传统学科等进行重组而设置的。综合政策学教育重视实务教育，力图改变传统的垂直型、追求学术原理的教育范式，试图综合利用多学科的知识和方法，重建一个对应多元社会问题的政策学术体系。著名私立院校庆应义塾大学在1990年率先设置了综合政策学院，之后又增设环境情报学院，并列统称为综合政策学院&环境情报学院。它的特点是打破文理分割的政策教育现状，实现文理交叉和文理互补。综合政策学院下设五个研究方向，即政策设计、社会创新、国际战略、管理和组织、可持续治理。环境情报学院也设有五个研究方向,即尖端信息、尖端设计、生命科学、环境设计、人类环境科学。学生可以自由选择两学院的课程,毕业时可以根据个人意愿和所选课程学分比例在两者之间选择政策学学士或者环境情报学学士的学位。庆应义塾大学综合政策教育模式受到普遍好评,目前,日本全国大约有 70 家大学都设置有综合政策学院或者专业方向。综合政策领域至今尚未形成全国规模的综合政策学会,相当一部分学者归属社会政策学会。在政策学领域里,社会政策学会依然是一家具有历史传承和影响力的学会。学会会员的知识结构背景特点是多元和多学科,有经济政策、福利政策、医疗保健政策、文化政策、环境政策等,会员立足不同的视角和知识结构来探讨当代社会政策应有的方向和理论创新。会员以研究人员为主,大约 1000 人,学会保持着浓厚的学院派氛围。综合政策学的学位名称有政策学、法政策学、综合政策学、地域政策学、政治政策学、环境政策学、综合文化政策学等,分散在不同的学科领域。

(二) 公共政策学教育

公共政策学教育是以培养参与公共政策设计、执行和评估人才为目的而新设或者重组的教育体系。如东京大学在 2004 年设立的公共政策研究生院,即整合了法学和经济学研究生院的部分师资扩建而成。公共政策研究生院与具有历史传统的法学研究生院的分工为:法学研究生院的目标是培养活跃在法律界的高端专业人员,而公共政策学院的目标是培养新型的广泛参与国际事务和公共政策的专业人员。由于全球化的推进,国际社会正在经历重大变化,越来越需要能够洞察时代变化,同时又掌握先进的政策策划和评估技能,并将这些措施传达给公众建立共识的人才。对这样的人才不仅政府的公务员需求量很大,私营部门、国际组织和媒体也有需求。日本公共政策学会成立于 1996 年,会员由学者以及政府官员、民间公共事业团体专业人员等组成,会员大约1 000人。公共政策学的学位名称有公共政策学、国际公共政策学。

日本社会政策在140余年的发展进程中形成了诸多特征,其中以下两点最为突出:第一,学科建设的开放性。这种开放性首先体现在具有国际大视野,可以看到它的知识积累中既有德国早期社会改良主义学派的积淀,又有英国《贝弗里奇报告》中所展现的福利国家建设的政策理念,21世纪前后又积极吸收美国公共政策中体现的政策工具效应。其次,开放性体现在面对国内新兴学科的崛起,选择了认同知识体系的多样化和跨学科发展,从而获得了政策学整体的发展空间。第二,社会政策学教育的连续性。可以看到在140余年的社会政策人才培养中,它有一条清晰的知识传承和教育理念传承的脉络。尽管社会政策最终没有成为一级学科,但是它所持有的学院派风骨在学术界的影响力依然持高不下。具体到每一个有社会政策教育历史传统的学校也是如此,励志学习政策学的年轻人还是愿意选择有社会政策教育传统的学校。

### (三) 社会福利学教育

目前全国大约有100多家大学设置有社会福利学系。社会福利学教育以社会政策、社会保障、社会工作为基础知识结构,其中不乏具有历史传统的社会政策教育院系根据社会对福利人才的需求而改组为社会福利院系。社会福利领域拥有一个会员超过5 000人的庞大学会,会员不仅有研究人员还有福利机构以及福利从业人员,不少会员同时又是社会政策学会会员。社会福利学的学位名称为社会福利学。有着一百多年历史的日本社会政策研究,最终没有能够形成独立发展的一级学科,是日本社会发展需求和学界同仁的选择所致,具有鲜明的日本特色。日本模式对于中国正在上升时期的社会政策学科来讲虽然是一个可供借鉴的素材,但是面向未来发展的社会政策学科建设也需要新思维和新设计。

# 中国社会政策体系的结构转型与实现路径

林闽钢[*]

## 一、以共同富裕为标志的社会政策时代来临

社会政策是工业化和城市化的产物,是现代国家为解决社会问题、提升国民福祉、促进社会融合而采取的原则、方针和行动。在这个意义上,能够增进国民福祉的政策都属于社会政策的范畴,[②]主要包括社会保障政策、医疗卫生政策、教育政策、公共住房政策、劳动就业政策、社会服务政策等。[③] 社会政策体系则是由满足国民基本生活和发展需要的,相互联系、相互作用的若干个结构结合而成的,具有特定功能的有机整体。随着一个国家经济社会发展的目标及阶段的变化,社会政策体系的结构内容将会被重构,并带来体系结构及功能的转型。

---

[*] 本文发表于《南京大学学报》,2021年第5期。
林闽钢,南京大学政府管理学院教授、南京大学社会保障研究中心主任。
基金项目:国家社会科学基金重大项目(12&ZD063);国家社会科学基金重大项目(21STA002)

[②] James Midgley, Michelle Livermore. (2009). *The Handbook of Social Policy*, London: Sage Publication, x.

[③] 迈克尔·希尔:《理解社会政策》,刘升华译,北京:商务印书馆,2003年,第12页。

党的十九大提出,到21世纪中叶全体人民共同富裕基本实现[①]的新目标,党的十九届五中全会提出,到2035年"全体人民共同富裕取得更为明显的实质性进展",[②]开启走向共同富裕的新阶段。共同富裕具有鲜明的时代特征和中国特色,探索如何实现共同富裕将成为时代性的课题。社会政策与国民福祉直接相关,是推进共同富裕的主要政策手段,如何构建与共同富裕相一致的新型社会政策体系,并发挥出社会政策的功能和作用是本文研究的主要问题。

20世纪90年代以来,在改善民生和促进公平正义的发展理念指导下,我国公共政策的重心实现了从经济政策到社会政策的历史性跨越。[③] 一方面,随着经济较快增长,政府的公共财政具备了解决较多民生问题的能力;另一方面,在社会主义市场经济体制建设中出现了一些比较突出的社会问题,政府以紧急应对的思路集中出台了一系列的社会政策。[④]

王思斌提出,以改善困难群体的生活状况和普遍增进社会成员的社会福祉为目的的社会政策在我国普遍形成,我国将迎来社会政策时代。[⑤]但我国社会政策不够完善,与社会政策时代的标准还有差距,为此学界对社会政策时代是否到来这个议题展开了探讨。[⑥]从社会政策的"自性"来看,进入新时代社会政策虽向科学化、精细

---

[①] 习近平:《决胜全面建成小康社会夺取新时代中国特色社会主义伟大胜利——在中国共产党第十九次全国代表大会上的报告》,北京:人民出版社,2017年,第29页。

[②] 《中国共产党第十九届中央委员会第五次全体会议文件汇编》,北京:人民出版社,2020年,第7页。

[③] 王绍光:《大转型:1980年代以来中国的双向运动》,《中国社会科学》,2008年第1期。

[④] 张秀兰、徐月宾、方黎明:《改革开放30年:在应急中建立的中国社会保障制度》,《北京师范大学学报》(社会科学版),2009年第2期。

[⑤] 王思斌:《社会政策时代与政府社会政策能力建设》,《中国社会科学》,2004年第6期。

[⑥] 参见郁建兴、何子英:《走向社会政策时代:从发展主义到发展型社会政策体系建设》,《社会科学》,2010年第7期;景天魁:《论中国社会政策成长的阶段》,《江淮论坛》,2010年第4期;方巍:《中国社会福利的新发展主义走向》,《社会科学》,2011年第1期;李棉管:《再论"社会政策时代"》,《社会科学》,2013年第9期等。

化、制度化的方向发展,但也仅由"低自性"向"中自性"发展。① 通过进一步分析社会政策弱势状态的主要原因,发现关键在于社会政策还没有成为政府的主要政策工具,社会政策体系有待完善,没能发挥出应有的作用,②社会政策如何从"中自性"向"高自性"发展的问题备受关注。

本文认为,随着我国进入共同富裕新阶段,共同富裕目标将成为促进社会政策向"高自性"发展的新动能,以共同富裕为标志的社会政策时代有以下三个标志:第一,社会政策将进入国家推进共同富裕政策体系的中心,作为解决社会差异性平等、促进社会融合的主要手段,成为国家治理的重器。第二,社会政策对象范围将由特定的弱势群体持续扩展到面向全体国民,广泛影响中等收入群体。社会政策目标定位将从满足基本生活到促进发展,社会政策的影响力将持续扩大。第三,社会政策体系转型,新型社会政策体系多层结构相互补充、相互促进,形成推进共同富裕的政策合力;社会政策多主体协同发展,生产主义与保护主义保持平衡,社会发展更具有包容性。

## 二、社会政策体系:从"托底保险型"转向"共享服务型"

### (一) 社会政策体系三层结构的提出

从 1601 年英国《济贫法》开始,到 1883 年、1884 年、1889 年德国《疾病保险法》《意外事故保险法》《老年和残障保险法》三项社会保险法的颁布,再到 1948 年英国首相艾德利(C. R. Attlee)宣布每个公民都享受社会保障。社会政策的对象从最初的贫困者扩展到所有公

---

① 王思斌:《我国社会政策的"自性"特征与发展》,《社会学研究》,2019 年第 4 期。
② 郁建兴、何子英:《走向社会政策时代:从发展主义到发展型社会政策体系建设》,《社会科学》,2010 年第 7 期。

民,让他们享有基本生活保障。① 构建一个相对完备的社会政策体系,是市场经济和工业化发展的功能要求和必然结果。从西方发达国家社会政策体系演变过程来看,它们已发展成为以兜底性、基础性、普惠性三层结构来满足国民的基本生活和发展需要的体系(表1)。②

本文采取层次结构分析法,运用兜底性政策、基础性政策、普惠性政策三层结构分析框架,考察我国自建立社会主义市场经济体制以来,社会政策体系结构的演进过程,判断进入共同富裕新阶段后社会政策体系的结构转型。

表1 社会政策体系的三层结构

| 结构层级 | 主要对象 | 主要内容 | 分配手段 | 主要目标 |
| --- | --- | --- | --- | --- |
| 普惠性<br>(上层) | 全体国民 | 社会福利(老年福利、妇女福利、儿童福利、残疾人福利、教育福利、住房福利等)、职业福利、社会服务等 | 收入支持、服务提供 | 满足基本生活需要、促进发展 |
| 基础性<br>(中层) | 由劳动者扩展到全体国民 | 社会保险(养老保险、医疗保险、工伤保险、失业保险等)、劳动就业 | 收入支持 | 满足基本需要、预防贫困 |
| 兜底性<br>(下层) | 贫困及弱势群体 | 社会救助(基本生活救助、医疗救助、教育救助、住房救助、就业救助等) | 收入支持 | 缓解生存危机、消除贫困 |

### (二) 社会政策体系演变过程

1. 1986—2011年:"托底保险型"社会政策体系。从1986年开始,特别是21世纪90年代以来,为适应计划经济体制转变为市场经济体制,同时为了应对1997年亚洲金融危机和2008年世界经济危

---

① 安东尼·哈尔、詹姆斯·梅志里:《发展型社会政策》,罗敏、范西庆等译,北京:社会科学文献出版社,2006年,第5页。

② 参考 Neil Gilbert、Paul Terrell:《社会福利政策引论》,沈黎译,上海:华东理工大学出版社,2013年,第51—52页。经过作者重新整理。

机,国家先后围绕社会救助、社会保险等领域出台了 24 项改革政策(见表 2),①其中有关社会救助政策有 10 项,有关社会保险政策有 10 项,合计达 20 项之多,这个时期社会政策体系构建具有明显的应急特征。② 到 2011 年,以社会救助、社会保险为主的"托底保险型"社会政策二层级结构基本形成,发挥出了社会安全网和市场经济压舱石的作用。

表 2  1986—2011 年出台的主要社会政策

| 发布时间 | 文件标题 | 发布部门 | 政策体系层级 |
| --- | --- | --- | --- |
| 1990 年 12 月 | 《中华人民共和国残疾人保障法》 | 全国人大常委会 | 兜底性(社会救助)<br>普惠性(社会福利) |
| 1991 年 6 月 | 《关于企业职工养老保险制度改革的决定》 | 国务院 | 基础性(社会保险) |
| 1994 年 1 月 | 《农村五保供养工作条例》 | 国务院 | 兜底性(社会救助) |
| 1994 年 12 月 | 《企业职工生育保险试行办法》 | 劳动部 | 基础性(社会保险) |
| 1998 年 12 月 | 《关于建立城镇职工基本医疗保险制度的决定》 | 国务院 | 基础性(社会保险) |
| 1997 年 9 月 | 《关于在全国建立城市居民最低生活保障制度的通知》 | 国务院 | 兜底性(社会救助) |
| 1998 年 6 月 | 《关于切实做好国有企业下岗职工基本生活保障和再就业工作的通知》 | 中共中央<br>国务院 | 兜底性(社会救助)<br>基础性(劳动就业) |

---

① 参见郑功成:《中国社会保障发展 30 年》,北京:人民出版社,2008 年;胡晓义:《走向和谐:中国社会保障发展 60 年》,北京:中国劳动社会保障出版社,2009 年;金维刚、李珍:《中国社会保障 70 年》,北京:经济科学出版社,2019 年。根据三本书附录大事记内容整理,每项政策都选取了初创的文件,但也有例外,如选取 2006 年修订的《中华人民共和国义务教育法》是因为它第一次规定实施义务教育不收学费、杂费。此外,2011 年 11 月《关于实施农村义务教育学生营养改善计划的意见》开始在集中连片特殊困难地区实施,故归类社会救助。

② 张秀兰、徐月宾、方黎明:《改革开放 30 年:在应急中建立的中国社会保障制度》,《北京师范大学学报》(社会科学版),2009 年第 2 期。

续表

| 发布时间 | 文件标题 | 发布部门 | 政策体系层级 |
| --- | --- | --- | --- |
| 1999年1月 | 《失业保险条例》 | 国务院 | 基础性（社会保险） |
| 2003年4月 | 《工伤保险条例》 | 国务院 | 基础性（社会保险） |
| 2003年6月 | 《城市生活无着的流浪乞讨人员救助管理办法》 | 国务院 | 兜底性（社会救助） |
| 2003年7月 | 《关于建立城市医疗救助制度有关事项的通知》 | 民政部 | 兜底性（社会救助） |
| 2003年1月 | 《关于建立新型农村合作医疗制度的意见》 | 卫生部 农业部 财政部 | 基础性（社会保险） |
| 2003年11月 | 《关于实施农村医疗救助的意见》 | 民政部 卫生部 财政部 | 兜底性（社会救助） |
| 2004年1月 | 《最低工资规定》 | 劳动和社会保障部 | 基础性（劳动就业） |
| 2006年6月 | 《中华人民共和国义务教育法（2006修订）》 | 全国人大常委会 | 普惠性（社会福利） |
| 2007年6月 | 《中华人民共和国劳动合同法》 | 全国人大常委会 | 基础性（劳动就业） |
| 2007年7月 | 《关于在全国建立农村最低生活保障制度的通知》 | 国务院 | 兜底性（社会救助） |
| 2007年8月 | 《关于解决城市低收入家庭住房困难的若干意见》 | 国务院 | 兜底性（社会救助） |
| 2007年8月 | 《中华人民共和国就业促进法》 | 全国人大常委会 | 基础性（劳动就业） |
| 2008年3月 | 《关于做好2008年新型农村合作医疗工作的通知》 | 卫生部 财政部 | 基础性（社会保险） |
| 2009年9月 | 《关于开展新型农村社会养老保险试点的指导意见》 | 国务院 | 基础性（社会保险） |
| 2009年4月 | 《关于全面开展城镇居民基本医疗保险工作的通知》 | 人力资源和社会保障部 财政部 | 基础性（社会保险） |

续表

| 发布时间 | 文件标题 | 发布部门 | 政策体系层级 |
|---|---|---|---|
| 2011年6月 | 《关于开展城镇居民社会养老保险试点的指导意见》 | 国务院 | 基础性(社会保险) |
| 2011年11月 | 《关于实施农村义务教育学生营养改善计划的意见》 | 国务院 | 兜底性(社会救助) |

2. 2012—2020年,兜底上移的过渡型社会政策体系。从2012年开始,经济困难的高龄老年人、困难残疾人、困境儿童等特殊群体基本生活问题突出,受到舆论的关注。政府有关部门以"解决问题"方式,推动"社会救助"兜底功能上移,解决特殊群体的基本生活,如民政部儿童福利司成立后,出台的第一份文件就是《关于进一步做好事实无人抚养儿童保障有关工作的通知》。这期间先后出台的10项政策文件不仅"以社会救助方式做了社会福利的事情",还以应急方式来应对有关特殊群体基本生活的突发事件(见表3)。从体系结构来看,社会政策体系中缺乏普惠性项目,造成社会福利的"短板效应"突显。

**表3　2012—2020年出台的主要社会政策**

| 发布时间 | 文件标题 | 发布部门 |
|---|---|---|
| 2014年9月 | 《关于建立健全经济困难的高龄、失能等老年人补贴制度的通知》 | 财政部 民政部 全国老龄委办公室 |
| 2015年10月 | 《关于全面建立困难残疾人生活补贴和重度残疾人护理补贴的意见》 | 国务院 |
| 2016年2月 | 《关于加强农村留守儿童关爱保护工作的意见》 | 国务院 |
| 2016年6月 | 《关于加强困境儿童保障工作的意见》 | 国务院 |
| 2016年9月 | 《关于启动实施贫困地区农村留守儿童健康教育项目的通知》 | 国家卫计委 |

续表

| 发布时间 | 文件标题 | 发布部门 |
| --- | --- | --- |
| 2017年12月 | 《关于加强农村留守老年人关爱服务工作的意见》 | 民政部 公安部 司法部 |
| 2018年6月 | 《关于建立残疾儿童康复救助制度的意见》 | 国务院 |
| 2019年4月 | 《关于进一步健全农村留守儿童和困境儿童关爱服务体系的意见》 | 民政部 教育部 公安部等 |
| 2019年11月 | 《关于进一步做好贫困地区农村留守老年人关爱服务工作的通知》 | 民政部 |
| 2019年12月 | 《关于加强分散供养特困人员照料服务的通知》 | 民政部 |
| 2020年12月 | 《关于进一步做好事实无人抚养儿童保障有关工作的通知》 | 民政部 财政部 公安部 |

## (三) 构建"共享服务型"社会政策体系

1. 社会政策转型的标志和动力进入新时代。我国社会政策体系出现转型的两个标志：一是2016年2月，习近平总书记在江西省调研时指出，要从实际出发，集中力量做好普惠性、基础性、兜底性民生建设，不断提高公共服务共建能力和共享水平。[①] 围绕民生建设，习近平总书记提出普惠性、基础性、兜底性三个层次的政策体系结构，不仅指明了我国社会政策体系的发展方向，而且使政策体系的结构短板——普惠性层次缺失问题得以更加明确，因此不断健全和完善社会政策体系将成为未来民生建设的重点任务。二是2019年1月，民政部按《民政部职能配置、内设机构和人员编制规定》设立了儿童福利司、养老服务司，特别是儿童福利司的建立将能更好满足儿童

---

① 习近平:《习近平谈治国理政》(第2卷),北京:外文出版社,2017年,第362页。

发展需求,健全儿童发展,有效发掘其潜能,对加速构建我国现代儿童福利体系具有重要意义。

从比较社会政策视角来看,社会政策体系转型动力来自内外因素的共同作用。以日本、新加坡和韩国等国为代表的东亚福利体制先后从生产主义福利体制转向包容性、保护性的后生产主义福利体制,推出了一系列平衡生产主义—保护主义的改革措施。① 韩国在亚洲金融危机冲击后,提出转变"先增长后福利"的模式,走向既能充分挖掘潜力又能实现社会福利先进化的"同步发展"模式,实施一系列新的社会福利方案和扩张既有的社会福利方案。② 如今,在开启全面建设社会主义现代化国家新征程中,共同富裕作为中国特色社会主义现代化的一个重要目标,表明我国经济社会发展进入新的发展阶段,由此中国社会政策处在转型的时间窗口期。

2. 社会政策转型的目标取向。一是中国社会政策体系的重构目标要与共同富裕目标一致。共同富裕,前提是富裕,核心是共同,紧扣共同富裕的共享性,促进从增长福利价值观向分享福利价值观的转变,让发展成果更多更公平惠及全体人民。社会福利制度是以改善社会成员生活质量为目标的制度安排,具有满足民生需求,促进社会发展的作用,即向社会传递公平正义的价值理念,塑造共同富裕社会的道德价值基础。当前我国社会福利的建设任务应是进一步加快社会福利制度转型,站在保障人的生存权、维护人的发展权的高度,本着人人可享、均等普惠的原则,朝着打造社会建设基础性机制的方向,加快从救助性社会福利向制度性社会福利转型,提升社会福利普惠度。③ 二是需要构建超大规模国家的社会政策治理能力。共

---

① 林闽钢、陈颖琪:《东亚福利体制研究争论及新议题》,《中国社会科学评价》,2020第4期。
② 林闽钢、吴小芳:《代际分化视角下的东亚福利体制》,《中国社会科学》,2010年第5期。
③ 江治强:《转型加速期的民生问题与社会福利改革取向》,《学习与实践》,2010年第12期。

同富裕具有鲜明的中国特色，中国的超大规模性、城乡区域发展不平衡和收入分配差距较大，决定了政府不能、也不应该大包大揽。在政府主导下，需要充分调动社会政策体系多元主体的积极性，这对大国社会政策的能力建设是一个巨大的挑战。

3. 社会政策转型的主要任务。要用系统思维推进社会政策体系建设，改变将社会政策当作一种"头疼医头、脚疼医脚"的应急工具，通过收入再分配方式，不断增加普惠性社会福利和社会服务，补上社会政策体系结构的短板，使社会政策体系早日定型。在"托底保险型"社会政策体系结构基础上，按照生命周期、生活层次及风险类型来设立普惠性项目，扩大社会服务范围，不断提高全社会的共享水平，促进社会融合。

4. 社会政策转型的创新要点。长期以来，为了适应社会主义市场经济体制，我国重点发展了以社会保险、社会救助为主要内容的社会政策体系，存在"重现金给付、轻服务提供"的问题。如果中国社会政策体系发展不走传统福利国家的老路，必须回答"中国在新的历史条件下应如何超越福利国家"这一重大现实问题。在构建新型中国社会政策体系中，结合国情充分发挥出社会服务的作用，突出社会服务"下沉"作为体系转型创新的要点。

从每个人的生命阶段看，不同时期需要不同的社会服务：在幼年期需照顾服务、学龄期需教育服务、失业期需就业服务、患病期需医疗照顾服务、老年期需养老服务。社会服务的作用就是在全生命周期提供多方位的服务支持。当前，社会服务下沉作为体系转型的重点，是构建与社会救助、社会保险等收入支持相对应的社会救助服务、社会养老服务、医疗卫生服务、劳动就业服务等，改变我国社会政策单一的现金给付手段，用服务给付抵消现金给付的上涨压力，探索社会服务和现金给付组合的优势，建立具有中国特色的社会政策体系(图1)。①

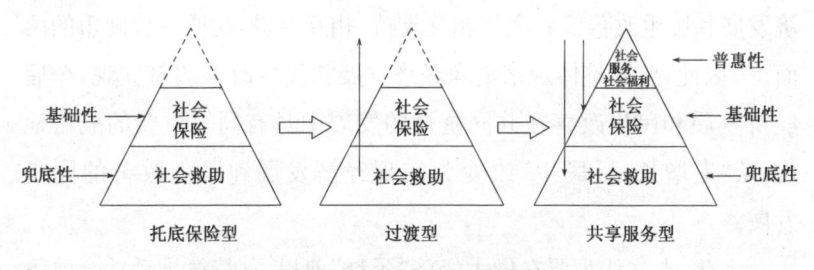

**图1 中国社会政策体系的层级结构变化**

此外,要善于运用社会服务,在普惠式的关系平等服务中,借助服务中间体输送带有价值的服务来实现社会整合,建立"和而不同"的共同富裕的社会形态。

总之,中国社会政策体系先后经历了以托底保险型结构、社会救助上移过渡型结构,目前开始构建共享服务型社会政策体系,以实现共同富裕为目标,重点补齐社会福利短板,让社会服务下沉,构建兜底性、基础性、普惠性多层项目相互补充、相互促进的复合型新型政策体系。

## 三、"共享服务型"社会政策体系的实现路径

### (一) 坚持实现经济发展和民生改善良性循环的整体观

习近平总书记指出,在保障和改善民生问题上,绝不能满足现状、止步不前,要实现经济发展和民生改善良性循环。② 进入共同富裕新阶段,国家财力和人民生活水平有了根本改善,保障和改善民生一定要持续发展,这是今后需要坚持的根本发展方向。没有经济发

---

① 林闽钢:《走向社会服务国家:全球视角与中国改革》,北京:中国社会科学出版社,2020年,第85—86页。
② 中共中央宣传部编:《习近平总书记系列重要讲话读本》,北京:学习出版社、人民出版社,2014年,第110页。

展,不可能有民生改善;没有民生改善,经济发展也将停滞不前。经济发展和民生改善二者之间相互支持、相互促进,就像一枚硬币的两面。① 因此,要用整体观来消除经济发展和民生改善的对立观,今后经济发展和民生改善在共同富裕的发展中具有同等重要的战略地位,从"先增长、后民生"改变为实现经济发展和民生改善的同步发展。

为此,本文认为要在做大经济"蛋糕"前提下,持续推动社会政策体系转型。在继续保持国民经济较高速度增长的情况下,更加重视社会财富的合理分配,让经济建设的成果通过社会政策惠及全民。通过建立健全社会政策体系,使国民共享的份额变大,让社会平等与公正的程度变高。即使国民经济处于中低速的增长,也仍然坚持把更多的财政增量资金用于社会福利和社会服务项目中,使社会政策体系的结构得以健全,共同富裕下的社会政策制度得以定型,并发挥出积极的重要作用。

### (二) 走社会投资之路,从积极社会政策方向加以突破

长期以来,社会政策被视为远离资本市场,不涉及经济发展效果。国际上兴起的社会投资理论认为,社会政策是一种生产性要素,社会政策对经济发展,特别是对劳动力素质的提高有直接的作用。② 其作用机理是社会性公共支出中用于社会福利的支出水平决定了家庭、企业的人力资本投资决策,从而影响作为生产要素的人力资本的需求和形成。目前国际社会的一个普遍共识是:社会政策应被看作是对人力资本与社会资本的投资。社会资本与人力资本的提高有助于对瞬息万变的经济环境做出积极的响应,并对提高竞争优势有着

---

① 林闽钢:《实现经济发展与民生改善的良性循环》,《人民日报》,2016年12月7日第10版。

② OECD, *Extending Opportunities: How Active Social Policy Can Benefit Us All*, Paris: OECD Publishing, 2005, p. 5.

极为重要的作用。①

今后,国际和国内经济发展背景无论如何变化,都应优先从社会投资视角来判断和决策,目前应重点选择儿童福利、妇女福利等积极社会政策领域率先突破,形成示范作用。从世界范围来看,保护儿童、改善儿童的成长环境是各政府及社会成员最早致力的社会福利之一,儿童是劳动力在市场人力资本的"存量"。② 对于中国来说,社会政策的投入已经不是一个财力的问题,更多的是对发展优先次序的选择问题。本文认为要将更多的财力和服务投入普惠性人力资本——儿童福利的发展上,为国家未来发展储备更多、更为优质的人力资本。在儿童福利事业方面全社会有较大共识,实施起来也最为容易,也最具有发展战略性。

近期,国家全面放开三孩政策,但妇女福利存在短板,不能有效降低育龄人群的生育成本,从而打消了许多育龄人群生育三孩的意愿,这已成为社会关注的热点问题。我国社会政策体系转型能否成功突破,取决于能否成功解决妇女进入劳动力市场与养育孩子、照料家庭这二者之间的矛盾。以性别平等为基础,构筑以工作为中心的社会政策体系,发展更多的儿童照顾服务,在实现社会投资的同时,帮助女性平衡工作与家庭。③ 在这个意义上,社会政策体系的结构转型也必然是儿童友好型、妇女友好型社会的来临。

(三) 走"社会服务国家"之路,建立低投入、低成本的社会政策体系

长期以来,传统福利国家重点聚焦显性社会政策,主要依靠收入再分配手段,通过政府财政投入,实施各种福利津贴计划,但现金给

---

① 梁祖彬:《演变中的社会福利政策思维》,《中国社会科学》,2004 年第 6 期。
② Anton Hemerijck and F. Vandenbroucke, *Social Investment and the Euro Crisis: The Necessity of a Unifying Concept*, Intereconomics: Review of European Economic Policy, 2012, pp. 200-206.
③ 岳经纶、颜学勇:《工作—生活平衡:欧洲探索与中国观照》,《公共行政评论》,2013 年第 3 期。

付的刚性上涨给传统福利国家的运行带来了较大的压力。中国社会政策体系的转型发展,要吸取传统福利国家的教训,积极地超越传统福利国家这一发展陷阱。本文认为,要在"隐性社会政策"(implicit social policy)领域发力,"隐性社会政策"是指在专门社会保障政策领域以外的、但同样能够影响国民对社会风险的抵御能力和改善国民社会福利的政策;①围绕发挥社会服务功能,建立社会服务的运行体制和机制,走中国特色社会政策体系的转型发展道路。

一是重新认识社会服务所具有的综合性功能和作用。一方面,社会服务对象范围不仅扩大到全社会成员,而且对社会成员人生各阶段都有不同的社会服务支持。另一方面,社会服务在激活劳动者潜能、支持家庭发展、提供特殊群体保护等领域,都具有赋能作用,让人们依靠自身力量来改变现状,提升发展能力,迈向美好的生活。在这个意义上,社会服务超越了收入支持再分配的作用,也超越了从风险角度所提供的社会保护。如今社会服务成为国家提升社会福祉的主要手段。②

二是充分发挥社区社会服务的平台作用。基层社区治理与服务是中国特色社会治理体系的重要组成部分,通过社区实施各项社会政策、开展社会服务是我们的政治优势。社区作为社会服务的平台,起到连接国家与家庭的枢纽作用,一方面能便捷有效回应家庭多方面的需求,另一方面在社区集结和整合多主体的资源,如社区内外的人力资源、机构设施资源、组织资源、社会资源等。社区社会服务是成本最低、效益最优的选择。

三是建立健全社会服务管理的体制机制。随着中国人口老龄化速度的加快,特别是家庭结构的变化和产业结构的调整,社会服务进入到快速发展期,以公益性为主的社会服务供给侧改革成为关键。

---

① 参见蒙克:《从福利国家到福利体系:对中国社会政策创新的启示》,《广东社会科学》,2018年第4期。

② 林闽钢:《积极社会政策与中国发展的选择》,《社会政策研究》,2016年第1期。

为适应我国社会服务从"政府直接供给""单位直接提供"式向"相分离供给"式的转变,国家采取"准市场"(quasi-market)的机制,在发挥政府的主导性作用,履行其筹资和规制职能的同时,积极采取政府补贴、使用者付费、价格管理、社会化提供等方式,实现社会服务体系的低投入。鼓励社会服务领域中各类社会组织积极参与,通过市场竞争降低运行成本和提高效率。此外,国家还以云计算、大数据、"智慧城市"等新兴技术和业态为支撑,推动信息化在社会服务领域的广泛应用,有力促进社会服务资源统筹、管理效率提升,这也正是社会服务管理高效、便捷、低成本的保证。

总之,中国将进入一个崭新的发展阶段。以共同富裕为标志的社会政策时代来临,昭示着经济政策和社会政策关系的调整,社会政策的改革创新将成为这个时代的风向标。中国社会政策体系的结构转型的难度远大于任何一个后发现代化国家。为扭转这个局面,中国社会政策改革创新应抓住两个关键:一是强化体系的结构转型以产生持续的引导作用,建立健全社会政策体系使国民共享的份额变大,社会平等与公正的程度变高。二是中国社会政策体系能否转型成功取决于我们能否超越传统福利国家的弊端,关键在于我们如何以社会政策改革创新的视角,重新探索社会政策结构转型的内涵以及实现路径的可能性,即实施积极社会政策,建设社会服务国家,使之成为共同富裕的社会机制。

长期以来,中国社会政策以分散、应急性的方式逐步扩展,总体上缺乏一个系统、整合性的国家社会政策发展战略,这也是中国经济社会发展"一条腿长、一条腿短"的重要原因。2021年2月27日,习近平总书记在中共中央政治局第二十八次集体学习时指出,我国社会保障制度改革已进入"系统集成、协同高效"的新阶段。[①] "系统集

---

① 习近平:《完善覆盖全民的社会保障体系,促进社会保障事业高质量发展可持续发展》,《人民日报》,2021年2月28日第1版。

成、协同高效"指明了我国社会政策改革创新的方向,一是从全局角度加强改革系统性、协同性;二是从顶层设计角度,以问题导向、目标导向聚焦社会政策重点领域和关键环节,把握社会政策各个方面之间、社会政策领域和其他相关领域之间改革的联系,确保改革创新形成整体合力。正是在这一点上,今后社会政策改革的复杂性和艰巨性大大增强,中国社会政策从"中自性"向"高自性"发展任重而道远。

# 幼有所育：新时代我国儿童政策体制的转型

岳经纶 范 昕[*]

中国特色社会主义进入新时代,是党的十八大以来我国新的历史方位。党中央基于对我国国情的系统评估而得出的这一重大政治判断,既反映了我国社会经济各个方面的现状,也指导着我国各项政策的制定和实施。在民生建设上,党的十九大报告将原有的五大目标拓展为七大目标,"幼有所育"首次被单独列出,成为新时代我国最迫切的民生发展目标和最主要的社会政策领域之一。事实上,儿童一直是我国社会政策关注的重点群体之一。20世纪90年代初,我国政府就签署了联合国《儿童权利公约》,发布了中国第一个儿童发展纲要,并逐渐明确了"儿童优先""儿童利益最大化"等基本原则。第七次全国人口普查结果显示,2020年我国0~14岁人口占人口总量为17.95%,与2010年相比上升了1.35个百分点[①],这说明我国"二孩"生育政策实施以来,人口结构调整取得了积极成效。那么,与以往的儿童政策相比,新时代以来的儿童政策有哪些新的发展?呈现出哪些不同于之前阶段的特征?是否在政策体制上发生了转型?

---

[*] 本文发表于《北京行政学院学报》,2021年第4期。
岳经纶,中山大学政治与公共事务管理学院教授;范昕,电子科技大学公共管理学院副教授。

① 中国新闻网:《第七次全国人口普查结果公布中国人口超14.1亿人》,2021年5月11日,http://m.people.cn/n4/2021/0511/c3604 14986157.html。

同时,随着"三孩政策"的发布与实施[①],儿童的生育、养育等配套支持措施应当在怎样的基础上展开思考与布局?本文将就这些问题展开论述。

## 一、新世纪以来的儿童政策演进:文献综述与分析框架

作为生命周期中最重要的一个时期,儿童阶段的成长经历对个人发展具有至关重要的影响。为了确保儿童的基本福祉和健康成长,政府需要制定全面而完善的儿童政策。如何将我国与儿童福祉相关的社会政策概念化,实务部门与学界有不同的侧重,比较常用的概念是"儿童福利政策"概念,也有人偏向使用"儿童保护政策"概念,还有人偏爱"儿童照顾政策""儿童发展政策"概念。即使是同样的概念,不同主体对其内涵的界定也存在差异。以"儿童保护"与"儿童福利"为例,一方面,学界对于这两个概念的定义、内涵和外延等存在着不同的界定,对于谁应该包含谁也存在争议[②];另一方面,民政部门工作中对儿童福利和儿童保护的使用也与学界不同。就"儿童福利政策"的定义而言,总体有狭义和广义之分,狭义主要是指民政部门主导出台的针对孤儿、残疾儿童、流动儿童等困境儿童的政策,广义则指促进儿童的身心健康和福祉的所有政策[③]。

本文倾向于把与儿童福祉相关的社会政策统称为"儿童政策"。由于儿童福祉涉及多个方面,因而儿童政策是一个开放包容的概念,其内涵随着经济社会的发展不断拓展和变化。为了让儿童政策这个宽泛的概念更具有可操作性,我们将本文的研究内容主要定位于党

---

[①] 新华社:《中共中央国务院关于优化生育政策促进人口长期均衡发展的决定》,2021年7月20日,http://www.gov.cn/zhengce/2021-07/20/content_5626190.htm.

[②] 刘继同:《改革开放30年来中国儿童福利研究历史回顾与研究模式战略转型》,《青少年犯罪问题》,2012年第1期。

[③] 姚建龙:《新时代儿童福利研究》,北京:中国政法大学出版社,2019年版,第28页。

的十八大以来,与"幼有所育"民生目标直接相关的儿童政策领域。通过在政府网站、新闻媒体和学术期刊数据库中搜索关键词"幼有所育",我们发现与这一民生目标相关的儿童政策主要集中在四个子政策领域①②③④,即婴幼儿照护服务(托育服务)、学前教育、儿童福利和家庭教育⑤。鉴于这四个子政策领域被普遍认为是"幼有所育"民生目标的主要内容,本文把讨论限定在这四个领域。为此需要说明的是,为了与民政部门的政策文本一致,对其中的"儿童福利"子领域,本文采用了狭义的概念界定。

从发展进程来看,我国儿童政策的变迁受到宏观社会经济环境的影响,在不同时期存在着不同的价值取向和特征。虽然我国政府历来重视儿童福利工作,但早期公共政策关注重点主要是孤儿和其他特殊困境中的儿童,儿童照顾工作依赖单位和家庭。在20世纪90年代前,我国儿童相关政策数量少,缺乏专门性的儿童福利、儿童发展政策。1991年,我国正式签署联合国《儿童权利公约》,并在1992年由国务院颁布第一部中国儿童发展规划纲要——《九十年代中国儿童发展规划纲要》。这些发展标志着儿童议题开始上升到国家战略层面,推动了我国儿童政策的发展。特别是进入21世纪以来,随着"科学发展观""和谐社会"理念目标的提出,我国的公共政策

---

① 光明网:《"幼有所育"如何尽快实现》,2020年5月31日,https://news.gmw.cn/2017-11/19/content_26829378.htm。
② 张烁、潘欣:《十九大报告为什么提出"幼有所育""弱有所扶"》,《人民日报》,2017年11月10日,http://www.china.com.cn/19da/2017-11/10/content_41872407.htm。
③ 中共教育部党组:《办好新时代学前教育,实现幼有所育美好期盼》,2018年11月30日,http://www.moe.gov.cn/jyb_xwfb/gzdt_gzdt/s5987/201811/t20181130_361979.html。
④ 姜勇:《专题:建设"幼有所育"的公共服务体系》,《教育学报》,2020年第1期。
⑤ "重视中小学生视力、体育锻炼"等政策在"幼有所育"的举措中也被提及,但鉴于这些政策内容较为零散,且与"学有所教"的联系更为密切,故不纳入本文分析。此外,义务教育也普遍被认为属于"学有所教"的范畴。

发生了"社会转向"[1][2][3],这种社会转向也体现在儿童政策领域。廉婷婷等通过对1949年以来我国儿童相关政策的梳理,发现70%以上的政策都是21世纪之后出台的,其中2010年后出台的政策占比更超过40%[4]。儿童政策的发展,特别是21世纪以来的发展也推动了学术界对儿童政策的研究。这些研究涉及困境儿童保障、儿童保护、儿童健康、儿童教育、儿童照顾等多方面的政策,以及价值理念的提出与倡导、政策法律的制定和执行。在儿童福利政策领域,学者们普遍观察到:政策的对象逐渐由少数的孤残儿童扩大到贫困家庭儿童、留守儿童、流动儿童、被艾滋病病毒感染的儿童等弱势儿童群体;政策的内容从保障基本生活逐渐扩大到保障发展、被保护和参与权;福利的标准也在不断提高[5]。在儿童教育政策领域,已有文献发现教育公平开始成为政策的价值取向。例如,学前教育政策的关注点从加强管理转到重视教育资源的快速有效扩大[6],义务教育政策的价值取向由非均衡发展开始向均衡发展过渡[7],特殊教育、校外教

---

[1] 王思斌:《我国适度普惠型社会福利制度的建构》,《北京大学学报(哲学社会科学版)》,2009年第3期。
[2] 岳经纶:《中国社会政策60年》,《湖湘论坛》,2009年第4期。
[3] 李迎生:《国家、市场与社会政策:中国社会政策发展历程的反思与前瞻》,《社会科学》,2012年第9期。
[4] 廉婷婷、乔东平:《中国儿童福利政策发展的逻辑与趋向》,《中国公共政策评论》,2021年第1期。
[5] 裘指挥、张丽、刘焱:《从救助走向福利:我国儿童权利保护法律与政策的价值变迁》,《学前教育研究》,2015年第9期。
[6] 常晶:《改革开放以来我国学前教育政策议题演变、问题与调整的思考——基于威廉·N.邓恩政策分析结构模型的分析》,《现代教育管理》,2019年第2期。
[7] 祁占勇、杨宁宁:《改革开放四十年我国义务教育政策的发展演变与未来展望》,《教育科学研究》,2018年第12期。

育、家庭教育等领域的政策开始得到重视,等等①②③。在儿童照顾政策领域,为配合"单独二孩"和"全面二孩"政策的先后实施,国家已相继修改和完善了产假政策和税收减免政策,并开始大力发展托育服务;2021年5月31日,中央政治局召开会议审议通过了《关于优化生育政策促进人口长期均衡发展的决定》,在组织实施"三孩生育政策"的同时,也提出了"提高优生优育服务水平,发展普惠托育服务体系"等配套衔接的支持政策。

已有研究为理解我国儿童相关政策的发展带来很多启发,但也存在不足。大多数儿童政策研究文献要么聚焦于某一特定政策,要么聚焦于某一特定儿童群体,要么关注政策理念的变化,要么关注政策执行,即便是检视我国儿童政策演变发展历程的文献也缺少有效的分析框架来评判我国儿童政策发展的总体趋势。由于不能对儿童政策变化的主要方面,以及影响儿童政策变化的主要因素进行综合分析,很难从整体上理解儿童政策发展变迁的趋势和特征。为此,我们借鉴"政策体制"(Policy Regime)的分析框架,对党的十八大以来我国儿童政策发展变化的各个方面进行整体性分析。

"政策体制"这一政策分析模型是美国学者卡特·威尔逊基于既有政策文献提出来的,它既借鉴了分析政治体制为什么持久的"静态"路径,也吸收了政策和制度变迁的"动态"理论,并通过综合多种政策变化分析模型,解决了政策文献中的一些争议④。可以说,它是一个关于政策变迁的集合性理论,试图为政策的长期稳定和短期变

---

① 张茂聪、王宁:《改革开放四十年来我国特殊教育政策演进与逻辑》,《中国特殊教育》,2019年第3期。
② 潘冬冬、王默:《改革开放以来我国影子教育的发展演变与反思》,《教育学术月刊》,2020年第9期。
③ 俞国良、靳娟娟:《新时代"大家庭教育观":理念和路径》,《教育科学研究》,2020年第10期。
④ Carter, A. W. (2000). "Policy regimes and policy change", *Journal of public policy*, 2000, 20(3): 247-274.

化提供解释。

按照威尔逊的说法,政策体制变迁的过程是伴随着政策范式的变化、权力安排的变化和组织架构的转变而发生的,也就是说,政策体制主要包括了三个维度:政策范式、权力安排和组织架构[1]。首先,政策范式指政策体制背后的意识形态,它既影响着问题的界定,也影响着解决方案的提出。其次,权力安排涉及某个政策领域中国家行动者与非国家行动者的关系,通常一个或多个支持新政策体制的利益集团或者说利益相关者的出现会对该政策领域权力结构带来重要影响。最后,组织架构是指政府内部的组织、决策安排和执行结构,它涉及各类政策行动者在政策制定和政策执行中的相互关系。

威尔逊认为,政策体制分析框架可以为长期政策稳定和短期变化提供解释。政策体制的权力、范式和组织维度可以解释政策稳定和政策变迁,稳定的权力安排、占主导地位的政策范式、组织架构以及依赖于政策体制的公职人员和决策者都是为了维持政策稳定而运作的。当政策体制受到压力源(stressor)的影响时,就会发生重大的政策变化。这些压力源有潜力展现出主导性政策范式的异常,促成权力的转移,并造成合法性危机。当权力联盟发生转移、主导性范式出现失信、替代性范式得以发展、新组织安排得以形成,以及新政策目标得以确立,政策范式就会发生变化[2]。换言之,随着新的政策范式、新的权力格局和新的组织架构的出现,新的政策体制也就出现了。在这个过程中,冲击现有体制的压力源是关键,它包括诸如自然和人为的灾难、新的发现、丑闻、累积性社会趋势(如少子老龄化)、媒体关注度增加,等等。这些压力源能够对组织架构、主导的政策范式

---

[1] Carter, A. W. (2000). "Policy regimes and policy change", *Journal of public policy*, 2000, 20(3): 247-274.

[2] Carter, A. W. (2000). "Policy regimes and policy change", *Journal of public policy*, 2000, 20(3): 247-274.

施加压力,同时提升新问题的可见性。本文将借鉴政策体制这一分析框架,分析在"幼有所育"民生目标指引下党的十八大以来我国儿童政策的发展及其特征。

## 二、新时代以来儿童政策发展的状况

政策体制理论在多大程度上能够帮助我们分析和解释新时代我国儿童政策的变化呢?要回答这一问题,需要首先梳理"幼有所育"目标下儿童政策四个子领域政策在新时代的发展和变化,特别关注政策在问题界定、目标设定和实施方案制定方面的变化和进展。

### (一) 0~3 岁婴幼儿照护服务政策

婴幼儿照护服务也被称为托育服务,主要满足 0~3 岁儿童的照顾需求。在"全面二孩"政策出台之前,托育服务只得到了零星的政策关注,而且其定位是教育服务的一部分,关注的重点是儿童发展,并没有突出或强调支持父母就业的功能。2015 年 12 月 31 日,中共中央、国务院发布了《关于实施全面两孩政策、改革完善计划生育服务管理的决定》,托育服务发展被提上政策议程。党的十九大"幼有所育"民生目标的提出更使得托育服务发展成为社会关注的热点。2019 年开始,托育服务政策开始密集出台。1 月,国家发改委等十八个部门发布《加大力度推动社会领域公共服务补短板强弱项提质量促进形成强大国内市场的行动方案》(发改社会〔2019〕0160 号),将"增加托育服务有效供给"作为"补强非基本公共服务弱项,着力增强人民群众公共服务供给"的内容之一。4 月,国务院办公厅发布托育服务发展的纲领性文件——《关于促进 3 岁以下婴幼儿照护服务发展的指导意见》(国办发〔2019〕15 号),阐明了我国托育服务发展的基本原则、发展目标、主要任务、保障措施和组织实施,并首次明确了 17 个部门的职责分工。在该意见精神的指导下,以国家卫健委为首的多个职能部门先后颁布了托育机构的设置标准、管理办法、备案办法等政策文件。10月,发改委和卫健委还发布了《支持社会力量发展普惠托育服务专项行动实施方案(试行)》,指出托育服务由地方政府负责,并明确了中央支持和引导地方发展托育服务的具体措施。2020年底,国务院办公厅颁发的《关于促进养老托育服务健康发展的意见》(国办发〔2020〕52号),提出了健全政策体系、完善监管服务等意见。2021年5月中央政治局通过的《关于优化生育政策促进人口长期均衡发展的决定》,在实施"三孩政策"的同时,重申了托育服务托底、普惠的发展原则。

总体来说,进入新时代后,托育服务的政策体系经历了从无到有的巨大变化,特别是2019年后,政策发展进入了快车道。在这一系列政策文本中,发展托育服务被看作是解决家庭"不敢生""不愿生"的重要举措。在《关于促进3岁以下婴幼儿照护服务发展的指导意见》的政策例行吹风会上,国家卫健委的干部指出,该政策出台是为了"促进解决'幼有所育'问题"[1]。可见,托育政策直接关系到我国陷入超低生育率社会的现实问题。在政策目标的设置上,政府将托育服务定位为非基本公共服务,明确了"家庭为主,托育补充"的基本原则,并鼓励发展托底、普惠性的托育服务(国办发〔2019〕15号)。在实施方案上,通过发布一系列政策,明确了发展托育服务是地方事权,中央主要负责制定政策法规和通过预算内投资引导地方发展(发改社会〔2019〕1606号);明确了坚持社会化发展,围绕"政府引导、多方参与、社会运营、普惠可及"的思路开展,如鼓励单位为其职工提供福利性质的托育服务(发改社会〔2019〕1606号);明确了各职能部门的监管责任,并对事业单位、营利性和非营利性托育机构开展分类管理(国办发〔2019〕15号、国卫办人口发〔2019〕25号);强调了要加强

---

[1] 国务院新闻办公室:《国务院政策例行吹风会》,2021年5月10日,http://www.gov.cn/xinwen/2019zccfh/26/index.htm。

政策落地:地方政府要向同级人民代表大会常务委员会报告成效,国务院要推动落地,发改委要建立"一老一小"服务能力评价机制(国办发〔2020〕52号)。由此,"到2020年,婴幼儿照护服务的政策法规体系和标准规范体系初步建成"(国办发〔2019〕15号)的政策发展目标已经基本实现,新时代托育服务的健康发展已经拉开序幕。

### (二) 学前教育政策

2010年,《国家中长期教育改革和发展规划纲要(2010—2020年)》(简称2010年《纲要》)首次提出了"普及学前教育"的目标。党的十八大以来的学前教育政策首先是对2010年《纲要》中学前教育发展目标的落实和发展。例如,党的十八大以来中央颁布的《幼儿园教职员工配备标准(暂行)》《支持学前教育发展资金管理办法》等文件,均是为了落实2010年《纲要》和《国务院关于当前发展学前教育的若干意见》(〔2010〕41号)而出台的具体措施。

另外,党的十八大以来的学前教育政策又不限于对已有政策目标的落实,体现在两个方面。第一,政策目标不断提高。2010年《纲要》提出了三期的"三年行动计划",将2020年学前三年的毛入园率目标设置为70%,到(2014年)第二期计划实施时,这一目标就被提升为"到2016年,全国学前三年毛入园率达到75%左右",到(2017年)第三期计划实施时,目标进一步提升为"到2020年,全国三年毛入园率达到85%"。第二,重点关注扩大普惠性学前教育资源。2017年发布的《关于实施第三期学前教育行动计划的意见》将普惠性幼儿园的覆盖率(公办幼儿园和普惠性民办幼儿园在园幼儿数占在园幼儿总数的比例)增列入学前教育发展目标之中,并要求这一比例达到80%左右。到2018年,《关于学前教育深化改革规范发展的若干意见》(简称2018年《若干意见》)再次将这一目标加码,要求"逐步提高公办园在园幼儿占比,到2020年全国原则上达到50%"。可见,这一阶段的政策在制定与执行中逐步发展和深化了2010年以来的改革,体现了新的发展目标和发展理念。

与过往相比,进入新时代后的学前教育政策在问题界定、目标设定和实施方案等方面发生了一些显著的变化。其中,2018年《若干意见》是新中国成立以来第一次以党中央国务院名义专门印发的学前教育改革发展文件,是新时代学前教育改革的指导性文件,具有重要的里程碑意义[①]。具体而言,在政策问题的界定上,这一时期的政策明确了我国学前教育发展的主要问题不再是资源短缺,而是发展的不平衡和不充分。在政策目标的设定上,这一时期政策中的学前教育目标日趋完善,从仅关注入园率到关注普及率、普惠率和保教质量。在实施方案上,这一时期的政策文件更加关注重点领域治理和强调制度化建设。例如,2018年《若干意见》特别关注公办园资源不足和民办园过度逐利的问题,并在此基础上出台了《关于开展城镇小区配套幼儿园治理工作的通知》(国办发〔2019〕3号)。同时,为了加强制度建设,教育部在2020年出台了《县域学前教育普及普惠督导评估办法》(教督〔2020〕1号),并公布了《中华人民共和国学前教育法草案(征求意见稿)》。

### (三) 儿童福利政策

党的十八大以来,关于儿童福利和儿童保护的政策文件大量出台,并在三个方面取得了显著进展。第一,针对孤残儿童和流浪儿童的儿童福利政策不断完善。例如,《家庭寄养管理办法》《儿童社会工作服务指南》《关于建立残疾儿童康复救助制度的意见》《儿童福利机构管理办法》等政策,均致力于发展和完善传统补缺型儿童福利政策体系,通过提高待遇水平、完善服务机构和服务内容、提高服务的专业化水平等手段,不断提高孤儿、残疾儿童、流浪儿童等群体的福利

---

[①] 教育部:《教育部介绍贯彻落实〈中共中央国务院关于学前教育深化改革规范发展的若干意见〉有关情况》,2021年4月18日,http://www.gov.cn/xin-wen/2019-04/18/content_5384489.htm。

水平。

第二，儿童保护成为儿童福利政策体系新的组成部分①。2013年开始，民政部先后开展了两批未成年人社会保护试点工作，儿童福利的内涵开始向儿童保护拓展。2016年国务院印发《关于加强农村留守儿童关爱保护工作的意见》，基本明确了我国儿童福利的范畴已经由儿童救助扩展到儿童保护。民政部门中的儿童工作机构也由儿童福利部门更名为儿童福利和保护部门，流浪儿童救助保护中心更名为未成年人社会保护中心。2014年发布的《关于依法处理监护人侵害未成年人权益行为若干问题的意见》则从司法的角度明确了民政部门托底起诉、托底监护、托底保障的职责。之后，民政部将父母被撤销监护资格的儿童纳入事实无人抚养儿童保障范围（民发〔2020〕125号）。

第三，适度普惠型儿童福利政策体系基本建成，并开始迈向全面普惠型儿童福利政策。2013年开始，民政部先后出台了两个关于开展适度普惠型儿童福利制度建设试点工作的通知，国务院也先后出台了《国家贫困地区儿童发展规划（2014—2020年）》和《关于加强困境儿童保障工作的意见》。这些文件表明，我国儿童福利的对象由孤残儿童扩展到了困境儿童、困境家庭儿童等群体，并要求建立"一普四分"的制度框架和儿童福利工作指导和服务体系。2020年10月，全国人大常委会修订通过了《中华人民共和国未成年人保护法》，第9条规定将未成年人保护工作协调机制设置在民政部门。换言之，民政部门工作的对象将扩展到所有儿童，这意味着我国的儿童福利政策有走向普惠的趋势。

党的十八大以来儿童福利政策的巨大发展体现了新时代我国对

---

① 由于民政部门主导的儿童保护是为了弥补《未成年人保护法》存在的局限而衍生的新机制，是儿童福利概念发展过程中的暂时或过渡阶段。因此，民政部门对儿童的新型保护具有福利属性，本质是儿童福利。参见姚建龙：《新时代儿童福利研究》，北京：中国政法大学出版社，2019年，第28页。

儿童福利中存在问题认识的不断深化。一方面,随着全面建成小康社会目标的提出,如何扩大儿童福利的保障范围、提高儿童福利水平成为新时代的重要议题。例如,《国家贫困地区儿童发展规划(2014—2020年)》指出:"促进贫困地区儿童发展是切断贫困代际传递的根本途径,是全面建成小康社会的客观要求。"另一方面,很多恶性儿童伤害事件表明,已有的政策法律体系在儿童保护上存在不足。2013年民政部在《关于开展未成年人社会保护试点工作的通知》(民函〔2013〕143号)中明确指出:"受经济贫困、监护缺失、家庭暴力、教育失当等影响,一些未成年人遇到了生存困难、监护困境和成长障碍,迫切需要建立新型社会保护制度。"

基于以上认识,进入新时代,儿童福利的政策目标发生了两个重要转变:一是政策对象由孤残儿童、流浪儿童扩展到困境儿童和困境家庭儿童,二是政策内容增加了儿童保护。为了实现以上的政策目标,这一阶段的儿童福利政策的实施呈现出两个特点:一是重视开展试点,民政部分别于2013年和2014年开展了两批未成年人社会保护试点工作和适度普惠型儿童福利制度建设试点,第一批涉及20个地区,第二批涉及78个地区;二是不断调整和强化儿童福利职能部门的机构设置,例如,2016年民政部在社会事务司下成立了未成年人(留守儿童)保护处,2019年又增设了儿童福利司。

**(四)家庭教育政策**

党的十八大以来,党和国家越发重视家庭和家庭教育,家庭教育的政策发展迎来了一个高潮。2012年,全国妇联、教育部等七部门印发了《关于指导推进家庭教育的五年规划(2011—2015年)》,该规划首次提出"建构基本覆盖城乡的家庭教育指导服务体系"。在此基础上,教育部和全国妇联分别出台了推进家庭教育的意见和通知,分别就各自主管的部分提出了实施意见。2016年,全国妇联、教育部等九部门印发《关于指导推进家庭教育的五年规划(2016—2020

年)》,提出家庭教育要"以培育和实现社会主义核心价值观,加强儿童思想道德教育为核心",体现了十八大以来党和政府对强化品德教育在家庭教育中的核心地位的重视。2019年,全国妇联、教育部等九部门修订了《全国家庭教育指导大纲》。修订后的大纲既体现了新时代对德育的重视,也体现了多子女家庭养育、祖辈育儿和互联网时代的家庭媒介教育等新特征。同时,家庭教育的立法工作也取得了新的重大进展:2021年1月,全国人大常委会审议了《中华人民共和国家庭教育法(草案)》,并公开向社会征求意见。

进入新时代,我国对家庭教育的空前重视,反映了这一时期党和政府对当前社会经济发展中存在的一系列涉及儿童发展的社会问题的认识和界定。首先,新时代以来不断强调立德树人是教育的根本任务,而家庭教育在培养儿童如何做人方面应该起到重要作用。正如习近平2018年在全国教育大会上指出,家庭是人生的第一所学校,家长是孩子的第一任老师,要给孩子讲好"人生第一课",帮助扣好人生第一粒扣子。其次,家庭教育指导服务体系被认为是革新家长制传统旧观念,解决养教分离、教育功利行为等一系列社会问题的重要手段。例如,我国社会普遍存在的祖辈抚养和留守儿童等现象被认为既受到了我国社会转型、家庭功能弱化的影响,又受制于家长责任意识和教育观念,而家庭教育政策可以有效地干预后者[1]。此外,家庭教育政策还被看作是家庭建设的重要组成。习近平多次谈到要"注重家庭、注重家教、注重家风",并在2016年12月12日会见第一届"全国文明家庭"代表时,强调"家庭的前途命运同国家和民族的前途命运紧密相连"。

基于以上政策问题的界定,新时代将家庭教育政策的目标重新表述为"以培育和实践社会主义核心价值观,加强儿童思想道德教育

---

[1] 黄欣、吴遵民、黄家乐:《家庭教育:认识困境、使命担当与变革策略》,《现代远距离教育》,2020年第2期。

为核心,以强化家长家庭教育主体责任,提高家长家庭教育水平,培养儿童优良品质和健康人格,促进儿童健康发展为目标"(妇字〔2016〕39号)。为了保障政策的落地,2016年颁布的《关于指导推进家庭教育的五年规划(2016—2020年)》提出要"加快家庭教育事业法制化、专业化、网络化建设,到2020年基本建成适应城乡发展、满足家庭和儿童需求的家庭教育指导服务体系"。同时,这一时期在家庭政策的实施上也出现了一些新的特点。例如,鉴于家庭教育实施主体的多元化,这一时期家庭教育政策的发文机构也不断增加,原文化部、原国家新闻出版广电总局、中国科协等部门也承担了建构家庭教育指导服务体系的一部分责任。又如,随着《家庭教育法(草案)》的审议,家庭教育政策的立法进程也开始加快。

## 三、新时代儿童政策体制的转型

基于以上分析可以发现,进入新时代以来,我国儿童政策的四个子政策领域在问题界定、目标设置和实施方案上都发生了不同程度的变化,儿童政策的重要性不断上升,内涵不断扩展,目标不断提高,实施方案也日趋完善,效果更加明显。那么,作为一个整体,在新时代"幼有所育"的战略目标下,我国儿童政策是否发生了体制转型?借鉴政策体制理论,我们将从政策范式、权力安排和组织结构三个方面来论述儿童政策体制在新时代的转型(见表1)。

表1 新时代前后儿童政策体制的比较

| | 新时代之前 | 新时代以来 |
|---|---|---|
| 政策范式 | ・儿童养育主要是"家事"<br>・国家主要是对那些不能得到家庭庇护的困境儿童提供基本的生活救助 | ・儿童养育不仅是家庭的责任,也是国家的责任<br>・儿童事务从私域走向公域 |

续表

| | 新时代之前 | 新时代以来 |
|---|---|---|
| 权力安排 | • 政府在儿童福利服务供给上的责任不明确<br>• 提供儿童服务的专业人员和组织力量弱小<br>• 关注儿童政策的学术力量不足 | • 政府在儿童福利服务供给上的责任强化<br>• 儿童福利服务专业人员和服务机构的发展壮大<br>• 儿童政策相关学术力量的成长 |
| 组织架构 | 行政机构设置不完备,分工不明,缺少专责儿童政策的职能部门 | 通过重构、内部重组和新建等多种方式,建立了专责儿童政策相关领域的职能部门 |

## (一) 政策范式:儿童养育责任从"家事"变为"国事"

改革开放以来,在效率优先原则的指导下,很多社会再生产活动回归家庭,儿童养育也成为家庭的私事。在儿童政策领域,这一政策范式既体现在缺少托育服务政策、学前教育市场化等现象,也体现在儿童福利的政策对象长期局限于孤儿、残疾儿童和流浪儿童等传统弱势群体,具有明显的补缺性质。随着时间的推移,将儿童养育作为"家事"的政策范式逐渐难以适应经济和社会的发展。表现之一即2000年以来陆续涌现出来的流浪儿童、留守儿童、流动儿童等新的困境儿童群体。2010年第六次全国人口普查资料显示,我国有6 100万农村留守儿童和3 600万流动儿童,平均每10个儿童中就有2个农村留守儿童和1个城镇流动儿童。为应对这些社会问题,儿童福利政策不断扩大其政策对象,陆续将受艾滋病影响儿童、散居孤儿等群体纳入其保障范围。但总体上看,21世纪前十年儿童政策的发展主要体现在弱势儿童保障政策的完善上。尽管这一发展对于缓解弱势儿童群体的问题起到了积极作用,但将儿童政策局限于弱势儿童群体的做法显示出儿童政策体制仍然没有摆脱儿童养育是"家事"的政策范式。

近十年来,这一政策范式受到了多方面的挑战。第一,恶性社会事件频出,将儿童养育责任看作"家事"的政策范式的正当性受到了广泛质疑。近年来,社会上恶意伤害儿童事件时有发生,这些事件成为导火索,在我国社会引起了关于家庭和市场功能失灵以及政府在儿童养育责任缺位的激烈讨论,为儿童政策的政策范式转变奠定了合法性基础。第二,事后补偿的儿童政策效果不佳,事前干预为主的儿童政策被认为更加有效。将儿童养育责任家庭化的政策范式通常仅关注那些失去家庭庇护的儿童群体,因此通常只能在儿童权益受到侵害后才进行事后的补偿。[1] 越来越多恶性事件的发生表明,事后干预的效果十分有限,事前干预被认为是更有效的儿童政策。例如,对家庭教育的重视、适度普惠型儿童福利体系的建构等政策都体现了事前干预的思维,进一步推动了儿童政策的政策范式由"家事"向"国事"的转变。第三,投资儿童被认为是国家人力资本积累和应对老龄化的新战略。受到西方福利国家"社会投资"思想的启发,很多学者指出我国政府应该转变思维,将投资儿童作为应对经济发展新常态和未来"人口负债"的重要战略,儿童政策的重要性日益凸显[2][3]。同时,随着学前教育、托育服务、家庭教育等子政策领域的发展,投资儿童对个体和社会人力资本积累的积极影响获得了广泛的共识。党的十九大将"幼有所育"增列为民生目标之一,更是表明了国家分担儿童养育责任的意愿和决心。2021年的"三孩政策"与配套支持措施,也已作为"十四五"时期积极应对人口老龄化国家战略的重要组成部分。至此,儿童政策不仅关系到"民生",更关系到"国计",新的政策范式得以形成。

---

[1] 邓锁:《从家庭补偿到社会照顾:儿童福利政策的发展路径分析》,《社会建设》,2016年第2期。

[2] 彭希哲、胡湛:《公共政策视角下的中国人口老龄化》,《中国社会科学》,2011年第3期。

[3] 刘云香、朱亚鹏:《向儿童投资:福利国家社会政策的新转向》,《中国行政管理》,2017年第6期。

## (二) 权力安排:责任界定和利益相关群体的壮大

2012年,中央经济工作会议提出"守住底线、突出重点、完善制度、引导舆论"的民生工作新思路。这一新工作思路传达了一个重要信息,即"要重新界定政府、企业和个人的责任,转变社会政策思路,优化社会政策结构和完善政策设计"[1]。新时代的社会政策在发展方向上做出的调整和改善,也带来了社会政策领域(包括儿童政策)权力安排下各主体角色上的相应变化。

第一,党和政府高度重视儿童福利服务的发展。党的十八大以来,在党中央的领导下,政府在儿童政策领域的作用得到了不断强化。在学前教育领域,新时代以来的政策强调学前教育是"重要的社会公益事业"和"重大民生工程",要加强党的领导,同时落实各级政府在规划、投入、教师队伍建设、监管等方面的责任(中发〔2018〕39号)。在儿童福利领域,政府的责任范围不断扩大,且将儿童保护纳入儿童福利的范畴。在家庭教育和托育服务领域,虽然家庭仍然被认为负有主体责任,但政府也被赋予了重要的政策引导、财政投入和服务提供的责任。

第二,鼓励社会力量在儿童福利服务领域的参与,以及儿童福利服务专业人员和机构的发展。鉴于我国儿童服务尤其是普惠型服务供给不足的现状,鼓励社会力量参与供给是各个子政策领域普遍采用的基本原则。例如,在学前教育领域,政府扶持和引导社会力量举办普惠性民办幼儿园(中发〔2018〕39号);在托育服务领域,政策加大对社会力量开办托育服务机构的鼓励和支持力度(发改社会〔2019〕1606号)。同时,鉴于儿童服务的专业性,专业人员队伍和机构的培育也成为政策关注的重点,四个子政策领域均对专业人员的培养和培训、机构建设、资源配置做出了规定。随着儿童服务专业队

---

[1] 贡森、李秉勤:《新时代中国社会政策的特点与走向》,《社会学研究》,2019年第4期。

伍和机构的发展,儿童政策的利益相关者队伍也不断成长壮大。这主要体现在儿童福利服务领域社会工作组织和专业社工队伍的发展壮大,例如,2019年《中国人事发展纲要(2011—2020年)》统计,基层持有证书的社会工作者达6.1万人,较2012年增长了3倍多;研究儿童政策的学术社团也得到一定程度发展,如2021年成立的中国社会工作学会儿童社会工作专业委员会。

第三,强调共建共享,家庭要承担相应的责任。党的十九大报告指出,新时代的民生政策宏观上应该坚持发展和改善民生,微观上则要坚持"人人尽责、人人享有"的原则。虽然新时代儿童政策中政府的责任在加强,但这并不意味着家庭(家长)的退出。新时代儿童政策在强调政府责任的同时,也不断加强对家庭(家长)责任的宣传,并鼓励和支持家庭更好地承担起育儿责任。例如,为了解决农村留守儿童问题,政策要求既立足当前又着眼长远,通过为农民工家庭提供更多帮扶支持、引导扶持农民工返乡创业就业等方式,从根本上解决儿童留守问题(国发〔2016〕13号)。换言之,新时代的儿童政策将家庭作为其政策对象之一,通过对家庭赋能,致力于帮助家庭更好地承担起养育儿童的主体责任。

### (三) 组织结构:职能部门的变化

一般而言,政策变迁通常会涉及政府机构内部政策制定决策权的重新分配,并体现在组织架构的变化上。与此同时,组织架构的变化反过来也会影响政策目标、政策范式和权力安排。

具体而言,组织架构的变化可以分为四种类型:解构/重构、加固、内部重组、新建①。进入新时代以来,我国儿童政策领域发生了多种类型的组织架构变化:在托育服务领域,发展托育服务的责任被

---

① 参见 Hayes M. (1992). *Incrementalism and Public Policy*. New York: Longman.

赋予了新成立的国家卫生健康委员会,机构内原来的计划生育部门被重构,其职能从计划生育转变为支持家庭发展;在学前教育领域,教育部基础教育司中的学前教育行政力量得到加强,相应地很多地方教育部门中也增设了学前教育处;在儿童福利领域,民政部先是在2016年成立了未成年人(留守儿童)保护处(隶属于社会事务司),又于2018年机构改革时专门成立儿童福利司。民政部儿童福利司的设立,结束了我国没有统筹儿童福利政策专门机构的历史,是我国儿童福利事业发展中具有里程碑意义的事件。此外,是否在国家层面成立独立的儿童机构(如儿童福利局)成为学界和社会讨论的议题[1]。这些组织架构的变化标志着新时代儿童政策体制转型的基本实现。同时,组织架构变化进一步强化了儿童政策从"家事"向"国事"的政策范式转变,也使得更多的行动者和利益相关者加入了这一政策领域,为儿童政策的发展带来了更多的资源,有利于新的儿童政策体制的巩固和发展。

## 四、总结与展望

随着中国特色社会主义进入新时代和"幼有所育"战略的提出,我国儿童政策正在经历体制转型。这一转型既体现在各个子政策领域的发展上,也体现在儿童政策整体的发展上。在这个过程中,旧的政策范式受到越来越多压力源的挑战,将儿童养育责任视作"国事"的新政策范式得以建立,儿童政策的行动者和利益相关者群体日益壮大,负责儿童政策制定与实施的相关行政机构也发生了重组与变革。这些变化标志着新的儿童政策体制在新时代的确立。儿童政策体制的这一转型为儿童和家庭带来了很多积极的影响。2020年12

---

[1] 北京师范大学中国公益研究院儿童福利研究中心课题组:《让儿童优先成为国家战略》,《社会福利(理论版)》,2013年第4期。

月,国家统计局发布的《2019年〈中国儿童发展纲要(2011—2020年)〉统计检测报告》显示,2010年《纲要》绝大部分指标已提前实现目标,其中,2019年学前教育毛入园率达到83.4%,远高于70%的目标;儿童福利和救助保护机构数量稳中有升,孤儿生活质量持续改善,残疾儿童专业康复服务能力稳步提高,儿童保护进一步完善[1]。

当然,新的儿童政策体制的制度化不是一蹴而就的。结合上文的分析,我们为新时代儿童政策体制的制度化发展提出两点建议。第一,要继续完善国家、社会、家庭在儿童养育中的责任分担。从中央政策的层面看,"幼有所育"战略目标的提出说明我国已经明确了国家应该分担一部分原本归家庭的育儿责任,但在很多子领域中分担原则和机制尚未形成,鼓励社会力量和家庭的政策措施也仍需细化和落实。同时,由于儿童相关的公共服务主要由地方政府负责,中央、省和地市级政府如何分担也将影响到各项服务的均衡发展。第二,要突出重点,集中力量发展重点领域,回应社会发展需求和民生需要。正如前文所言,儿童政策的内涵十分丰富,并且边界在不断扩展,均衡发展各个子领域既不现实也较难获得好的效果。因此,当前儿童政策应该继续坚持问题导向,重点发展关系到人民切身利益和社会经济转型的关键政策领域。例如,鉴于我国生育率不断下降和老龄化不断加速的现状,以及"三孩"政策的实施,托育服务应该作为当前和未来儿童政策的重点发展领域之一。我国儿童政策应该继续坚持"儿童优先"和"儿童利益最大化"的原则,不断完善和提高所有儿童和家庭的福祉。

---

[1] 国家统计局:《2019年〈中国儿童发展纲要(2011—2020年)〉统计监测报告》,2021年5月19日,http://www.gov.cn/xinwen/202012/19/content_5571132.html。

# 共同富裕治理的制度主义方法论

刘 涛[*]

## 一、引言

党的十九届六中全会通过了《中共中央关于党的百年奋斗重大成就和历史经验的决议》,这份继往开来的重要政治文件确定了社会主义中国将坚定不移走全体人民共同富裕的道路。作为国家的重要战略部署,这是我国实现小康社会目标以及历史性地全面消灭绝对贫困后,我国社会主义现代化事业开启的又一具有重要战略意义的新征程。在党和国家为我国未来十五年设定宏伟发展蓝图之际和我国临近高收入经济体门槛的关键时刻,共同富裕这一战略远航目标为我国下一步现代化发展、为凝聚全国民心民意作出了重要的战略指导,发出了重要的前进信号。共同富裕,这一中国人民乃至世界人民千百年来为之奋斗的理想与目标,如何在中国这一洲际范围的超大规模国家得以实现,为世界所瞩目,其发展成果也必将包含全球意义。

---

[*] 本文发表于《治理研究》,2021年第6期。

刘涛,浙江大学公共管理学院教授、博士生导师,浙江大学文科领军人才,浙江大学社会治理研究院首席专家,浙江大学共享与发展研究院研究员,浙江大学民生保障与公共治理研究中心研究人员。

基金项目:国家社科基金重大项目"政府培育发展社会组织的效应研究"(编号:18ZDA116);浙江大学社会治理学科会聚培育项目"社会治理会聚研究(培育)"。

浙江省承担了建设共同富裕示范区的重要政治任务,为全中国的共同富裕事业探索开路。不仅"共富论述"之中心点浙江省出现了共同富裕持续升温,共富思想热潮也逐渐从浙江省扩散到全国各地成为各级政府高度关注的话题。举国上下热议共同富裕、同商共同富裕、众推共同富裕,全国各行各业也都在思索自身与共同富裕的关系。在充分肯定这种社会政治热情的同时,我们也应当看到,我国还面临着发展起点较低、多数地区还不够富裕、发展较不均衡的基本国情。同时,我们还应充分认识到,在一个超大规模、发展水平异质程度较高的国家,共同富裕并非一蹴而就的,道路还非常漫长,需要一个完整的历史阶段来实现全国整体意义上的共同富裕。共同富裕道路急不得,当然也等不得,在"快"与"慢"的速度哲学上,需要把握一个适度、科学的尺度,而非单纯地为一时的话题热度和舆情热度所左右。

从另外一个层面来看,无论是何种政治体制与治理方式,热情与激情都是推动社会政治生活转轨及变迁的一种原生动力,适当的热度也有助于提高社会问题和论述话语的可视度与能见度,有利于构筑一种持续热点化的社会热动力结构,推动某一项政策议程以超常规的加速度方式得以实施。然而,如何让初始的热度与热点始终保持在理性科学的范围之内,如何让热点话题的追逐不至于发酵成为社会政治经济里的"过热",是一个非常值得研究的社会科学命题。我国历史上及世界历史上均不乏以政治热情推动改革的丰富实例,但是所取得的社会效度却不一定理想,有时候还可能会出现"欲速则不达"及"过犹不及"的状况,换言之,高热度话题未必导致高理想效度的社会政治实践,好心也可能办坏事。过去我们有许多以政治运动来推动社会经济发展的例子,不能不说立法者的初衷大多是良好的,但实际层面却往往是执行效果不彰,预定目标未必能够达到,而新的衍生问题不断出现,其间很多问题和事物的逻辑规律值得我们去深思。如何让持续关注的社会热点不至于发展成为一种经济社会领域内的"过热",这其中既需要肯定社会政治中的民意热度有一定的合理性,同时也要为可能出现的偏离常轨的"过热"进行适度"降温",将热点话题始终保持在科学及理性决策的可控范围内,以实现经济社会的可持续理性发展。

借鉴历史上的经验教训,为了将共同富裕引向合理的发展轨道,我们在充分认识到政治热情可能带来前进驱动力的同时,还要前瞻性地防范可能出现的"蹭热度"及"过热"局面。既往的社会经济过热发展状况大多是一种超越社会政治经济常态的加速发展状况,但同时与社会规律和经济规律发生了一定程度的偏离,产生了大量衍生社会问题。一方面,东亚国家在现代化转型过程中出现了"压缩现代化"(Compressed Modernity)的特殊现象[1],也就是西方国家逾百年的现代化进程在东亚国家压缩到30多年时间完成,出现了特殊的现代化时间和空间压缩状态。后进国家要想达到现代化国家的发展水平,其发展必然是加速度的,甚至是超越性的。与西方国家相比,东亚国家普遍表现出了更强劲的社会政治及社会经济动员模式[2],在日韩主要表现为国家主导的资本主义模式,在中国则表现为国家主导及调控的社会主义市场经济模式。中国政府在特定紧急状态下应对危机、综合调动社会资源来运筹帷幄统筹全局发展等都体现了其卓越的管理能力[3]。另一方面,国家支撑及动员的社会经济发展模式也易转化成为政治运动式的发展模式,以至于出现各地大建项目、盲目建设、重复建设、攀比竞争、资源浪费、低效发展、债务过多等系

---

[1] Chang Kyung-Sup. (1999). "Compressed modernity and its discontents: South Korean Society in Transtion." *Economy and Society*, 28(1), 30-55.

[2] Wong Joseph. (2004). "The Adaptive Developmental State in East Asia." *Journal of East Asian Studies*, 4(3), 345-362.

[3] Lu Quan, et al. (2020), "Social policy responses to the Covid-19 crisis in China in 2020." *International Journal of Environmental Research and Public Health*, 17(16), 1-14.

列负面情况①。在运动式的发展模式下,集中式的政治动员容易使决策部门忽略社会子系统的自身规律,特别是经济规律,同时容易让部门决策者迷信可以用行政权力来解决一切问题,从而出现社会经济发展与优治、良治和善治等总体目标出现"脱节"的状况。

当前,共同富裕事业的确呈现出中央支持、民众一心、地方顺应民意积极推进的大好局面,然而,在这样高涨的社会政治热情之际,学术界应该以一种宽广的学术视野和深邃的历史眼光看待分析当前的共同富裕"热",既要做到维护这种来之不易的令人振奋的民意热情,也要防止历史上"过热"局面的重现。尤其值得注意的是,当前各地都在摩拳擦掌推进共同富裕事业,一些地方已出现将社会福利待遇大幅提高的声音,同时中国要建设福利国家的论点也逐渐呈现在公共视野面前。在这一特殊关键的历史转折点,我们必须深入思考以下几个问题:共同富裕的确是由国家倡导提出的,但这是否就意味着我们要建立福利国家?共同富裕是否主要该由国家的行政力量来驱动?共同富裕是否就意味着各地要大力扩建项目或是运用行政力量及国家公共财税的手段来大力提高福利待遇?共同富裕是否就意味着福利待遇越高越好,国家财税给付越多越好?共同富裕是否意味着大幅强化"大政府、小社会"的国家主导社会经济发展模式?对于这些问题的正确认识和把握,能为我国共同富裕事业提供一个合理的理论认知格局及认知框架,有助于我国共同富裕事业稳健理性地发展。

## 二、共同富裕治理的理论框架:建立多元治理的格局

共同富裕作为一种全社会的整体性事业应该超越某种单一机制

---

① 曹龙虎:《国家治理中的"路径依赖"与"范式转换":运动式治理再认识》,《学海》,2014年第3期。

与逻辑,这意味着共同富裕并不等同于国家自上而下的垂直指令性结构或国家推动型体系,究其本意而言应该是治理体系的一种,应容纳于治理体系的理论框架和认知序列之中。因此,笔者倡导用"共同富裕治理"来描述我国的共同富裕事业。"共同富裕治理"不等同于"共同富裕政策",也不等同于"共同富裕政治",甚至也不能完全等同于"共同富裕政治经济学",而无论是"政策""政治",还是"政治经济学",又都可以容纳归并入"共同富裕治理"这个涵盖性"大概念"中。

由于共同富裕与政府管理及社会治理领域紧密相连,关于共同富裕的理论认识也可以充分吸收公共管理的一些基础理论"养料"来建立本领域的理论视阈。公共管理理论以其古典的公共行政理论为理论源头,历经了新公共管理理论的锤炼与创新,再到新公共治理理论视角的确立,可以说历经了一个持续理论范式变迁的发展轨迹,而每次理论范式变迁都为公共管理的认识论结构撑开了一片新的"理论论述空间",这样的理论发展及变迁轨迹可以为共同富裕治理提供有益的理论视角与理论支撑。言及公共管理的源泉,就不得不提到公共行政理论的重要贡献。马克斯·韦伯的科层制及官僚制理论是公共行政理论的基础,科层制指涉的是等级化、按照行政职位而来的、自上而下的垂直社会组织结构,而在等级化的科层官僚制内部实现了行政与政治的相互分离,行政日益成为一个脱离政治规范性价值观的高度技术化及理性化的场域,可以根据行政体系职位的等差序列格局、特别是通过官僚集团的集体作为来有效地贯彻行政当局之意志,推进政府政策的实施。该理论将其视角聚焦于政治系统特别是行政系统,关注单一集权型政府体系如何通过一个高度中央化的结构来贯彻实施政府决策[1]。从公共行政到新公共管理,公共管

---

[1] Heady Ferrel. (1959). "Bureaucratic Theory and Comparative Administration." *Administrative Science Quarterly*, 3(4), 509–525; Mansfield Roger. (1973). "Bureaucracy and Centralization: An Examination of Organizational Structure." *Administrative Science Quarterly*, 18(4), 477–488.

理理论经历了第一次重要的范式转换——公共管理领域引入了经济学及市场领域的一些机制。例如,"理性选择"理论的一些观点及视角开始融入新公共管理领域,而公共选择理论正是这一范式变迁历程中产生的重要理论流派。新公共管理的一些观点认为,私人及市场部门的一些管理技术要优于政府公共部门,即使市场机制无法完全替代国家公共部门,也应该将私人部门的一些管理手段、方法及绩效评估方式等广泛融入公共服务部门之中,以加强对服务产出质量与效度的控制与评估,最终达到提高公共服务领域效率的目标。新公共管理特别是公共选择理论,将经济学的"理性人"视角运用到公共服务中去,认为政府和选民的关系类似于生产者与消费者的关系,政治领域也形成了一种"政治市场",政治家通过"销售"良好优质的公共服务产品来获得"顾客"即选民的青睐与支持,从这种意义上来说,政治家也类似于企业家在市场领域的功能与作用[1][2]。就国家在公共服务领域的角色而言,新公共管理理论更多强调国家应当"掌舵",而无须"划桨"[3],国家可以将一些重要的公共服务领域外包给私人部门与社会,从而实现公共领域的"公私伙伴关系"[4],形成事实上的"公私合作主义",国家的责任与角色更多是做好监督、协调与管理,而无需向内卷到公共服务产品的生产及供给之中。而从新公共管理到新公共治理,公共管理的理论取向产生了一次新的范式转换。

---

[1] Ostrom Vincent, et al. (1971). "Public Choice: A Different Approach to the Study of Public Administration." *Public Administration Review*, 31(2), 203–216.

[2] Schneider Mark, et al. (1992). "Toward A Theory of the Political Entrepreneur: Evidence from Local Government." *American Political Science Review*, 86(3), 737–747.

[3] Barlow John, et al. (1996). "Steering Not Rowing: Co-Ordination and Control in the Management of Public Services in Britain and Germany." *International Journal of Public Sector Management*, 9(5–6), 73–89.

[4] Kleinwachter Wolfgang. (2003). "From Self-Governance to Public-Private Partnership: The Changing Role of Governments in the Management of the Interne's Core Resources." *Loyola of Los Angeles Law Review*, 36, 1103–1126.

如果说传统的公共行政主要倡导的是等级化科层制的治理,而新公共管理主要倡导的则是市场治理的模式,那么到了新公共治理时代,管理及调节社会利益来提供公共服务的范式则转化成为一种治理范式[1],新公共治理理论流派吸收了制度主义理论和网络理论,强调公共系统持续关注系统之外社会环境中的规范性和伦理压力,并通过从系统外吸收信息实现系统与环境的交互作用,进而使得公共服务领域能够更好地贴近民众的实质需求和社会实际需要。与等级化科层制及市场治理的范式不同,新公共治理提倡多种不同角色、多种不同机制及组织机构等相互协同提供公共服务产品,各种角色相互作用所构成的网络资源和网络结构则是新公共治理的核心,政策精英必须与社会成员中各种不同利益当事人结成网络结构来实现协同治理。在这样的网状结构中,政府不再天然地处于治理的穹顶位置,市场也不再是治理的轴心机制,而多种社会团体包含政府、私人部门及各类协会的相互组织协调构成了社会治理的新中心。如果说过去公共管理理论或多或少带有中心主义的取向,新公共治理的理论视野则是"去中心"的,或者说是以"多中心"为导向的。

过去近半个世纪以来,公共管理理论的范式变迁与社会政策领域在同一历史时期发展及变迁具有平行的相似性。主要西方国家在二战后出现的"福利国家"的论述及其制度模式,成为西方社会主流思想及精英的共识。在20世纪50年代至70年代,西方福利国家处于全盛时期[2],但到了20世纪70年代后期,由于石油危机引发的财政危机及经济危机的后果开始在西方发达国家扩散开来,同时高增长、高就业时代被高失业率及经济滞涨的新阶段取代,西方世界普遍开始了对福利国家的反思。20世纪80年代,撒切尔夫人及里根总

---

[1] Bovaird Tony. (2005). "Public Governance: Balancing Stakeholder Power in A Network Society." *International Review of Administrative Sciences*, 71(2), 217-228.

[2] Clough Shepard B. (1960). "Philanthropy and the Welfare State In Europe." *Political Science Quarterly*, 75(1), 87-93.

统推行的新自由主义意识形态使得"市场主义"的观点在西方世界大行其道,虽然市场和竞争的观点及其相应的意识形态载体无法完全取代福利国家的制度模式,但至少在思想领域"福利市场"[1]和"福利社会"[2]作为一种福利国家有力的竞争论述模式开始登上历史舞台。与新公共治理颇为类似的是,20世纪90年代在社会政策领域也出现了"福利多元主义"思潮,"福利多元主义"包含着不同的学术观点及学术意识流派,从福利三角、福利四边再到福利五边形,"福利多元主义"流派呈现出多姿多彩的理论观点,虽然各种观点有一些细节上的差异,但总体上却呈现出更多的共性,其中心主旨就在于超越过去"单元归因"和"单向归属"的局限性,不再将社会政策领域里面临的社会风险与保障机制仅仅归因于国家的责任与使命,也不再仅仅强调国家在福利产品供给中的一元角色。同时,该理论与"市场主义观点"及"社会福利商品化、私人化"的观点也明显不同,因为"福利多元主义"重点在于"多元归因"与"多重责任",认为社会风险不局限于国家管理范围,不能将福利产品供给机制仅仅归因到国家层面的责任,社会中的多种机制及组织均应承担相应的福利及社会保障责任,通过协调及协同的模式来共同提供公共福利品。从这个角度而言,福利产品的供给也呈现出某种"去中心化"或"多中心散布"的特点,也就是个人、家庭、社会网络、福利协会组织及国家应共同承担福利和社会保障的责任,国家并非事必躬亲的"万能守门员",国家机制所提供的福利产品也非"万灵丹",相反,国家在不断扩大的社会需求过程中体验到自身的局限性,福利国家由于遭遇到自身的"能力边界"而日益陷入困境之中,国家公共财政在低经济增长时代日益显得捉襟

---

[1] Salamon Lester M. (1993). "The Marketization of Welfare: Changing Nonprofit and For-Profit Roles in the American Welfare State." *Social Service Review*, 67(1), 16-39.

[2] Ellison Nick. (1997). "From Welfare State to Post-Welfare Society? Labour's Social Policy in Historical and Contemporary Perspective." In Bale, Tim and Brivati, Brian (Eds.) *New Labour in Power. Precedents and Prospects*, London: Routledge.

见肘,无法完全依靠国家的一元力量来解决福利及保障的社会难题。在这一过程中,多种机制的相互依赖、相互作用、相互交叠和相互协同以提供福利公共产品成为新福利时代发展的重要趋势,因此"福利多元主义"也时常被称为混合福利及混合福利产品。①② "福利多元主义"特别重视"居间协调"的社会组织及协会组织的作用,认为社会中间组织在国家与个人、家庭之间筑起一个缓冲的"居间层",有机连接着国家与家庭及个体公民,通过协调方式提供公共产品以大幅缓解福利国家的压力,完成许多国家承诺责任却无法完成的社会任务。

公共管理领域及社会政策领域理论及实践的变迁与转折性变化,特别是两大领域研究范式转化的趋同性发展向我们展示了一些具有普遍意义及颇具共性的社会规律:首先是在两大领域古典理论建制时期,受益于西方民族国家构建、扩展及巩固的过程,国家作为公共管理及社会福利的天然中心机制,普遍得到拔高与推崇,科层制的效率性、等级性和高组织性使其成为提供公共福利产品的核心机制,但由于过度依赖科层制提供公共福利产品,科层制的问题也不断显性化。特别是国家财政持续超常规扩展具有不可持续性,加之科层制所产生的官僚主义倾向,使日益臃肿的官僚制难以校准民众复杂多样的需求,也无力解决社会分工及分化所造成的越来越多的社会难题。在对等级科层制及"国家主义"的反思过程中,市场及企业管理的一些思维方法及管理工具开始在20世纪80年代融入公共管理及社会政策的实践中去。当然,市场手段及方法融入公共政策领域既带来了竞争、服务及效率大幅提高,也带来了过度市场化的弊端与难题。企业家政府治理及公共产品的商品化导致社会福利产品供

---

① Powell Martin, et al. (2004). "Welfare Regimes and the Welfare Mix." *European Journal of Political Research*, 43(1), 83-105.

② Evers Adalbert. (1995). "Part of the Welfare Mix: The Third Sector as An Intermediate Area." *Voluntas: International Journal of Voluntary and Nonprofit Organizations*, 6(2), 159-182.

给不足及贫富两极分化的马太效应,实践证明,"企业家治理"是一把双刃剑,其带来效率的同时又严重折损社会的基本公平。而新公共治理及福利多元主义的产生超越了"科层制"与"市场制"两种定势思维及其所局限的认识论框架,将公共政策及福利产品的领域扩大到"多元"与"多维"的认知层面。这非常符合公共管理领域从"统治"走向"治理"[1]的宏大趋势,也符合从"政府统治"到"社会治理"的社会结构变迁及规律走向。"治理"的思维,不再仅仅依靠一个高居穹顶的发号施令的权威指令机制来决定一切,而更多的是依靠政治、社会与市场的共生关系及多元机制相互"协同作用"来应对社会的难点与难题,通过混合形态的联合机制多种不同的社会力量、组织与机制共同加入公共服务及福利产品供给中去,从而形成合作主义格局下的政社共同缔造的格局。

当前,推进我国共同富裕事业还应注意到人类社会发展的一般性大趋势,特别是应该注意到公共管理、公共政策、公共服务及社会政策领域里在过去二三十年所呈现出来的一般性社会规律性发展和社会理论及实践的范式转化。由于共同富裕领域广泛涉及公共服务、民生福利及社会保障等层面,因此这些领域所呈现的创新发展和新走向值得我们审视,特别是社会出现的多元化、多维化及多边协调的大趋势值得我们在共同富裕的方略设计中给予足够的关注与重视。如果承认共同富裕是一项治理事业,那么其所定义的理论方位及理论倾向就应归属于"社会治理"范围,而不应该仅仅是归属于"政府管理"的范围。共同富裕应该避开可能出现的"大政府、小社会"抑或是"小政府、大社会"的线性简化模式,真正实现共治、共建、共享意义下的共同富裕。

---

[1] Bailey Stephen J. (1993). "Public Choice Theory and The Reform of Local Government in Britain: From Government to Governance." *Public Policy and Administration*, 8(2), 7–24.

## 三、共同富裕中的多元治理逻辑

毫无疑问,"共同富裕"是我国独特政治社会动员体制下的产物,没有社会主义国家的强大动员力量和政治制度服务于人民大众之优势,很难想象一个超大型国家举国共议"共同富裕"、各地政府共襄共同富裕之盛举。在共同富裕议题产生、议程扩散推广过程中,国家的主导及推广无疑起到了决定性的促推作用,一个强大的国家动员能力和强势有为政府的积极推动是我们走向共同富裕的起点。但同时我们又必须看到,共同富裕是一个综合系统工程,也是一个复杂的社会体系,共同富裕显性层面包含着经济发展、收入分配、民生及社会保障、基础设施建设、公共服务、社会安全、生态体系与生态平衡、文化及旅游等异质性的各个社会子系统,而共同富裕隐性层面则包含着几乎人类所有社会领域,包括人口政策、家庭政策、照护及照顾政策、公共治安、灾害预防、应急管理、社会风险平衡等,因此共同富裕事业是一个超级复杂异质的社会宏大系统。议题的多样性、角色的多样性、组织架构的多样性同样呼唤着多元主义的治理思维。如果将共同富裕看作治理体系的一种,那么我们就必须要破除一元主义的固化思维,如果我们仅仅认为这是国家推动的议程与国家的全权责任,那么共同富裕就会失去社会力量的支撑,无法获得其前行的巨大内生社会动力,国家也因无法照顾到方方面面而显得独木难支。在这里,我们需要超越"利维坦式"的国家主义思维,实现可持续性共同富裕的推进。

社会学中有两种不同的社会组织化模式:第一种是阶序化等级组

织模式（Hierarchy），第二种是平序化自治组织模式（Heterarchy）。[1][2]阶序化等级组织模式一般是指经由高度等级化的、按照职位高低特别是上下级关系而构造成的组织模式，与该组织模式相对应的有军事组织管理体系，例如战争时期军人管理体系就是高度阶序化、命令化和绝对权威化的组织体系。而阶序化模式最主要的体现形式则是科层制：国家体系下的官僚科层体系根据上下级命令行使着国家权力、将国家的政策付诸实施。阶序化的科层制体系在我们这样一个具有高度组织动员能力的国家制度体系中具有重要意义，党政一体的国家体系有助于国家行政机构将党的观点与战略措施及人民的意志以迅捷有力的行政命令转化成为行动纲领，从而使得党心民意基础上凝结而成的政策图本可以在全社会得到有效迅速地扩散及实施。阶序化的科层制是我国政治体制的一种优势，可以将社会中的势能特别是社会精英的观点及大众意志高速转化成为决策的具体目标与行动，这在近两年的新冠肺炎疫情防控中得到充分体现。层级化和阶序化组织固然很有效率，但是高度垂直管理的体系也会有相应的不足之处。在一个高度复杂化及系统化的现代世界里，阶序化等级组织并非总能时时捕捉到行政系统之外千变万化的社会讯息，上级决策一旦有偏差，那么垂直结构中的下级组织人员和管理人员很难修改组织程序中的命令，从而导致"失误蔓延"的局面，如何提升高度等级化体系中的"自我纠错机制"是阶序化组织体系的一大难题。同时，阶序化等级组织在总体发挥其长处的同时，在复杂的微观管理领域及微观世界却有可能因为信息不足及上下信息不对称而出现组织化干预失灵的状况，因此社会中也需要另外一种补充及辅助的组织模式。而平序自我组织模式的组织元素和组织成员是未分层

---

[1] Zagarell Allen. (1995). "Hierarchy and Heterarchy: The Unity of Opposites." *Archeological Papers of the American Anthropological Association*, 6(1), 87–100.

[2] Chakravarthy Bala, et al. (2007). "From A Hierarchy to A Heterarchy of Strategies: Adapting to A Changing Context." *Management Decision*, 45(3), 642–652.

级和等级的,这样的体系中,各种元素和组织资源都处于"水平"状态,也就是说组织中的成员具有水平的权力和权威地位,各个层次上的组织成员都可以用相对平等的方式对组织的管理发挥作用。由于组织成员相对处于比较平等的地位,所以议题的讨论、议程的设置及决定方式都是平序的,与阶序化等级组织自上而下的垂直组织管理体系相较,平序化组织模式毋宁说是一种水平层面的横向组织管理模式,在平等的组织程序中,不同的视角与观点可以充分吸纳到组织管理体系中去。平序化组织模式由于缺乏一个绝对的中心和权威,其组织管理体系往往是多点分布、多元化甚至是多中心的,当然平序化组织模式也可以部分容纳一些阶序化等级组织方式以提高其效率,但社会科学一般认为平序组织模式呈现出网络状特点,也就是不同的社会组织成员及权威结构通过结成社会网络的形式并通过相互间的沟通协调来实现社会事务的共决[1]。平序化组织模式在市场机制中特别是在私人企业中是一种常用的模式,因为针对市场中千变万化的微观细致信息及市场供需的时刻变化,市场组织必须容纳一种横向水平的组织模式,让不同级别的组织成员可以根据实时的变化而做出相应的生产及销售策略的改变[2]。当然,平序化组织模式更多运用在社会组织管理及社会自治中[3],许多社会议题的讨论及决议由于其复杂性、多样性而涉及大量不同的利益相关群体,因此只能通过横向水平的协商和利益协调机制来解决,在这一过程中,社会中的民间组织、协会组织、非行政组织发挥了重要的利益协商及协调

---

[1] Cumming Graeme. S. (2006). "Heterarchies: Reconciling Networks and Hierarchies.", *Trends in Ecology & Evolution*, 31(8), 622-632.

[2] Wolf Joachim. (1997). "From 'Starworks' to Networks And Heterarchies? Theoretical Rationale and Empirical Evidence of HRM Organization in Large Multinational Corporations." *Management International Review*, 37, 145-169.

[3] Black Julia. (2001). "Decentring Regulation: Understanding the Role of Regulation and Self-Regulation in A 'Post-Regulatory' World." *Current Legal Problems*, 54(1), 103-146.

作用。显而易见的是,平序化组织模式也有自身的短板与缺陷,例如由于缺乏阶序化的上下等级模式,使得决策的效率与速度可能大打折扣,在利益协调过程中也可能出现漫长的协商谈判过程,可能会消耗大量的社会成本与资源,但平序化组织有利于社会的自我管理与自我调节,能完成国家无法完全承担的属于社会层面的事务,有利于社会的自我更新与利益的相互均衡及协调,促进微观层面社会事务管理的自治化与民主化。

在推进我国共同富裕这样宏大叙事的事业之中,我们需认真思考应该在何种情景下运用阶序化等级组织模式来推进与提高全社会的共同富裕水平,在何种条件下应当运用平序化自治组织模式来推进社会共同富裕的增量性发展。在不同的政策领域与治理场域中,垂直向度的科层制行政化管理与水平向度的平序化协商式治理将发挥着非常不同的作用,有时还可能会呈现出垂直向度管理与水平向度治理相互交织、相互作用与相互嵌入的层面,形成复杂治理中的纵横并举的格局。在不同场域,组织管理方式的不当使用可能会带来反向效果,因此,对于管理及治理方式的不同选择及相应的组合组织形态也反映着共同富裕治理的水平,在某种程度上决定了共同富裕如何实施。

本研究根据社会学系统理论[1]及其与系统理论相关联的"干预理论视角"[2],同时联系上文提及的阶序化与平序化组织模式,建构不同性质及不同程度的国家干预及调控形式,为共同富裕治理构建相应的理论视角,以期有助于指导共同富裕实践。笔者认为,加速实现共同富裕道路及构建共同富裕综合体系需要区分以下几个不同维度的干预及介入方式:(1) 科层制下的垂直行政介入;(2) 行政调控

---

[1] Luhmann Niklas. (1997). *Die Gesellschaft der Gesellschaft*, Frankfurt am Main: Suhrkamp, pp. 16 – 36.

[2] Willke Helmut. (2006). *Systemtheorie I: Grundlagen*, 7. Auflage, Stuttgart: Lucius & Lucius, pp. 249 – 262.

机制及软调控机制;(3)平序化的市场机制;(4)平序化的社会自我管理机制;(5)政经及政社"共创"机制;(6)行政体制的"居间协调"。从上述干预理论视角来看,国家干预的力度总体而言是从强到弱,从国家直接的行政干预为主走向了社会自我的调节与管理。这里将对每种机制加以详述:

(1)科层制下的垂直行政介入:我国设定的宏观目标是到2035年基本实现全体人民共同富裕,这个目标毋庸置疑是一个加速才能实现的战略目标。由于共同富裕来自党和国家在凝聚国民民意后的战略设置,所以共同富裕事业事实上来自政治系统的直接推动。同时,我国政治体制特有的优势就是社会主义国家实施宏观战略的能力及其卓越的举国动员能力,在共同富裕这一需要加速推动的世纪事业中,国家的直接行政介入无疑是一种最重要的推动共同富裕的制度方式。国家可以通过直接的行政手段、行政命令及政策措施来改变社会一般运行的常轨,通过税收及费率等手段可以调整经济及社会体制的常规逻辑,使得社会沿着差距缩小、鸿沟填平、基本公共服务日益趋同的战略基线发展。国家的垂直动员能力既包含了国家的税收汲取能力及税收调节能力等,例如利用房产税、遗产税来调节社会财富不平等,通过征收新税种——生态税来促进生态平衡与共同富裕事业的耦合,直接修改政策提高最低生活保障待遇及基础养老金待遇等来改变低收入群众的生活境遇等;也包含了建立新的公共政策制度,例如建立社会保险中的第六险——长期照护保险制度等。国家的直接介入也包含了对发展边陲地区的基础设施的大力推进,促进大规模的东西联合扶贫等。然而科层制下的垂直行政介入从来都是双刃剑,政治动员能力既可能改变社会运行常轨促进社会呈现加速度发展的层面,也可能因为过度行政干预或是违反社会规律的不当行政干预而影响经济的健康发展或社会的自我管理及发展,从而为社会经济发展带来负面效应,我国过去有很多这样运动式促发展的历史教训。这其中的关键点是国家的干预边界在哪里。也公法权威领域国家应全面发挥科层制垂直介入的优势,而在公法权威场域之外则要时刻注意行政权力的收敛与节制,约束行政干预手段不断扩张的"冲动",注重发挥市场与社会机制的作用。

(2) 行政调控机制与软调控机制:科层制自上而下的直接行政介入具有巨大的组织推动优势与效率,但是也容易忽视市场的需求和社会运行的自我规律。科层制在国家显性干预并非最优的特定情境下产生了行政体系调控经济及社会发展之需求。调控与干预性介入的主要差别在于介入是通过直接的国家政策以行政命令体系将国家意志通过直接方式付诸贯彻实施,引发社会经济生活的直接改变;而调控在于国家改变社会宏观环境的运行方式及制度前置条件,通过社会环境设置条件的变化来建立不同的激励机制、发出不同的激励信号,从而以间接调节及管理方式改革引发社会经济生活的渐变。例如,在宏观经济走势下滑及社会有效需求不足时期,国家通过货币供给量及流动性扩大并辅之以利率、利息等政策方法手段来调节投资与消费,或通过人为地扩大社会购买力来激励及催生市场需求,都属于国家调控手段的范畴。从共同富裕治理的角度来看,在经济周期上升及下降的循环发展过程中,国家实施的宏观调控政策对于扩大内需、平滑市场及社会风险以及扩大内循环具有重大意义。调控与直接的垂直介入相较,其主要焦点不在于直接改变社会经济运行的轨迹,而是注重通过环境的塑造与制度前置条件的改变与调整间接使得社会经济朝向国家和政府预期的方向发展。行政调控机制可以分为硬调控与软调控两种,硬调控包含国家直接推行的宏观经济刺激计划及振兴计划等,软调控则包含着市场经济竞争秩序的建立、规制、约束与监管等。如果说科层制的行政介入在于运用阶序体系直接实施政策的话,那么调控机制的主要功能在于国家宏观的管理及调节功能。国家是掌舵者,但未必是事必躬亲的划桨者,在共同富裕治理体系中,需要甄别何时应当主要依靠国家行政体系来直接"出场"推动,何时只要求国家作为"掌舵者"来立法维持社会均衡的发展局面。

(3) 平序化的市场机制：由于市场经济中的私人组织角色及组织模式与科层制的组织模式大不相同，在迈向现代市场经济体制的国家，经济作为社会子系统的自治特征日益明显。改革开放后，我国经济体制逐步从计划经济过渡到市场经济，这也反映出决策精英越来越认识到经济系统本身的规律及经济运行所包含的系统本身的独立逻辑。官办经济或是国家直接组织办理经济之所以无法长期持续运行下去，归根结底在于：科层制的纵向行政体系与市场经济中通过价值规律及竞争体制而来的水平向、平序化机制是两种异质的社会体系及社会运作机制，不能简单地通约。用社会学系统理论的语言来说，以科层制为核心的政治系统与以平序竞争制为基础的经济系统是两个功能分化的不同社会子系统，政治系统在干预及调控社会经济生活时必须注意到经济系统本身内在的规律而不能扭曲竞争市场的规律，只有这样才能出现国家、市场体系共同良好运行的善治局面。重温这一基本点对于共同富裕治理事业意义重大。由于共同富裕是国家推动的新战略，将来很有潜力转化成为长期的基本国策，因此，受到激励的各级政府直接运用行政手段来加速推进共同富裕是政治体系中的自然反应。然而，越是在这一进程中，越是要注意约束政府行为及科层制体系中国家干预不断扩张的冲动，行政垂直调节体系应止步于经济体系的市场经济规律之外，国家主要应做好相应的宏观政策调节及管理，在属于市场经济的范畴国家行政干预手段要越少越好，在属于经济竞争的领域，国家、政府的作用要越小越好，只有这样，才能促进市场持续按照市场规律发挥其创造财富、加增财富、累进财富的功能。共同富裕治理首要在于尊重企业、尊重市场经济的规律、尊重经济系统的内生逻辑，只有这样，中国共同富裕事业才能获得源源不断的经济势能与内生财富创造动力。

(4) 平序化的社会自我管理机制：除了阶序化国家行政机制与平序化市场经济，社会自我管理与民间社会的活跃度与动力也是反映共同富裕治理的一个重要指标。与阶序化、等级化的科层行政管理体系相较，社会治理的组织形态更加接近平序化结构。在微观民间社会的自我管理中，行政体系应更少地通过垂直指令性制度来管理社会，而应更多倚重于地方层面横向水平的利益协调、协商及相应的调节机制来实现社会组织的自我协调及自我管理，通过横向连接将基层民众的观点及民意通过民主表决及民主生活方式而整合到具有公民代表性的社会自治组织中去。在社会主义国家的决策及组织体系中，地方的社会自我管理及社会机构自治也是国家社会政治生活构成的重要部分，社会协调机制也是协调不同社会集团利益、实现社会稳定与团结的重要方法手段，同时社会自我组织的福利机构与慈善机构等可以提供大量的社会工作与社会服务如养老、照护照顾及困境家庭的社会帮扶等，这些都为国家垂直向度的民生与社会保障提供了水平面向的重要辅助与补充。在平序化层面的横向社会管理体系中，谈判机制是协调不同社会利益群体和团体的重要社会组织形式，在一个横向谈判、相互尊重、共同协商解决问题的水平体制中，地方层面的大量社会矛盾或隐性冲突可以通过平等协商及集体谈判等形式得到很好的解决。简言之，平序、非阶层化、民主的基层自我管理是共同富裕体制中重要的社会有机构成部分，有利于将生生不息的社会多元力量整合到共同富裕大业中去，而不必让国家行政体制事必躬亲，甚至负重前行。在优化的国家、市场与社会的三边关系中，社会自我管理与自治也是调动社会积极性参与共同富裕事业重要的一环。

(5)"政经"及"政社"的共创机制：在现代社会向后现代社会过渡的历史进程中，一些公共服务产品的"国家属性"与"市场属性"不再泾渭分明，而是开始出现了公私合作伙伴关系[1][2]的可能性，一些

---

[1] Osborne Stephen. (2000). *Public-Private Partnerships: Theory and Practice in International Perspective*, London: Routledge, pp. 7-103.

[2] Scharle Peter. (2002). "Public-Private Partnership (PPP) as A Social Game." *Innovation: The European Journal of Social Science Research*, 15(3), 227-252.

过去完全由国家提供的公共产品现在可以由国家外包给市场角色和私人主体来完成。只要在保证产品公益性质的前提条件下,国家的角色可以转化成为出资方与任务实施的监管方,而私营公司则承担了具体实施的任务及义务,在国家监管体制划定的范围内按约完成具体的合作分包任务。除了政府与市场机构之间的合作共创机制,政府与社会之间也存在着广泛合作的可能。例如,在欧洲大陆一些国家的养老服务与社会服务领域,国家经营的服务机构逐渐让位于社会公共服务机构及慈善机构,社会福利及慈善组织角色在国家规范的框架中完成根据国家委托所指定的任务,同时通过国家的认证与担保一些社会组织角色也参与到公共服务的供给之中,成为公共服务产品重要的提供者。无论是公司合作伙伴的共创机制还是政社合作下的共创机制,都与后工业化时代西方盛行的福利多元主义相互呼应,不仅显示了提供公共服务产品的组织角色的多样性,还反映了不同机制及角色组合的多样性,这与后现代社会日益呈现的超级复杂形态相符。

(6)行政体制的居间协调:在平序化的市场竞争体制及平序化的社会自我管理中,国家应尽可能地让市场按照市场规律竞争、让社会依照社会自治规律运作,国家行政体系的干预应该尽可能地减少,但这并非意味着国家的无所作为及"国家退出"的局面,行政体系依然可以在特定情况下发挥着特殊作用。例如,当社会团体通过相互间的协商及谈判机制依然无法达成协调,或是出现市场治理失灵及社会治理失灵的情况时,国家依然有临时介入的权力。在这样的情况下,国家可以作为利益居间的协调者或是仲裁者,推动社会或市场中的不同利益群体达成共识,协助社会成员之间实现相互间利益协调。从这个角度而言,国家除了具有介入、调控的权限及方法手段之外,还具备有第三种"居间协调"的柔性干预手段,在社会自治出现空缺与漏洞时能协助当事人及利益相关群体达成谈判协议、实现社会合作与和谐的目标。

## 四、结论：多重治理逻辑视野下的共同富裕

共同富裕事业是党和政府在新的历史时期，特别是在中国历史性地全面消除绝对贫困之后作为世界第二大经济体临近高收入经济体门槛时期所推进实施的宏伟战略部署。如果这一目标得以顺利实现，那么一个十四亿人口的国家将形成"中间宽、两头窄"、以中产阶级为主体的橄榄型社会，这不仅在中国千年历史上是第一次，而且也是世界历史的里程碑事件，其全球意义不亚于中国脱贫事业。由于共同富裕事业以国家为主体推动，政府是该项事业的倡导者与驱动力量，因此，共同富裕事业从一开始就自然带有"国家主导"色彩。然而现代社会治理毕竟是一项综合系统工程，共同富裕由于其覆盖面广、涉及领域多、议程议题复杂多元而带有社会治理的属性，涉及方方面面不同的机制与体系，因此只有在社会的协同合力下方能取得最大的社会成效。

从国际层面而言，公共管理理论与实践的重要转型，特别是从公共行政历经新公共管理再到新公共治理的范式变迁，给我们构筑了一个宏大"剧本"转换的场景——国家"独角戏"时代落幕了，一种治理思维正在发达国家弥散，社会治理越来越依靠一个类似乐队"合奏"的力量，各种组织角色的相互合作才能保证演奏成功。社会治理越来越依靠从统治思维到治理思维的转变，管理国家、社会不仅取决于行政科层制的独自作为，而且更需要社会各方力量的共同加入、共担责任、协力共生。在公共服务及社会保障领域，从福利国家历经福利社会再到福利多元主义的转变，意味着责任与义务的重新分配，公共产品及公共服务不仅是国家的责任，而且是全体社会共同的责任。这并非在为国家"卸责"，亦非宣扬"国家撤退主义"，更非新自由主义所倡导的"小政府、大社会"模式，而是面对现代治理的超级复杂性、人民需求不断升高的多样性，一个理性社会必然作出的路径选

择——走向多元治理格局。多元治理思维及共治思维能够调动社会中多元化与多样的力量来实现数量众多、不同种类的繁杂目标,而行政主义的一元思维则将在复杂性日增的情况下耗尽科层制的"燃料"与"能量",使得公共财政处于捉襟见肘的境地。

共同富裕虽是国家推动的战略,但实现共同富裕要依靠全社会的共同参与。在推进共同富裕事业的历史进程中,国家与政府无疑是最重要的力量之一,发挥着规划、设计、指导、引领及推动的重大作用,但这并非意味着国家与政府是推进共同富裕事业的唯一力量,更非意味着国家与政府要事必躬亲、大包大揽。因此,非但无须将所有规划的实施都界定为政府的目标和任务,反而还要警惕行政化抬头及行政权力大幅扩张的现象,特别要警惕行政系统因借实施共同富裕之名过度介入市场竞争与社会自我管理的场域,带来经济规律及社会规律的扭曲,否则,只会南辕北辙,距离共富目标更远。推进共同富裕事业更需要的是社会治理的思维,国家及各级政府更多是在引领、指导、执掌好"共富轮"之舵,而非事必躬亲,进行更多的微观干预。如果将共同富裕视为一个容纳全社会各个领域的超级复杂系统,那么就需要在这个大型复杂的系统中甄别出属于市场及属于社会本身力量的部分。在归属于市场竞争的领域,要坚决降低行政化、促进高质良性的市场竞争,让价值规律与市场内在的逻辑规律发挥得更加彻底,只有这样才能促使经济得到长期持续稳定的发展,为共同富裕事业夯实物质基础。一个典型的例子是:在中国最具有实现共同富裕潜质的浙江省,恰恰是我国民营经济最发达、行政干预较少的区域,这很能说明问题。同理,在属于社会管理及社会自治的部分,则需要坚定不移地促进及引领社会的自我参与及自我管理,通过社会层面的良治、善治、自治将生生不息的社会力量引导到共同富裕的生成及创造中去,让社会之活水转化为共富之泉源。当然,在属于行政治理的范围内,应当坚决发挥我国政治体制的优势,通过国家政策及高效的科层行政体系贯彻党和国家的意志,推动共同富裕事业的增量发展。而国家的干预也应被区分为介入、调控（含柔性调控）、居间协调及（与社会）合作生产等不同种类，在不同情境及不同性质的事务上运用不同干预及管理方法，以在复杂性日增的社会取得精致化的良治效果。

从治理布局中的阶序化介入与平序化协调的角度来看，纵向科层制介入与国家体系的行政动员是有效改变社会财富分配格局的重要手段。通过国家垂直层面的税收政策调节、社会支出增加及福利政策覆盖面积的扩大，国家以公法权威为基础的立法调节手段及行政调节手段可以直接改变社会财富的流向，影响社会财富分配格局的变化。不过，我们还要看到，纵向的垂直介入形式毕竟主要是建立在行政体系扩权基础上，如果运用得当可能会产生直接的、即刻的再分配效果，扩大中国社会中产阶级的根基，但如果运用不当则可能导致各社会子系统领域行政化趋势扩张，甚至导致政府通过简单扩大福利待遇以迎合民间的直接物质需求，从而可能对公共财政的稳定性与可持续性带来不利影响。在这里，纵向阶序化治理必须谨守科层制行政系统之边界，注意到行政体系固有之界限，并辅之以横向平序化利益协调机制。为此，要建立水平层面的社会利益协调机制及疏通机制，以提高普通劳动者和居民的议事权力与社会参与度；要平衡社会与经济的发展模式，以拓宽为群众代言的社会组织的发言渠道；还要注意促进劳动者与雇主建立理性的劳资协商及劳资谈判制度，以有序提高劳动者收入在初次分配中的占比，通过社会内生协调机制促进就业人员财富合理提高。因此，在共富道路上，我们不仅要注意使用纵向、自上而下的政策性介入手段，而且也要特别注意运用横向平序化利益协调机制，通过社会治理中的纵横并举格局来促进我国社会共同富裕基础的扩大。

# 回顾与展望：中国社会保障体系演化的阶段性特征与社会政策发展

林 卡[*]

## 一、引言

在中国共产党团结带领全国人民不断奋斗的百年历程中，发展社会保障体系、推进民生建设是中国社会建设的基本内容。这一发展历程既与国家工业化建设进程密切相关，也与社会保障体系本身的制度化建设过程分不开。在此进程中，中国经历了新民主主义革命、社会主义革命和建设，以及改革开放等不同历史时期。随着计划经济体系的形成和发展，以及向社会主义市场经济转型，社会保障体系也从无到有，从单纯的劳动保护政策逐渐演化成为惠及全民的、多维度、多层次的社会保障制度。

中国社会保障体系的发展在不同时期具有不同的社会经济条件和社会背景，呈现出发展的阶段性。解说其阶段性特点有利于揭示这一体系发展的内在逻辑。在现有研究中，人们尝试从不同视角来

---

[*] 本文发表于《人民论坛·学术前沿》，2021年第20期。
林卡，浙江大学公共管理学院教授。
本文系国家社科基金重点项目"全面建成小康社会后社会政策持续发展的基本方向和主要议题研究"和嘉兴学院中国共同富裕研究院"'共同富裕'研究：理念、制度与政策实践"项目的阶段性成果，项目编号分别为：19ASH016、ICCPR2021002；浙江大学MSW中心硕士研究生季梦婕对本文亦有贡献。

分析社会基础的变化对社会保障体系的发展所形成的影响。有的学者从制度变迁、农业社会的演化和工业社会的特点来展开讨论①；也有学者从政治权利结构的演化以及群众的革命实践进程来进行解说②；有的学者从社会结构的变化或历史发展进程的过程来加以说明③④；还有学者从劳动力市场和公共财政的变化状况来解释社会保障体系的建设⑤。这些研究从不同的视角展示了中国社会保障体系的发展特点。

在探讨体系发展进程所具有的内在逻辑时，将制度基础的变迁与政策实践的发展相联系是一个值得拓展的分析路径。沿着这一路径，我们可以考察工业化、城市化和现代化过程中形成的客观需求，有助于说明政策实践对于这一体系演化产生的影响。在中华人民共和国成立以来的 70 多年中，中国社会经历了从农业社会走向工业化改造，从计划经济走向改革开放，从发展社会主义市场经济到进入全球化时代的多重变迁。这些转变都深刻地影响着人们的家庭关系、社会关系、福利责任以及个人和国家关系，为中国社会保障体系的形成和发展提供了前提。

为反映各个发展阶段的特点，可以借助各种社会政策分析范式来进行分析，包括发展型社会政策、生产主义社会政策、再分配型社

---

① 黄清峰、石静、蔡霞：《建国 60 年中国社会保障制度变迁路径分析——基于新制度经济学视角》，《社会保障研究》，2010 年第 3 期。
② 席恒、余澍、李东方：《光荣与梦想：中国共产党社会保障 100 年回顾》，《管理世界》，2021 年第 4 期。
③ 李培林：《另一只看不见的手：社会结构转型》，《中国社会科学》，1992 年第 5 期。
④ 宋林飞：《观念、角色、社会结构的三重转换》，《江海学刊》，1994 年第 2 期。
⑤ 汪洪溟：《基于经济效应分析的社会保障建设研究》，博士学位论文，东北财经大学，2019 年。

会政策以及包容性社会政策等①②。这些概念工具可以较好地反映各个阶段社会政策发展的理念及特点。因此,在对于政策实践的讨论中,我们既要考察党和政府及社会组织所进行的社会政策实践,也要结合社会政策理念模式进行分析,以加深对于这些阶段政策理念与社会基础的理解。

本文将使用上述社会政策理念模式来讨论不同时期和阶段的社会保障体系发展的特点,评价不同阶段发展的成功之处及局限性。这些特点的形成一方面源于社会基础变化所导致的历史发展必然性,另一方面也与党和政府推进的社会主义改造及社会运动相关联。通过分析社会基础演化和政策发展导向的双向互动关系,我们力图揭示影响中国社会保障体系发展的各种因素之间的相互作用。这一分析涉及中国社会制度建设的进程,也反映党和政府的社会政策实践和战略定位。这两方面分析将展示这一历程既是客观历史过程,又是党和政府及全体人民共同努力、发挥社会革命和改革开放首创性所达成的积极成果。

## 二、社会保障体系建设与国家保障的社会政策模式

综观国际社会保障发展史,社会保障体系是工业化时代的产物,通过国家设立的社会政策项目来确保劳动力的稳定供给,并降低由老龄疾病失业和工伤等风险给现代产业工人的基本生活带来的困境。③ 作为收入再分配手段,社会保障也有助于缓和阶级矛盾,维护

---

① Ka Lin and Raymond KH Chan(2015). "Repositioning Three Models of Social Policy With Reference to East Asian Welfare Systems", *International Social Work*, 2015, 58(6), 831-839.

② 林卡、赵怀娟:《论生产型社会政策和发展型社会政策的差异和蕴意》,《社会保障研究(北京)》,2009 年第 1 期。

③ 迟福林、殷仲义:《市场经济发展不同阶段的政府职能》,《改革》,2010 年第 9 期。

社会稳定。① 因此，在社会保障研究中，对工业化社会的结构功能分析和制度分析，以及基于阶级利益的阶级/阶层状况分析，是研究社会保障体系发展驱动力的基本方法，也是说明这一体系发展制度特点的基本途径。

中国社会保障体系建设始于1949年中华人民共和国成立之初。在此之前，孙中山领导的旧民主主义革命追求的社会改造目标是"耕者有其田"和实行"现代教育"等民生主义建设，但对劳动保险和社会保障等现代工业化社会的观念并未触及。虽然国民政府1946年也试图建立针对军、工、教的社会保险项目，但直到中华人民共和国成立之前，这些项目并未真正实施。在那个年代，中国处于半殖民地半封建社会中，小农经济如汪洋大海，工业化发展程度很低，工人阶级规模很小，其所面临的就业、疾病、失业等问题并未引起社会大众的广泛关注，社会保障思想难以流行。

由此，社会保障理念在中国的出现及其政策项目的形成，并非由"工业化的逻辑"推动，也不是由劳资关系冲突造成的社会压力推进的。相反，它与共产国际的影响和中国共产党进行社会改造的理想密不可分。1930年，中央苏区就颁布了《中华苏维埃共和国劳动法》，制定了《关于失业工人运动的决议》。② 1944年，冀鲁豫边区政府出台了《劳动保护暂行条例》，随后东北解放区也在1948年1月颁布了《哈市战时暂行劳动法大纲》。③ 这些社会保障思想的出现并不具备使之流行的阶级基础和经济基础，其体系发展的内在驱动力和客观要求不足；但这些与劳工保护和社会保障相关的社会立法，为后

---

① 穆怀中：《社会保障的收入再分配性质和途径分析》，《中国社会保障》，2004年第7期。

② 《中华苏维埃共和国劳动法》，中共江西省委党校党史教研室、江西省档案馆选编：《中央革命根据地史料选编（下册）》，南昌：江西人民出版社，1982年，第136页。

③ 欧瑞：《抗日战争时期陕甘宁边区社会保障问题研究》，博士学位论文，吉林大学，2019年。

续中国社会保障体系的建设提供了早期思想和政策来源。[1]

中华人民共和国成立之后，中央人民政府于1951年颁布了《中华人民共和国劳动保险条例》，为建立当代中国社会保障体系奠定了基石。[2] 随后，经过1953—1956年的社会主义三大改造（对农业、手工业、资本主义工商业的社会主义改造），形成了以城市国有经济和农村集体经济为特征的社会主义经济体系。在这一体系中，国有企业和机关事业单位职工通过工作单位得到劳动保障项目的保护，而农村居民通过集体福利获得生活支持。国有企业作为国家的生产单位，对城市职工的生活和福利状况负有全面的责任，并基于这一国家责任形成计划经济与企业福利相结合的劳动保障模式。这一模式为中国工业化建设提供了制度基础，也确立了国家对于工人生活状况的保护责任。

在国际比较中，这一劳动保障体系与苏联东欧的计划经济体系相呼应。在苏东国家中，劳动保障制度为工业化提供了基本条件，并形成了国家保障的社会政策模式（ex-communist regime）。在斯大林模式中，国家为国营企业和机关事业单位职工提供就业、收入保障、医疗服务、子女教育和住房等全面的生活保障，并且常常包含免费待遇。中国学习和采纳了这一模式并建立了计划经济制度，这为中国劳动保障体系的建立提供了经济基础。这一模式具有平均主义和普遍就业的特征，从而通过劳动保险项目和国有企业提供的企业福利待遇，为工业化发展提供了劳动力保护。

值得注意的是，与苏联东欧社会主义阵营中的许多国家不同，中国的国家保障体系主要覆盖城市居民。在"三级所有，队为基础"的农村集体经济形式下，农民处于家庭照顾和邻里互助的集体福利体

---

[1] 杨敏敏：《苏联工业化（1926—1938）研究》，硕士学位论文，西南科技大学，2016年。

[2] 王东进主编《中国社会保障制度的改革与发展》，北京：法律出版社，2001年，第200页。

系中①,国家公共财政对于农民的社会支持十分有限。这一结构性特征给后续的社会保障体系发展造成了深远影响。在以苏联为代表的苏联东欧国家保障体系中,农村集体农庄也由国家组织,农民也享有退休金②;而在中国,国家为城市职工提供生活保障,而农民大多生活在自给自足和集体保护的境况中,通过农村"五保"制度和农村合作医疗体系获得基本的福利救助。

这一体系的运作具有其内在缺陷。在斯大林模式下,计划经济体系以完成生产计划为原则,不追求经济效益③。在当时,国有企业经营讲产值不讲利润,讲计划不讲效率,讲不断革命的精神不讲物质利益。这一计划经济体制造成的"短缺经济"使人们的生活水平普遍低下,并且在计划经济基础上形成了城乡二元体制。④ 基于这一体制特征,绝对贫困现象在农村十分普遍。直到改革开放前夕,1978年农村贫困人口规模为7.7亿,农村居民贫困发生率为97.5%,⑤科学技术、教育、医疗及生产能力等方面的发展也处于普遍落后状态。1975年,第四届全国人民代表大会发布的《政府工作报告》重申了在第一届和第三届人大会议上提到的"四个现代化"目标,并提出在20世纪末实现这一目标的宏伟规划。然而,在政治压倒一切的社会环境中,这一发展战略难以在实践中得以贯彻和执行。

## 三、改革开放与生产主义和发展主义社会政策

"文化大革命"结束后,中国社会步入了改革开放的新时期。

---

① 王国军:《中国农村社会保障制度的变迁》,《浙江社会科学》,2004年第1期。
② 廖成梅:《浅析苏联社会保障制度》,《社会主义研究》,2008年第1期。
③ 仪秀文、刘瑞华:《对传统"计划经济"的再认识》,《北方经贸》,1999年第1期。
④ 李迎生:《从分化到整合:二元社会保障体系的起源、改革与前瞻》,《教学与研究》,2002年第8期。
⑤ 中国政府网:《国家统计局:改革开放以来我国农村贫困人口减少7亿》,2015年10月16日,http://www.gov.cn/xinwen/2015-10/16/content_2948328.htm。

1978年12月，中共中央召开十一届三中全会，明确了党的工作重点由"以阶级斗争为纲"和"无产阶级专政下继续革命"转移到社会主义现代化建设上来。在全国范围内展开的关于真理标准的大讨论进一步确定了"解放思想，实事求是"的思想路线和健全社会主义民主和法制建设的任务。1981年，党的十一届六中全会明确提出，中国社会当时的主要矛盾是人民日益增长的物质文化需要同落后的社会生产之间的矛盾，并且通过了具有历史影响力的《关于建国以来党的若干历史问题的决议》，为改革开放奠定了思想基础和理论基础。

在此思想基础上推进的社会变革是深刻的。在农村推进的家庭联产承包责任制打破了"三级所有，队为基础"的集体经济体制，并在1982—1983年终结了人民公社制度。农村改革允许农民自主经营、自负盈亏，极大地解放了生产力，激发了广大农民群众的生产积极性。脱贫致富的导向鼓励市场化的发展，农村乡镇企业的成长也为农村经济的繁荣和民众生活水平的提高作出了重要贡献。

从社会政策的视角进行分析，鼓励农村经济发展的各项政策具有很强的发展导向，与发展型社会政策的理念相契合。这一政策模式致力于改善发展条件和环境，促进社区改造和乡村发展，实现摆脱贫困的目标并推进农村经济的发展。乡镇企业的发展，打破了计划经济体制的束缚，发展了市场经济体系。作为结果，农村贫困人口从1978年末的7.7亿人（农村贫困发生率约97.5%）下降到2017年末的3 046万人（农村贫困发生率为3.1%）。[①] 而且，在从1978年到2018年这40年中，20世纪80年代的城乡收入比例的数值最为接近，反映出城乡收入差别得到了改善。

在城市，打破大锅饭和铁饭碗，破除平均主义，提高经济效益，成为城市体制改革的基本内容。1984年10月，党的十二届三中全会

---

① 中国政府网：《改革开放以来我国农村贫困人口减少7.4亿人》，2018年9月3日，http://www.gov.cn/xinwen/2018-09/03/content_5318921.htm。

通过了《中共中央关于经济体制改革的决定》；1986年3月，国务院召开第一次全国城市经济体制改革工作会议，具体落实推进城市经济体制改革任务。1986年12月，国务院发布《关于深化企业改革增强企业活力的若干规定》，为城市改革提出了具体的改革方案。该《规定》允许小型国有企业试行租赁、承包经营，大中型国有企业要实行多种形式的经营责任制，并选择少数有条件的企业进行股份制试点。[1]

从劳动关系和社会保障的改革看，20世纪80年代的企业改革导致了三方面变化。一是恢复了"文化大革命"期间停止的奖金制度，以增强职工的劳动积极性。关注经济效益、强调工作伦理、倡导多劳多得以及颁发企业奖金，这些在改革开放前的禁忌议题成为社会热议话题。二是劳动用工制度改革。1986年，国务院发布多项有关劳动合同制的法规，包括对劳动合同制工人实行退休养老制度，养老基金由企业和劳动合同制工人共同缴纳，并规定缴费额度和养老保险待遇。三是实施待业保险制度。1986年，国务院颁布了国有企业职工待业保险暂行规定，并于1999年发布了《失业保险条例》，为国营企业的劳动力流动和失业保险制度的形成提供了法律基础。

显然，在改革开放的早期阶段，发展生产、提升经济效率成为政策制定的关注点，而社会政策的制定也具有生产主义的导向，为经济改革的目标服务。在国际讨论中，生产主义社会政策的理念把GDP增长放在首位，力图通过推进经济成长为社会政策的发展奠定物质基础。[2] 这一政策理念倡导经济发展优先、社会政策跟进的思路。在中国，这一以提升生产力为核心的政策理念有效推动了社会发展和进步。通过生产主义的政策倡导及实现人均收入800美元和"翻

---

[1] 许君如、牛文涛：《改革开放三十年我国工业化阶段演进分析》，《电子科技大学学报（社会科学版）》，2011年第13期。

[2] 林卡：《东亚生产主义社会政策模式的产生和衰落》，《江苏社会科学》，2008年第4期。

两番"的政策目标,成功地缓解了中国民众的贫困状况。这一发展并未导致严重的收入差距,因为在经济基础从计划经济体制向市场经济体制转型的过程中,新旧体制并存,而人们的收入差距尚小,原有的劳动保障制度仍在一定程度上发挥作用。此外,由于"滴漏效应",社会各阶层群体都能够从 GDP 增长过程中受益。

## 四、从劳动保障到社会保障:再分配型的社会政策

根据国际经验,市场经济发展到一定程度就会带来收入差距增大等社会问题,反映为相对贫困加剧、基尼系数上升等现象。一般说来,市场经济体系发展不可避免地拉大了人们的收入差距,造成了利益群体的分化。由此,强化收入再分配体系,就成为市场经济体系发展到一定程度后出现的功能要求。协调不同收入阶层之间的利益冲突即成为社会热点问题,且要求形成社会机制来进行社会再分配。

在中国,改革开放推进了城市经济的发展和市场机制的成长,动摇了以计划经济为基础的劳动保障体系的基础。多种经济成分的成长,成为推动城市经济发展新的驱动力。一方面,新兴的经营管理阶层和私营业主阶层不断发展壮大,外资企业和中外合资企业数量及规模持续增长。这就要求将社会保障体系由以往仅覆盖国有企业职工群体扩大到各种所有制形式的企业职工都能够参保,从而推动社会保险制度的扩面及社会化运作。另一方面,处在体系内的国有企业本身也都经历了体制改革,催生了大量国有企业职工的下海或下岗现象。这些新的发展状况和问题使有关城市贫困问题的讨论得到强化,并对社会政策的发展造成深刻影响。服务于体制改革的需要,社会政策应当为处于转制中的国有企业职工提供基本生活保障和进行就业转型的帮助。

20世纪90年代中期以来,城市改革促成了"抓大放小"改革,即通过并购、合股和拍卖等方式将县级及以下国有企业进行市场化,以

便提升经济效率。这一改革在20世纪90年代后期进入攻坚阶段，开始对大中型国有企业进行转制改革，导致城市工人下岗潮的出现。根据劳动部门公布的资料，下岗职工人数在1995年累计达564万人，但到了1997年累计达1 152万人，1999年下岗职工累计达到2 278万人。[1] 由此，社会保障项目的运作就成为服务于体制改革的重要手段。为此，我国在1999年发展了包括下岗津贴、失业保险和最低生活保障的三条社会保障线[2]，有效地强化了社会再分配机制的功效，对实现企业改制和社会稳定起到了关键作用。这一转型到2003年基本完成（各省实施年份略有先后），自2003年起，下岗津贴与失业保险制度并轨，标志着严重的下岗失业问题已经得到缓解。

值得一提的是，在这些社会政策中出现了一个全新的社会保障项目，即城市最低生活保障项目。该项目与以往的社会保险和社会救助项目均有所不同，蕴含了对于普遍的公民权利的保护。该项目于1993年开始在上海施行，1996年在全国范围内铺开，1999年9月，国务院发布《城市居民生活最低保障条例》，至此城市居民最低生活保障制度成为全国性的正式制度。2004年起，最低生活保障项目开始在农村推行，随后逐渐流行，至2006年，全国已有1 800多个县设立该项目。在近年来的政策实践中，许多地区（如浙江省）逐渐形成低保津贴给付标准城乡统一。这些发展为中国社会保障体系的形成奠定了新的基础，强化了体系的再分配效益，也为以劳动保险为基础的中国劳动保障体系向覆盖全民的以公民权为基础的新体系发展开辟了道路（这一意义在其后的发展中越来越显著）。

在农村，曾经为广大农民脱贫致富作出巨大贡献的乡镇企业，随着经济结构的变化和产业转型升级，在20世纪90年代出现了分化。

---

[1] 杨宜勇：《中国转轨时期的就业问题》，北京：中国劳动社会保障出版社，2002年，第89页。

[2] 梁红芬：《提高三条社会保障线水平落实情况的调查报告》，《广西统计》，2000年第2期。

一些经营效率低下的劳动密集型初加工企业走向破产,也有一些经营效益好的乡镇企业通过转制走向民营化、股份化,不再属于集体经济的范畴。这对于农村集体福利体系的运作形成了巨大挑战,集体福利体系的运作出现了资源匮乏的局面。在2006—2009三年中,中央政府在农村大力推行三大社会保障项目(新型社会养老项目、新型农村合作医疗项目、农村低保等项目),通过公共财政的介入来推进农村社会保险项目和低保项目的建立和发展,使以往在二元体制结构下覆盖城市居民的社会保障体系扩展到农村,使农村由集体福利体制转向由国家公共财政支持的农村社会保障制度,从而使收入再分配体系的覆盖面从城市扩展到农村。

显然,在这一时期,社会保障体系通过社会化运作从单位保障或单位福利制度走向社会保障制度,其逻辑基础也从劳动保障向社会保障转化。由于市场经济体系的发展培育了不同性质的企业类型,社会保险制度覆盖了不同经济形式中的劳动者。此外,20世纪90年代末以来,市场经济转型带来的诸如下岗失业等严重的社会问题,都要求制定新的社会政策项目以应对收入差距拉大和阶层分化问题,强化再分配型社会政策。在此,党中央、国务院设立的三条保障线对缓解由经济转轨形成的劳动力转型压力起到关键作用,也为形成新型社会保障体系奠定了基石。

在"十二五"和"十三五"期间,我国提出"广覆盖、多层次"的社保体系建设目标,不断强化体系的统筹性。低保项目在城市和乡村的设立也为这一发展开辟了新的道路。通过公共财政资源的支持,社会保障项目不只针对城市居民职工,也覆盖到农村居民,推动城市社会保障与农村集体福利并行的二元体制向城乡统筹的新型社会保障体系转化。这些转变提升了城乡居民之间的再分配效益,也强化了国家福利体系的保障力度,使其向以公民权为基础的普惠主义和全覆盖的方向推进。这些转变也培养人们逐渐形成一种理念,即将福利保障视为基于公民身份而享有的"社会权利"。进入21世纪以来,中国社会保障政策的发展继续向多维度扩展,体系的再分配效应进一步强化,并形成了具有中国特色的社会保障新体系。

## 五、体系整合和包容性社会政策

沿着这一发展路径,中国社会保障体系目前已基本覆盖全民,为公民提供了基本生活安全网。截至2020年底,中国已经建成世界上规模最大的社会保障体系,其中,基本养老保险、基本医疗保险、失业保险和工伤保险的参保人数分别达到了9.99亿人、13.6亿人、2.17亿人和2.68亿人。[①] 全国社保卡持卡人数达13.35亿人,覆盖95%的人口和所有地市。[②] 在此基础上,社会政策向包容性发展的方向推进。对于这一政策发展导向的讨论势必触及包容性社会政策的理念。

包容性社会政策聚焦于减少社会排斥群体的规模,促进社会各群体保持良性互动。面对十分广泛的社会群体,包容性社会政策致力于为低收入群体和各种困难群体提供广泛的福利服务,也强调通过发展公共服务为广大人民群众提供生活服务。[③] 此外,包容性理念还关注人们的获得感、幸福感和生活质量的提升,倡导以宽容的心态对待不同的社会群体。它倡导生活方式的多样性、文化的多元性,使弱势群体都能够得到尊重。因此,这一政策理念对增进社会参与、提升社会赋权以及提升社会凝聚力都具有积极意义。

21世纪以来,中国政府大力推进社会保障体系建设,不断强化

---

① 李萍:《我国建成全球最大社会保障体系 13.6亿人参加基本医疗保险》,《深圳特区报》,2021年4月22日,第4版。
② 人力资源和社会保障部:《2020年度人力资源和社会保障事业发展统计公报公布》,2021年7月26日,http://www.mohrss.gov.cn/SYrlzyhshbzb/zwgk/szrs/tjgb/202107/W020210728376021444478.pdf。
③ 林卡:《中国社会发展的新时代与包容性发展》,《中国社会科学评价》,2019年第1期。

社会政策的包容性效用。自2005年以来,我国大力倡导建设和谐社会,强调采用包容性理念以缓和由收入差距所导致的阶层之间的张力。目前,在保基本、多层次、可持续的社会保障体系已经基本建成之后,我国继续强化城乡整合的社会保障制度建设,要求实现应保尽保,做到"一个也不能少",体现了包容性的政策理念。与此同时,推进城乡养老和城乡医疗项目的统筹、整合、衔接也强化了社会保障体系的系统性。举例来说,2014年和2016年相继出台的《关于建立统一的城乡居民基本养老保险制度的意见》《城乡养老保险制度衔接暂行办法》《关于整合城乡居民基本医疗保险制度的意见》等政策,都强化了不同项目之间的整合或转移接续,推进了社会保障的城乡一体化进程。

包容性社会政策的另一个基本内容是对于弱势群体、边缘群体等群体的帮扶。近5年来,全社会参与的精准扶贫有效地推进了脱贫攻坚的进程,各地政府对农村贫困家庭进行结对帮扶,建联社会资源等实践都促使社会帮扶的成效显著。据2021年的政府工作报告显示,2021年,中国已经达成消灭赤贫现象的成果(按照联合国设立的每人每日生活费1.9美元的水平)。① 同时,随着精准扶贫战略的推进,人们采用多维指标对贫困现象进行测量,从而将政策关注点从收入贫困引向由各种原因引起的被社会排斥的群体或边缘化群体的生活状态。这些群体处于弱势地位可能是基于收入和资产的匮乏,也可能是基于知识教育水平、健康医疗、文化生活、住房、社会资本等因素。由此,强化体系的整合和包容性就成为社会保障工作的新议题。

同时,包容性社会政策主张通过提供社会服务来防范社会排斥现象。在近15年中,中国社会服务体系不断强化。特别是通过精准

---

① 中国政府网:《政府工作报告——2021年3月5日在第十三届全国人民代表大会第四次会议上》,2021年3月5日,http://www.gov.cn/premier/2021-03/12/content_5592671.htm。

扶贫扩大对于低保人群的公共服务,强化了对于弱势群体的帮扶。此外,在应对老龄化的挑战中发展养老、医疗服务项目也促进了共享发展和社会公平。在应对城市化进程的挑战中,各地政府为城乡流动人口在落户购房和子女教育等方面提供公共服务和社会福利,扩展了包容性社会政策的内容。国家不断增加对于发展社会服务项目的公共投入,为流动人口、妇女儿童、残疾人等人群进行反贫困、教育、医疗等方面的福利服务提供了新的资源。这些政策不仅扩展了社会保障体系的内容,更确保了公民的基本生存权,体现了共享发展和包容协同的政策发展理念。

为了进一步说明包容性社会政策的导向,我们有必要将这一政策模式与再分配型的社会政策模式进行比较。从本义上说,包容性社会政策强调社会包容和对于公民的全覆盖,而再分配型的社会政策关注跨阶级阶层的收入转移(特别是劳动者群体的收入状况)。包容性社会政策注重社会服务和公共服务的提供,而再分配型社会政策注重收入分配。此外,包容性社会政策特别强调对于特殊的弱势群体的帮扶,而再分配型社会政策的这一功能有限,也常常难以奏效。再者,包容性社会政策强调采取综合的政策手段来进行发展,强调社会归属感和主观幸福感的建设,而再分配型的社会政策则注重物质利益方面的保障。

在此基础上进行讨论,可以看到包容性社会政策能够较好地反映上述政策进展所具有的导向,从而进一步扩展相关社会政策发展所具有的理论意义。同时,在社会政策制定中,包容性社会政策理念的倡导也使社会政策讨论的焦点议题由收入再分配向家庭津贴、护理津贴、养老服务和儿童保护政策等方面拓展。这些进展与中国社会保障体系"适度普惠"和"公共服务均等化"的导向推进相吻合,也强化了体系整合及收入保障与社会服务综合推进的新趋势。当然,这些不同的社会政策理念是可以并存且相互支持的。肯定包容性社会政策作为现阶段的主导理念并不意味着必须抛弃其他的社会政策理念。过去在强调发展主义和生产主义的政策理念时,很难忽视基于斯大林模式的国家保障理念在当时所发挥的维稳作用,而在发展的现阶段,推进包容性社会政策也要与再分配型的社会政策相协同。

## 六、现代化建设与市场经济条件下的共同富裕

在全面建成小康社会的今天,我们有必要探索现阶段所面临的问题和实现共同富裕这一新的政策目标的路径。从党的十九大提出2035年基本实现社会主义现代化目标到《中共中央关于制定国民经济和社会发展第十四个五年规划和二〇三五年远景目标的建议》将基本实现社会主义现代化确立为中国社会发展的远景目标。该《建议》提出了到2035年"全体人民共同富裕取得更为明显的实质性进展"的要求。为了实现这些发展目标,我国从2018年开始推动深圳建设中国特色社会主义先行示范区、浦东打造社会主义现代化建设引领区、浙江高质量发展建设共同富裕示范区等三个示范区的设立。2021年5月20日,中共中央、国务院发布的《关于支持浙江高质量发展建设共同富裕示范区的意见》,为推进示范区建设提供了新的动力。

基于新的历史条件和物质基础,这一讨论与改革开放之初倡导"共同富裕"的讨论有着不同的政策目标。在20世纪80年代,我国提出的"共同富裕"发展理念是为改革开放设立理论基础,强调"贫穷不是社会主义"的立场。这一讨论为确立小康社会和全面小康的发展目标提供了理论前提。

经过了40余年的改革开放实践,讨论"共同富裕"议题的经济基础和社会背景已经发生了变化。市场经济的发展使中国从低收入国家进入中高收入国家,而且国家发展的理念和导向也在发生深刻转变,这些条件要求我们在新的历史语境中讨论这一理念。结合以上关于包容性社会政策理念和走向现代化的发展目标的讨论,我们可

以在以下新的语境中展开对"共同富裕"理念的讨论,以便把握中国社会下一阶段的发展背景和政策导向。

在追求丰裕社会的背景中讨论"共同富裕"。共同富裕需要有经济基础,贫穷不是社会主义。基于包容性社会政策的视野,在下一阶段的发展中,社会保障工作的重点不仅要着眼于托底保障,也要通过推行适度普惠的政策导向,使贫困群体能够走向富裕。特别是在实现"全面小康"目标之后,社会政策的制定既要防止脱贫户返贫,也要关注中低收入群体的生活状况,避免他们陷入被社会排斥群体的困境。为此,要实现"两个同步"(即居民收入增长和经济发展同步,劳动保障的增长和劳动生产率的提高同步),高度关注居民收入在国民收入分配中的比重,提高劳动保障在初次分配中的比重,实现藏富于民、民富国强,强化实现"共同富裕"的经济基础。

在追求美好社会的背景中讨论"共同富裕"。目前,中国社会主要矛盾已经从人民日益增长的物质文化需要与落后的社会生产之间的矛盾,转化为人民日益增长的美好生活需要和不平衡不充分的发展之间的矛盾。以追求美好生活为目标,应更加关注基本生活保障外的各种生活维度,提升人们的获得感、幸福感和安全感,提高社会团结和社会融合的程度。为此,大力推进公共服务和完善城乡一体化建设是提高居民获得感的基本途径,也要破解社会疏离和社会不信任的难题。通过满足不同社会群体的多样化需求来增进社会质量,提升民众的幸福感,为实现"共同富裕"的目标确立价值基础。

在利益协同和建设"共识政治"的背景中讨论"共同富裕"。共同富裕涉及的不仅是经济发展问题,更是利益分配问题。从包容性社会政策着眼,社会保障体系建设要关注体制内和体制外社会群体的区隔,协调各阶级阶层利益,形成"共识政治"的基础。近年来,已经出台的一系列社会保障政策(包括延迟退休、社保基金、税收部门征缴社保税,以及住房政策、医疗政策等)充满争议,社会共识难以达成。导致这种现象的原因是复杂的,有社会政策制定滞后的原因,也有利益纠葛和政策合理性等因素。因此,在社会政策的制定中要强化公平公正原则及利益协同原则,秉持"创新""协调""开放"等理念,调整公共部门和民间部门的关系,调和不同群体之间的利益冲突和矛盾。通过发展各种社会对话机制,促使社会各阶层万众一心,共同建设美好生活,为走向"共同富裕"提供政治基础。

在推进国家治理体系和治理能力现代化的背景中讨论"共同富裕"。强化社会治理也是推进包容性发展的基本途径。在追求"共同富裕"的目标时,要实现文明法治和民主建设,不断提升政府治理能力建设,建构国家、市场和社会之间良好的协调机制和互动关系。这就要求各级政府秉持包容性态度,给社会部门留下发展空间,依法减少行政干预,摒弃行政本位或官本位思想。要倾听群众的呼声,尊重不同群体的不同需求,允许生活方式的多样性、文化的多元性,建设一个更为开放、更为包容的社会,促进社会包容性发展,为讨论"共同富裕"议题提供组织基础。

在激发市场和社会活力的背景中讨论"共同富裕"。要步入"富裕社会",就要鼓励和支持创新创业,提高社会活力,通过多样化的社会政策来扩大中产阶层的规模,维护经济发展的可持续性。服务于这一政策目标,社会保障要关注中产阶级群体的建设,促进那些刚刚摆脱贫困的社会群体进入中产阶层的行列,使中产阶层成为社会中的主体。中产阶层不仅是社会创新和维护社会稳定的关键因素,也是提升社会活力和现代化建设的中坚力量。在社会保障体系的建设中,中产阶层既是社会保障缴费缴税的支柱群体,也是工伤、失业及医疗等主要福利的给付对象,对社会保障体系的可持续发展具有重要影响。因此,社会保障体系发展的聚焦点不能囿于贫困群体或弱势群体,也要关注中产阶层群体的需求,由托底保障转向包容性发展,为讨论"共同富裕"议题提供政策依据。

总之,在新时代背景下,社会保障体系的功能和目标也发生了相应变化。改革开放之初,发展主义和生产主义的社会政策是主导理念，人们关注如何在经济发展中把"蛋糕做大"，并实现"翻两番"和建设小康社会等发展目标。在改革开放的推进中实现了社会转型，强化社会再分配效应成为社会发展的基本要求，并在这一背景中发展了多种社会政策项目类型，形成了多元化、多层次的新型社会保障体系。这一制度的发展为走向包容性的社会政策创造了客观需求，也为讨论"共同富裕"提供了新的基础。

结合社会经济基础、社会发展导向和目标的转变，我们要继续推进包容性的社会政策理念，通过各种政策手段，促进实现共同富裕的目标。这些讨论要能够回应现实发展的需求，促进社会融合和共享发展。在今天经济发展新常态的条件下，我们既要关注再分配主义和包容性的社会政策理念，也要探索这些理念与发展主义和生产主义社会政策的联系和区别，研究社会保障体系的可持续性。通过推行"适度普惠"和"公共服务均等化"的政策导向，促使社会保障体系在体系全覆盖和项目的整合与衔接方面得到推进。这一发展既要增进其社会包容的功效，也要与生产型、发展型和再分配型的社会政策模式相融合，实现城乡统筹的一体化发展，兼顾体系发展的可持续性。由此，研究中国社会保障体系的演化进程有助于我们把握社会保障发展的历史逻辑，回应目前发展所面临的问题，为走向社会主义现代化的目标提供政策分析的基础，并为制度改革和政策创新提供理论依据。

# 中国传统文化中的长期照护思想

唐 钧[*]

世界卫生组织早在2000年就向世界各国发出倡议,要"建立老年人长期照护政策的全球共识"。在这个文献中提出:所谓老年人长期照护,即由非正式提供照护者(家庭、朋友或邻居)和专业人员(卫生、社会和其它)开展的活动系统,以确保缺乏自理能力的人能根据个人的需要选择,保持最高可能的生活质量,并享有最大可能的独立、自主、参与、个人充实和人类尊严。[①]

我国已经进入老龄化社会,因为中国人口老龄化进程的加速,中国政府和中国社会对于社会保障制度格外重视起来,努力建设和改善养老保障和医疗保障。如何把国际共识与中国的具体国情、具体实践结合起来,形成可行的、有效的社会政策,让老年人口都能有一个幸福美满的晚年,显然是摆在我们面前的重要任务。

近年来,习近平总书记一直强调要"推动构建人类命运共同体"。从某种意义上说,关于长期照护的国际共识,也是"共同体"的一个组成部分。国际共识的建构是在源远流长的历史发展中形成的,在中国优秀传统文化中,考察中华文明曾经怎样参与建构以上的国际共

---

[*] 本文发表于《湖南社会科学》,2021年第6期。
唐钧,中国社会科学研究院研究员。

[①] World Health Organization: "Towards an International Consensus on Policy for Long-term Care of the Ageing", 2012年6月17日, https://apps.who.int/iris/handle/10665/66339.

识,应该是一项饶有趣味的研究。在中国的传统文化中,虽然没有长期照护的说法,但却有与其相通的本土性思想。语言语境上的差异,并不妨碍中华文明融入国际共识,而国际共识实际上也已经或者正在接纳中华文明作为其重要的组成部分。

## 一、中国社会中的长期照护思想

在中国,与老年人长期照护相关的传统思想非常丰富。在源远流长的历史长河中,经济、政治、社会的背景都在不断变化,有时这种变化还十分激烈。对于上述变化的结果,我们不能用单一的线性思维去理解。我们应持的态度是扬弃——留下精华并将其发扬光大,辨识糟粕并将其摒除抛弃。以下,就先从对中国人而言已经潜移默化、一些老生常谈的思想说起:

### (一)"老有所终"和长期照护

如今在中国社会广泛流传的"五个老有",即已经写入《中华人民共和国老年人权益保障法》(以下简称《老年法》)的"老有所养、老有所医、老有所为、老有所学、老有所乐",[①]如若追溯其源头,这些说法恐怕都是从孔子在《礼记·礼运篇》中所说的"老有所终"——"大同社会"的一个理想目标——派生演绎而来。孔子的原话是"人不独亲其亲,不独子其子。使老有所终,壮有所用,幼有所长,矜鳏寡孤独废疾者,皆有所养"。[②]

林语堂在《孔子的智慧》一书中对这段话进行了诠释:孔子说到了人生的三个阶段——老年、壮年和幼年,还有一个特殊人群——鳏寡孤独废疾者。孔子给人生的每一阶段和另外的特殊人群都赠予一

---

[①]《中华人民共和国老年人权益保护法》,2019年1月8日,http://www.mca.gov.cn/article/gk/fg/shflhcssy/201507/20150700848507.shtml.

[②] 戴圣编《礼记》,刘小沙译,北京:联合出版公司,2015年版,第47页。

个关键词,幼年是"长",林语堂解释为"良好教育",其实也可以理解为"长进",即未成年人在身体上和文化上的成长和进步;壮年是"用",林语堂解释为"贡献才力",其实也可以理解为"有用",除了使自己有机会发挥聪明才智,也包括对别人、对社会有用有贡献;老年是"终",林语堂解释为"安享天年",其实也可以理解为老有归宿、能够寿终正寝,即无病无痛、安安心心地在家中离开这个世界;至于"矜寡孤独废疾者",这个特殊人群得到的关键词是"养",林语堂解释为"得到供养",也可以理解为供给日常所需,力求一无所缺。① 也许还应该关注到,在孔子看来,需要"养"的老年人,实际上是被归到"矜寡孤独废疾者"中去了。

查阅各种汉语词典,对老有所终的"终"的解释并不完全一致,但大多会提到白居易在《养老》一文中的说法:"使生有所养,老有所终,死有所送也。"②白居易所说的是中国传统社会中"老年生涯"的连续过程,而且一直延续到老人百年后的后事,这是很有中国特色的。从这个意义上去理解,"老有所终"其实指的是中国人一直追求的"善终",即在自己家中终其天年,安详而逝。

如今学界流传"中国老年人怕死",实际上,也许老年人真正怕的是在接近人生终点濒临死亡时所遭受的痛苦和折磨。在《尚书·洪范》中,记载了被国人常常挂在嘴上的"五福临门"。书中曰:"五福:一曰寿,二曰富,三曰康宁,四曰攸好德,五曰考终命"。③用现代汉语翻译过来,就是"五福:一是长寿,二是富贵,三是康宁,四是好德,五是善终"。五福中的最后一"福",居然是"善终"。原来在中国人眼里,老死牖下,得以善终,也就是说,能够在自己家中平和而有尊严地走完最后一程,是被当作莫大的"福气"来看待的。

---

① 林语堂:《孔子的智慧》,西安:陕西师范大学出版社,2006年版,第148页。
② 付兴林:《白居易〈策林〉的精神特质》,《陕西理工学院学报(哲学社会科学版)》,2008年第3期。
③ 《尚书》,闫林林译,北京:联合出版公司,2015年版,第87页。

上述传统文化或思想观念,岂不就是希望在人生最后的"照护依赖"阶段能够在自己家中接受悉心照护并得到临终关怀,既了却自己一生中未了的心愿而不留遗憾,又能少痛苦乃至无痛苦地无牵无挂地离开这个世界。正因为如此,尽管老年人身心能力有所下降,但仍然渴望幸福和尊重。但是,许多人到一定的岁数,如果没有他人的支持和帮助就无法继续自理生活。获得优质的长期照护对于这类人保持其身体能力、享受基本人权和有尊严地生活至关重要。[1] 在《中国老龄化与健康国家评估报告》(2016年,简称《中国报告》)中,非常强调在长期照护中要"改善临终关怀":长期照护服务中应该包含由临终关怀团队提供的姑息治疗,这有利于帮助居家照护的老人及其亲属摆脱老人临终时的痛苦和悲伤。[2]

## (二)"老吾老以及人之老"与长期照护

追溯历史,有文字记载的在国家层面对"老吾老以及人之老"[3]的实践,肇始于南北朝梁普通二年(公元521年)梁武帝面向全国颁发的"收养孤独诏":"凡民有单老孤稚不能自存,主者郡县咸加收养,赡给衣食,每令周足,以终其身。又于京师置孤独园,孤幼有归,华发不匮。若终年命,厚加料理。"翻译成现代汉语就是:凡是民间孤独无依的老人或幼儿,难以养活自己,郡县的主官都要加以收养,周济衣食,常保充足,供养终身。再在建康设置"孤独园",收养孤幼和老人,让孤幼有家可归,让老人颐养天年。梁武帝萧衍是一位虔诚的佛教徒,受佛教慈善救济思想的影响很大。[4] 所谓"慈悲",就是"大慈,与

---

[1] 世界卫生组织:《健康老龄化行动十年》,2020年5月5日,https://apps.who.int/gb/ebwha/pdf_files/WHA73/A73_INF2-ch.pdf.
[2] 世界卫生组织:《中国老龄化与健康国家评估报告》,2015年11月12日,http://apps.who.int/iris/bitstream/10665/194271/5/9789245509318-chi.pdf.
[3] 孟子:《孟子》,段雪莲、陈玉潇译,北京:联合出版公司,2015年版,第11页。
[4] 许秀文:《魏晋南北朝社会保障研究》,河北师范大学2020年博士学位论文,第162页。

一切众生乐;大悲,拔一切众生苦"。所以说,儒家的仁政思想和佛家的慈悲思想在这里合二而一了。

自南北朝以降,儒家的"仁政爱民"的思想与佛家的"慈悲为怀"、道家的"道法自然"三教合流,铸就了中国古代的慈善思想。"老吾老以及人之老"一直在中国历朝历代的慈善事业中延续下来。以梁武帝设置的"孤独园"为模板,唐朝有悲田养病坊,宋朝有福田院、居养院,明朝有养济院,清朝有养济院、普济堂。[1] 从晚清到民国,一方面,以上已经成为中国文化传统一部分的官办养老机构,仍然存续;另一方面,西方文化和基督教进入中国,也"舶来"了西方模式的慈善思想和慈善机构。

从理论上说,以心理学的视角审视"老吾老以及人之老",可以认为这是在倡导一种"亲社会行为"。做出这种行为的人被认为具有高度的同理心,当他们观察另一个人的困境时,会因同理心而引发悲悯的情绪。[2] 亲社会行为始于父母照顾子女,由于同理心的驱使,爱护自家孩子的行为又常常会扩大到其他家人、亲属、族人,再扩大到社区中的左邻右舍,再扩大到无血缘、亲缘和地缘关系的陌生人……[3] 这正应了孔孟的名言:"人不独亲其亲,不独子其子";"幼吾幼以及人之幼,老吾老以及人之老"。在具有高度同理心的观察者中,自我和他人之间的认知边界在一定程度上消失了,自我身份和受助者身份的融合意味着观察者感到自己与他人浑然合一。所以,亲社会意识被定义为"感觉到一种共享的、合并的或相互关联的个人身份"。[4]

---

[1] 陈景亮:《中国机构养老服务发展历程》,《中国老年学》,2014 年第 13 期。

[2] Carlson, M., Miller, N. (1987). "Explanation of the Relation Between Negative Mood and Helping." *Psychological Bulletin*, 102(1), 91-108.

[3] Cialdini, R. B., Brown, S. L., Lewis, B. P. et al. (1997). "Reinterpreting the Empathy-Altruism Relationship: When one into one equals oneness." *Journal of Personality and Social Psychology*, 73(3), 481-494.

[4] Cialdini, R. B., Brown, S. L., Lewis, B. P. et al. (1997). "Reinterpreting the Empathy-Altruism Relationship: When one into one equals oneness." *Journal of Personality and Social Psychology*, 73(3), 481-494.

亲社会意识会引导亲社会行为的发生,久而久之,还会潜移默化为亲社会人格。

### (三)"养老"与长期照护

"养老"如今是中国正式或非正式媒体以及政府文件上司空见惯的官方术语,但深入探究其内涵和外延,却发现其仍然遵循对重要概念不作严格界定这一中国特有的"传统惯习"。前文中借林语堂之口,将"养"字解释为"得到供养"。再进一步咬文嚼字:"供养"二字的含义乃是"供给所需,使衣食周全"。显然这个"养"或"供养",是偏重于物质方面的。

追根溯源,"养老"一词应该是与传统农业社会的社会现实相匹配的。农田耕作的繁重体力劳动使中国人生命苦短,到1949年,人均预期寿命居然只有35岁。[1] 没有任何社会保障的绝大多数劳动者,待到年老体衰,唯一可依靠的只有下一辈的赡养,这就是"养老",亦即对老人供给所需,使衣食周全。要用现代汉语说,就是家庭赡养。也正因为如此,中国的家庭特别重视"养儿防老"。

当今中国已经发展到工业社会乃至后工业社会,现代社会乃至后现代社会,与农耕社会相匹配的"养老"一词应该不太适用了。世卫组织《关于老龄化和健康的全球报告》(2016年)(以下简称《全球报告》)指出:虽然在不少地方,家庭照料仍然被认为是一种社会规范。但是,现在很多人已经认识到过度依赖家庭照料可能不利于老年人的福祉,同时也会给作为传统照护者的女性造成特别的负担。显而易见,这就是当今世界已经或正在发生的影响深远的社会

---

[1] 国家统计局人口司:《人口总量平稳增长,人口素质显著提升:新中国成立70周年经济社会发展成就系列报告之二十》,2019年8月22日,http://www.gov.cn/xinwen/2019-08/22/content_5423308.htm。

变迁。[1]

另一方面,在中文语境中,若提到"供养"一词,自然就会想到"养"和"被养"。在动宾结构的"养老"一词中,作为宾语的老年人显然是被划在"被养"一方的。老年人在相关政策中被置于"被养"的地位,更有相当一部分老人在家中也成了彻底的"被赡养者",十分被动和无奈。孔子曰:"今之孝者,是谓能养,至于犬马,皆能有养;不敬,何以别乎?"[2]孔子的意思是:如今说到"孝",就说能不能"养"。是狗是马,都可以说是"养"。如果对老人养而不敬,这和养狗养马有什么区别呢?就连孔子都对这个"养"字不感冒,他在乎的是"敬"。由此可见,以上提到的孔子所说的"孝"最基本的含义是在精神层面关怀父母,使父母愉悦,而非单纯的物质层面。[3]

在有关老龄化问题的学术研讨会上,很多学者对"养老"的说法提出过异议——也许是老年人,对"谁养谁了"这一问题,更为敏感一些。《全球报告》指出:"无论年龄和内在能力水平如何,所有老年人都有权享受有尊严且有意义的生活。"[4]因此,联合国老年人原则是:独立、参与、照护、自我实现、尊严。世界卫生组织的长期照护定义中从照护的角度将其改为:"按照其个人意愿,尽可能获得最大限度的独立、自主、参与、个人满足及人格尊严。"因为在此定义中本身讲的就是"照护",所以从对照护者的要求出发,把联合国老年人原则中的"照护"换成了"自主","自我实现"换成了"个人满足"。以上说法中,老年人都是处于主动地位的,即使处于被照护者的地位,也强调要让老年人"自主",并努力实现"个人满足"。

对此,《全球报告》评论说:"除了少数优异的例外情况,对照护质

---

[1] 世界卫生组织:《关于老龄化和健康的全球报告》,2015年10月1日,http://apps.who.int/irs/bitstream/10665/186463/9/9789245565048_chi.pdf.
[2] 《论语》,王超译,北京:联合出版公司,2015年版,第8页。
[3] 宋振锟:《儒家"孝"文化溯源:以〈论语〉为核心》,《名作欣赏》,2017年第4期。
[4] 世界卫生组织:《关于老龄化和健康的全球报告》,2015年10月1日,http://apps.who.int/irs/bitstream/10665/186463/9/9789245565048_chi.pdf.

量的重大威胁多来自过时的思想和工作方式,二者常常只注重使老年人活着,而不是帮助老年人过有尊严的生活并维持其内在能力。在这种模式下,老年人可能被视为被动的照护接受者,服务将建立在服务提供者的需求而不是老年人的需求和喜好之上。照护可能集中于满足老年人的基本需求,如洗澡和穿衣等,而无法实现更广阔的目标即确保老年人的福祉、过有意义的生活和感觉获得尊重。"[1]

其实中国传统文化中对老年人的态度还是很积极的,这就是常说的孝敬、孝顺——尊崇老年人的社会地位(包括在家庭中的地位),顺从老年人的独立意志——由此可见,孔子之"孝",其基础层面可概括为:尊敬父母,从精神上关怀父母,并能体谅父母之心。[2] 这和联合国老年人原则表达的理念是完全一致的。

有学者曾提出:老龄社会对老年人应该有三大社会保障,即养老保障、医疗保障和长期照护保障。[3] 养老保障的目标是保障基本生活,这与"供给所需,使衣食无忧"意义相近,谓之"养老金",应该还说得过去。医疗保障,本与养老无涉,但现在有个很热门的"医养结合",但即便这样,"医"和"养"也是两个不同的社会事实。至于长期照护保障,也用"养老",如常见的"养老服务体系",就像以上分析的那样,在逻辑上就说不过去了。应该用"老年服务(Services for the Elderly)",或者更细致一点,像《世行报告》那样用"老年人的长期照护(Long-term Care for the Elderly)",简称"老年照护(Aged Care)"。

在中国社会"养老"的用法业已约定俗成。虽然概念不清,歧义很多,但在对定义要求不那么严谨的场合,大家将就着用也可以理

---

[1] 世界卫生组织:《关于老龄化和健康的全球报告》,2015年10月1日,http://apps.who.int/irs/bitstream/10665/186463/9/9789245565048_chi.pdf.
[2] 宋振锟:《儒家"孝"文化溯源:以〈论语〉为核心》,《名作欣赏》,2017年第4期。
[3] 中国社科院社会政策研究中心和复旦大学社会发展与公共政策学院"长期照护机构运行机制研究"研究课题的访谈资料,根据对杨金宇的访谈录音整理。

解。"养老"占了先入为主的便宜,这是必须承认的现状。但能否改变,也不是没有机会。这就需要耐心,从科学的理念和概念入手,重新建构社会共识。历史的经验告诉我们,从孔子时代就开始使用的"残废",出自三国时期孙权诏书中的"救济",①在中国行政领域可谓根深蒂固,现在不都已改称"残疾"和"救助"了吗?

## 二、中国特有的"孝文化"和长期照护

讨论中华传统文化中的长期照护思想,坊间流传的种种说法虽然耳熟能详,但其地位只是"非正式的表达"。在中国5000多年的文明历史中,对老年人的社会地位是有被奉为圭臬的系统而又全面的论述的,这就是直到今天我们还在心心念念的"孝文化"。

### (一)在历史长河中对"孝文化"追根溯源

一般认为,中国的"孝文化"属于儒家文化的范畴,而且被誉为中华优秀传统文化的核心思想之一。孝文化源远流长,可以追溯到商代之前,随后兴于周代,制度化于汉代,不间断地传承至今,已有3000多年的历史。

史学界对孝文化由来的考证,认为"孝"起源于上古时代的图腾崇拜、生殖崇拜。在殷商时期,甲骨文中就已出现"孝"字。商代之"孝",仍以氏族为单位的对祖先神灵的崇拜为主。但祖先神灵并没有护佑殷商王朝"社稷永固,国运永祚"。到了周朝,农耕文明的发展,使原始氏族进一步分化,个体化的家庭强势出现。于是孝的含义逐渐从主要"事鬼"转变为主要"事人",即从氏族社会祖先神灵崇拜

---

① 陈寿:《三国志·吴书》,2021年2月20日,https://so.gushiwen.org/guwen/bookv_4889.aspx。

演变为家庭中的亲情伦理。①

我们可以对"孝"字咬文嚼字一番,《尔雅·释训》中说:"善父母为孝。"②《说文解字》则说"孝"即"善事父母者",并解释道:"从老省,从子,子承老也。"③这两个释文,都将"好好侍奉父母"作为孝的核心词义。并指出,孝是从"老"字演化脱胎而来,将"老"字下半部分换成"子",其象形意义就是儿辈继承老辈,所谓"子承老也"。这里说的"承"本意应该是"承当""承担",但后世将其引申为"承接""承继",表示儿辈传承老辈并繁衍生息,开枝散叶。由此看来,以上所述的两层意思,应该是"孝"的本意。

但是,春秋战国以降,儒家学说更多是赋予孝文化政治意义。这在《孝经》中表现得非常明显。《孝经·士章》中说:"资于事父以事母,而爱同;资于事父以事君,而敬同。故母取其爱,而君取其敬,兼之者父也。故以孝事君则忠,以敬事长则顺。忠顺不失,以事其上,然后能保其禄位,而守其祭祀。盖士之孝也。"④用现代汉语来表述,就是:侍奉父亲和侍奉母亲,同样是基于爱心;侍奉父亲和侍奉国君,同样是基于崇敬。侍奉母亲多为爱心,侍奉国君多为崇敬,而侍奉父亲则两者兼而有之。所以说,以孝侍奉国君就是忠诚,侍奉官长则是顺从。能做到忠诚顺从地侍奉国君和官长,就能保住功名利禄,守住家族香火。这就是士人的孝道啊!

《孝经》中的这段话很有意思。如前所述,孝的本意原是"好好侍奉父母",但在《孝经》里的"士人之道",先是强调侍奉母亲是出于爱心,但随后孝的含义就"越界"了,附会上侍奉君主要出于崇敬。然后,父亲的角色成了一个中介、一个枢纽,强调对父亲的侍奉同时要

---

① 参见王晓文:《孝文化的历史透视及其现代反思》,《理论学刊》,2017年第1期;卞丽娟、王康宁:《儒家孝道的原生精神探微》,《山东社会科学》,2018年第4期。
② 《尔雅》,张洁校点,北京:联合出版公司,2015年版,第59页。
③ 张玉书、陈廷敬等:《康熙字典》,北京:中华书局,1958年版,第278页。
④ 《孝经》,徐艳华译,北京:联合出版公司,2015年版,第20页。

有对母亲的爱心和对君主的崇敬。然后再从对父亲的孝道演绎开去,就成了对君主的忠诚和对官长的服从。但我们要知道,孝道其实并不仅仅是一种道德说教,更是一种颇具实践意义的社会规范和行为模式。作为一门入世的学问,儒家孝文化的特点是向外推,由小及大,由内及外,从家庭中的"父—子"向外推至朝廷中的"君—臣"。①通过这样精心设置的道德逻辑链,原本属于血缘亲情的孝,被改造成"君君,臣臣,父父,子子"的政治伦理秩序。

实际上,秦汉以后的儒家文化越来越偏离孔子的元思想,蜕变成一种政治上的桎梏。而在民间,以孝的名义,又造成了普遍的家族压迫、宗族压迫和女性压迫。

总而言之,当中国走上谋求现代化之路,上述种种传统社会或农耕社会的社会脉络正在发生根本性的变化。戴维·波普勒(David Popenoe)指出:"一个世纪前发生在中国的社会动荡和政治变革,逐步削弱了老年人的权力基础。自从1949年中国共产党取得政权以来,中国颁布法律,提倡年轻人与老年人地位平等。虽然经历了社会变迁,尊敬老年人的习惯仍然保留了下来,在农村地区尤其如此。"②改革开放之后,对于儒家思想,中国人开始理智地思考孝文化的真正含义,并就此回到孝的本来意义——从好好侍奉父母到儿辈对父辈的承当、承担和承接、承继。

### (二) 当代社会中"孝文化"面临新困境

传统的孝文化是建立在农耕经济的基础之上的。具体而言,农耕经济表现出这样一些特点:

其一,农耕经济是把人束缚在土地上的。在以种植业,尤其是以种植粮食作物为主的中国农村,从春天播种到夏秋收获,相当一部分

---

① 卞丽娟、王康宁:《儒家孝道的原生精神探微》,《山东社会科学》,2018年第4期。
② 波普勒:《社会学》,李强等译,北京:中国人民大学出版社,1999年版,第339—340页。

地区还种植两季甚至三季,农业生产的过程是相当漫长的。同时,中国的农民讲究的是精耕细作:灌溉、施肥、除草、灭虫……日出而作,日落而息,田间管理长年不断。离不开土地,也就离不开与这片土地牵扯在一起的家。正因为如此,儒教文化提倡的侍奉高堂、绕膝承欢的天伦之乐以及"父母在,不远游"的行为准则才有可能得以实现。

其二,农业生产收成丰歉须依赖长期积累的经验,中国是一个自然灾害频繁的国家,靠天吃饭的小农经济如何适应天气的变化,如何应对频发的灾荒,家中的长者长期积累的生产、生活经验是非常宝贵的,正所谓"不听老人言,吃亏在眼前"。即使老人年迈体弱,其一辈子累积的丰富经验仍然是指导全家趋利避害的宝贵财富。因为"生产方式对家庭制度的决定性影响体现在它决定着家庭的本质和内涵,因此与生产方式相适应的只有父系父权的家庭制度"。[①] 在这样的社会背景下,"备受尊敬"的老人得到家庭的百般呵护自然也是顺理成章的事情。

但是,正如《全球报告》所指出的那样:"现在不仅老年人有望比以前的人更长寿,他们所在的世界也发生了改变。"[②]20 世纪 80 年代以来以市场为导向的经济体制改革和日益加速的工业化、城市化、现代化的进程,再次使老年人的社会地位受到冲击。杨善华指出:从 20 世纪 80 年代起,农村也开启了工业化进程,劳动力开始从农业流向非农产业,家庭作为生产组织的作用逐渐减弱,家长的经验和能力也不那么重要了。加上家庭成员都是以个人身份进入非农业部门,他们的收入也不再集中由家长掌握和支配。这使得代际关系和夫妻关系越来越趋于平等,父权父系的家庭制度就这样被瓦解了。[③]

20 世纪 90 年代以来涉及 2 亿多人的人口大流动,更加速了上

---

[①] 杨善华:《社会学与中国社会》,北京:社会科学文献出版社,2008 年版,第 101 页。
[②] 世界卫生组织:《关于老龄化和健康的全球报告》,2015 年 10 月 1 日,http://apps.who.int/irs/bitstream/10665/186463/9/9789245565048_chi.pdf。
[③] 杨善华:《社会学与中国社会》,北京:社会科学文献出版社,2008 年版,第 101 页。

述与传统文化习惯背道而驰的发展趋势。包括农民工在内的大量外来人口涌入大城市务工经商,彻底改变了城乡劳动力的分布格局。在大城市中工作生活的"外来劳动者",在经济上对远在农村的家庭的支持是勉为其难的,对留守家中的老人的照顾更是鞭长莫及。

《全球报告》从宏观层面总结了遍及全球的这些变化:(1)城镇化、全球化使年轻人向发展机会多的地区迁移,导致留下的老年人失去以往支持他们的传统家庭结构。(2)家庭中不同世代的成员更向往独立生活,老年人独居的比例显著增加。(3)家庭规模减小,意味着以往大家庭中拥有的相互照顾、共享物品的机会减少。(4)生育率的显著下降,意味着家庭中年轻人的相对数量远低于从前。(5)性别规范的改变,使女性的发展机会发生了重大变化。(6)年长者在家庭和社会中受到尊敬的传统地位被削弱,或者至少是发生了改变。(7)正是在这样的不断发展变化的世界中,有越来越多的人正步入老龄。[1] 报告中罗列出的这些全球性的变化趋势,说明全世界都面临着和中国同样的问题。

《中国报告》很有针对性地谈及中国的具体情况:按中国的社会传统,大家庭如同社会保障体系,保障包括老年人在内的所有家庭成员的基本生活。但是,伴随着人口和劳动力结构的变化——人口老龄化、家庭小型化以及妇女大量进入劳动力市场;加上疾病谱的改变——从急性传染性疾病向慢性非传染性疾病转变,中国正经历着巨大的社会变迁。这些激烈的变化对以家庭为基础的传统养老模式提出了挑战:如今的中国社会,老年人不像从前那样和年轻人共同居住,年轻人也不再唯父母之命是从。这将直接影响老年人获取经济保障和家庭照料,甚至影响其生活质量和心理健康。[2]

---

[1] 世界卫生组织:《关于老龄化和健康的全球报告》,2015 年 10 月 1 日,http://apps.who.int/irs/bitstream/10665/186463/9/9789245565048_chi.pdf.
[2] 世界卫生组织:《中国老龄化与健康国家评估报告》,2015 年 11 月 12 日,http://apps.who.int/iris/bitstream/10665/194271/5/9789245509318-chi.pdf.

综上所述，中国传统社会中流传几千年的"孝"文化和家庭保障、家庭照料，因为受到工业化、城市化、现代化的社会变迁的冲击。所以，必须明白，曾经在传统社会中作为一项基本社会制度而存在的家庭保障、家庭照料现在已经不足为恃。当现代的工业生产、市场经济完全取代了传统的小农生产、自给经济之后，传统的家庭保障、家庭照料也必然要让位于社会保障、社会服务。即使是家庭照护，也应该被看成是社会劳动，所以为从事居家照护的家庭照护者提供社会津贴或社会工资的政策，也逐渐为世界上更多的国家所接受。

# 中国儿童多维贫困的水平、趋势与模式研究
## ——基于2013—2018年CHIP数据的证据

[美]高 琴 王 一 *

## 一、引言

### (一) 研究背景

2020年11月23日,中国政府宣布全国832个贫困县全部脱贫摘帽,这标志着中国完成了消除全国农村地区绝对贫困的目标。农村地区极端贫困是根据国家官方农村贫困线衡量的,即基于2010年价格的2 300元家庭人均年收入。这项举措涵盖了包括儿童在内所有收入低于国家官方农村贫困线的人口。中国实现全面脱贫目标是一项伟大成就,几乎所有农村贫困家庭儿童都受益于此。

---

\* 本文发表于《社会保障评论》,2022年第3期。收录本论文集时增加表8。高琴,哥伦比亚大学社会工作学院教授、中国社会政策研究中心主任;王一,宾夕法尼亚州立大学博士后,哥伦比亚大学中国社会政策中心研究员。

基金项目:本研究获得联合国儿童基金会(UNICEF)的资助,研究使用的数据来自中国家庭收入调查(CHIP),感谢UNICEF和CHIP团队的大力支持,感谢哥伦比亚大学的硕士研究生王海娜将此文由英文译为中文,作者已全文校对。本文原文以报告的形式发表于联合国儿童基金会网站,感谢授权发表于本刊。本报告仅反映作者的观点、见解及分析方法,并不一定反映联合国儿童基金会的政策或观点。

联合国可持续发展目标致力于在全世界消除一切形式的贫困，其具体目标为到 2030 年，按各国标准界定的陷入各种形式贫困的各年龄段男女和儿童至少减半。这要求各国对以非货币方式度量的贫困和不同人群制定官方衡量标准。从多维角度衡量贫困问题可以帮助政府制定贫困标准，包括针对儿童贫困问题的测量方法。

中国在减贫方面取得了非凡成就，但针对儿童贫困的政策制定和实证研究仍然较为缺乏。[1] 使用收入和消费等货币性指标来测量中国儿童贫困的研究较少，[2] 关于中国儿童多维贫困的研究则更少。[3] 为了更好地了解儿童生活条件以及贫困对儿童福祉的影响，

---

[1] Di Qi, Vera M. Y. Tang. (2015). "Social Assistance Programs and Child Poverty Alleviation—A Comparison between Hong Kong and Mainland China." *Asian Social Work and Policy Review*, 9(1), 29–44; Di Qi, Yichao Wu. (2015). "A Multidimensional Child Poverty Index in China." *Children and Youth Services Review*, 57, 159–170.

[2] 参见 David Gordon, et al. (2003). *Child Poverty in the Developing World*. Policy Press; Di Qi, Vera M. Y. Tang. (2015). "Social Assistance Programs and Child Poverty Alleviation—A Comparison between Hong Kong and Mainland China." *Asian Social Work and Policy Review*, 9(1), 29–44; Di Qi, Yichao Wu. (2015). "A Multidimensional Child Poverty Index in China." *Children and Youth Services Review*, 57, 159–170.

[3] Di Qi, Yichao Wu. (2014). "Child Poverty in China-A Multidimensional Deprivation Approach." *Child Indicators Research*, 7(1), 89–118; Di Qi, Yichao Wu. (2015). "A Multidimensional Child Poverty Index in China." *Children and Youth Services Review*, 57, 159–170; Di Qi, Yichao Wu. (2016). "The Extent and Risk Factors of Child Poverty in Urban China—What Can Be Done for Realising the Chinese Government Goal of Eradicating Poverty before 2020" *Children and Youth Services Review*, 63, 74–82; Di Qi, Yichao Wu. (2019). "Comparing the Extent and Levels of Child Poverty by the Income and Multidimensional Deprivation Approach in China." *Child Indicators Research*, 12(2), 627–745; Ting-Yan Wang, et al. (2014). "Child Deprivation Indicators (CDIs): A New Way to Measure Child Poverty in Urban China" *Journal of Asian Public Policy*, 7(3), 245–258; Xiaolin Wang, et al. (2015). "Child Poverty in Rural China: Multidimensional Perspective." *Asian Social Work and Policy Review*, 9(2), 109–124.

迫切需要针对儿童多维贫困的研究。① 测量多维物质匮乏对理解儿童贫困尤为重要,因为儿童时期的匮乏(如在教育、医疗保健、住房、水或卫生设施等方面)会限制儿童潜力的充分发挥。②

(二) 研究目标

本文使用中国家庭收入调查(CHIP)2013 年和 2018 年的数据研究中国儿童多维贫困的水平、趋势和模式,并对儿童多维贫困与收入贫困进行比较。研究结果将为中国制定针对儿童多维贫困的测量标准提供必要证据,以实现联合国可持续发展目标。本文对中国 2020 年后的政策议程以及提升儿童福祉来说可谓恰逢其时。

(三) 报告结构

本文其余部分如下展开。第二部分回顾中国儿童多维贫困的理论基础、分析框架和文献综述。第三部分介绍本文的研究方法和所使用的数据,包括其优势和局限。第四部分呈现全国、农村、城市和流动人口中儿童多维贫困的水平和程度及其 2013 年至 2018 年的变化情况,并进一步讨论了儿童在哪些维度和指标更为匮乏。该部分还按性别和年龄组别对儿童多维贫困进行了比较,从而了解是否存在显著的群体差异以及这些差异于 2013 年至 2018 年间是否发生了变化。第五部分分析儿童多维贫困和收入贫困的重叠和差异。具体而言,该部分首先比较 2013 年至 2018 年间全国、农村、城市和流动

---

① David Gordon, et al. "Poverty and Social Exclusion in Britain", 2000, https://eprints.whiterose.ac.uk/74234/; Aldi Hagenaars. "A Class of Poverty Indices." *International Economic Review*, 1987, 28(4), 583-607.

② Di Qi, Yichao Wu. (2019). "Comparing the Extent and Levels of Child Poverty by the Income and Multidimensional Deprivation Approach in China." *Child Indicators Research*, 12(2), 627-645; Renu Singh, Sudipa Sarkar. (2015). "Children's Experience of Multidimensional Deprivation: Relationship with Household Monetary Poverty." *The Quarterly Review of Economics and Finance*, 56, 43-56.

人口群体中的儿童多维贫困率和收入贫困率,之后比较不同收入群体的儿童经历多维贫困的程度。此外,该部分将儿童分为四个互不重叠的组别(非贫困、仅多维贫困、仅收入贫困以及多维和收入双重贫困),并研究了这四个组别的分布在城市、农村和流动人口中的不同以及 2013 年至 2018 年的变化。最后,该部分分析了 2013 年至 2018 年哪些个人及家庭层面的人口和社会经济特征与儿童贫困的发生概率存在显著关联。第六部分讨论本文的主要发现并提出了政策建议。

## 二、理论基础、分析框架与文献综述

### (一) 理论基础

本研究建立在儿童发展的生态系统理论和可行能力理论两个理论基础上。Bronfenbrenner 的生态系统理论认为儿童发展取决于儿童所生活的环境,包括四个系统:微观系统、中间系统、外层系统和宏观系统。[1] 具体来说,微观系统指的是儿童生活中最直接接触的环境,如家庭和学校;中间系统包含微观系统之间的相互关联,如老师和家长的沟通;外层系统指间接影响儿童的环境,如父母工作单位和邻居;宏观系统则是最外部的社会环境,如文化和种族。[2] 其中,微观系统中的物质匮乏(如住房或医疗保健方面)有可能会对儿童发展

---

[1] 参见 Urie Bronfenbrenner. (1992). *Ecological Systems Theory*. Jessica Kingsley Publishers.

[2] Mary Keegan Eamon. (2001). "The Effects of Poverty on Children's Socioemotional Development: An Ecological Systems Analysis." *Social Work*, 46(3), 256-266.

产生最直接和最持久的负面影响。[1]

自20世纪80年代以来,Martha Nussbaum 和 Amartya Sen 等学者突破了传统的贫困理论,共同构建和发展了可行能力理论。可行能力理论认为,贫困的概念不仅限于低收入和低消费,因为这并不能充分反映人类福祉的其他重要方面。[2] 这一重新构建贫困概念的理论强调了用收入和消费以外的其他维度去测量贫困,包括构建多维贫困测量的新方法。

## (二) 分析框架

多维贫困的主要测量方法包括多维贫困指数(Multidimensional poverty index, or MPI)、布里斯托尔测度法(Bristol method)和多维重叠剥夺分析法(Multiple Overlapping Deprivation Analysis, MODA)。基于中国多维贫困的既有文献及本研究使用的 CHIP 数据,我们采用 Alkire-Foster(AF)方法[3]估算中国儿童的多维贫困指数(即

---

[1] Deborah Baker, et al. (1998). "Inequality in Infant Morbidity: Causes and Consequences in England in the 1990s. ALSPAC Study Team. Avon Longitudinal Study of Pregnancy and Childhood." *Journal of Epidemiology and Community Health*, 52(7), 451-458; Janet Currie, Aaron Yelowitz. (2000). "Are Public Housing Projects Good for Kids?" *Journal of Public Economics*, 75(1), 99-124; O. P Galpin, et al. (1992). "Helicobacter Pylori Infection and Overcrowding in Childhood." *The Lancet*, 339(8793), 619; Stephen L. Mann, et al. (1992). "Accumulation of Factors Influencing Respiratory Illness in Members of a National Birth Cohort and Their Offspring" *Journal of Epidemiology and Community Health*, 46(3), 286-292; W. A McCallion, et al. (1996). "Helicobacter Pylori Infection in Children: Relation with Current Household Living Conditions." *Gut*, 39(1), 18-21; WHO & UNICEF: "Global Water Supply and Sanitation Assessment 2000 Report", June 6, 2000, https://www.who.int/publications/i/item/9241562021.

[2] 参见 Martha Nussbaum, Amartya Sen. (1993). *The Quality of Life*, Oxford: Clarendon Press,; Amartya Sen. (1985). *Commodities and Capabilities* (1st ed.). New York, NY: Elsevier Science Publishing Co.

[3] Sabina Alkire, James Foster: "Counting and Multidimensional Poverty", 2007, https://ora.ox.ac.uk/objects/uuid:c895749e-fd11-4419-9503-eedeba582957/download_file?file_format=pdf&safe_filename=Counting%2Band%2Bmultidimensional%2Bpoverty%2B1a.pdf&type_of_work=Working+paper

MPI)。使用 AF 方法测算 MPI 需要确定维度、指标、权重以及多维贫困临界值。本文第三部分详细介绍我们如何构建中国儿童的 MPI 指数。

(三) 文献综述

1. 中国儿童多维贫困的趋势和模式。现有研究发现,从 20 世纪 90 年代起至 2013 年,全国、农村和城市儿童的多维贫困率呈明显下降趋势。与城市儿童相比,农村儿童更可能经历多维贫困,但这一差距随时间推移有所缩小。

Qi 和 Wu 使用全国代表性数据来研究中国儿童多维贫困的模式与趋势。他们利用中国健康与营养调查(CHNS)1989 至 2009 年的数据,从营养、水、卫生、住房、教育、健康和信息七个维度来衡量儿童多维贫困,儿童多维贫困临界值为七个维度中的两个或以上的维度处于匮乏状态。研究结果显示,全国处于多维贫困儿童的比例从 1989 年的 64% 下降到 2009 年的 19%。其中,城市儿童的多维贫困率从 1989 年的 45% 下降到 2009 年的 9%。相比之下,农村儿童发生多维贫困的概率要高得多,从 1989 年的 70% 下降到 2009 年的 21%。[1] 基于 CHNS1989 至 2011 年的数据,Qi 和 Wu 将对儿童多维贫困的测算调整为八个维度(即营养、水、卫生、住房、健康、教育、参与和保护),并将划分多维贫困的标准设定为是否满足八个维度中的两个。研究发现,全国处于多维贫困儿童的比例从 1989 年的 75% 下降到 2011 年的 9%。[2] Qi 和 Wu 在另一项研究中使用了中国家庭追踪调

---

[1] Di Qi, Yichao Wu. (2015). "A Multidimensional Child Poverty Index in China." *Children and Youth Services Review*, 57, 159-170.

[2] Di Qi, Yichao Wu. (2016). "The Extent and Risk Factors of Child Poverty in Urban China—What Can Be Done for Realising the Chinese Government Goal of Eradicating Poverty before 2020." *Children and Youth Services Review*, 63, 74-82.

查(CFPS)的数据,同样发现农村儿童多维贫困率远远超过城市儿童。[1]

另一项研究利用省级数据来测量中国儿童多维贫困。Wang,Zhou 和 Shang 使用来自四川、云南、河南、新疆和山西的 7936 名农村儿童的样本数据,从五个维度(生存、健康、保护、发展和参与)来构建中国儿童多维贫困指数。研究结果发现,2010 年,14%的农村儿童处于多维贫困。该研究给每个维度赋予均等的权重,给每个维度内的各个指标也赋予同等权重,并将多维贫困定义为经权重后的维度超过 30%。[2]

2. 中国儿童多维贫困的社会人口特征。现有文献指出,社会人口特征与中国儿童多维贫困存在紧密联系。Qi 和 Wu 发现,中国儿童的致贫因素包括儿童低龄、为少数民族、父母受教育程度低、父母健康状况差、父母在非国有单位工作(相较于国有单位)、父母是体力劳动者、家庭子女多、农村户口以及家庭收入低。其中,农村户口和父母在非国有单位工作对儿童的影响最大,分别提高了 16%和 13%的儿童多维贫困率。[3] 此发现与其他文献的结论类似。[4] 另外,Wang,Zhou 和 Shang 的研究表明,残障儿童、感染艾滋病的儿童以及少数民族的儿童经历的多维贫困最为严重。[5]

---

[1] Di Qi, Yichao Wu. (2019). "Comparing the Extent and Levels of Child Poverty by the Income and Multidimen-sional Deprivation Approach in China." *Child Indicators Research*, 12(2), 627–645.

[2] Xiaolin Wang, et al. (2015). "Child Poverty in Rural China: Multidimensional Perspective." *Asian Social Work and Policy Review*, 9(2), 109–124.

[3] Di Qi, Yichao Wu. (2016). "The Extent and Risk Factors of Child Poverty in Urban China—What Can Be Done for Realising the Chinese Government Goal of Eradicating Poverty before 2020." *Children and Youth Services Review*, 63, 74–82.

[4] Chao-Hsien Leu, et al. (2016). "A Multidimensional Approach to Child Poverty in Taiwan." *Children and Youth Services Review*, 66, 35–44; Tingyan Wang: "A New Measure of Child Poverty in Urban China: From a Perspective of Deprivation", 2014, http://hdl.handle.net/10722/206476.

[5] Xiaolin Wang, et al. (2015). "Child Poverty in Rural China: Multidimensional Perspective." *Asian Social Work and Policy Review*, 9(2), 109–124.

3. 中国儿童多维贫困的性别和年龄组别差异。现有文献中仅有两项研究考察了中国儿童多维贫困的性别差异,结果不尽相同。Wang 利用 2011 年一项基于 34 个指标的北京家庭和儿童调查发现,儿童的性别与经历多维贫困的可能性或匮乏程度无显著相关。[1]基于同一数据,并额外添加一个生活质量维度,其中包括身体健康、家庭关系、心理健康、自尊和自我效能等指标,Wong、Wang 和 Xu 发现女童更有可能在身体发育方面处于匮乏状态,而男童在心理健康方面有更多的劣势。[2] 既有文献未对中国儿童多维贫困的年龄组别差异开展研究。

4. 中国儿童多维贫困与收入贫困比较。目前仅有一项研究是利用全国代表性数据对儿童多维贫困和收入贫困进行对比。Qi 和 Wu 使用 CFPS2014 年数据,将多维贫困定义为在总共 16 个指标[3]中的两个或两个以上匮乏,发现农村和城市的儿童多维贫困率存在巨大差异,分别为 79.7% 和 49.1%。且这样测算的贫困率远远高于根据各省最低生活保障(低保)线所定义的贫困线所计算的儿童收入贫困率(农村和城市分别为 19.5% 和 20.1%)。[4] 此研究结果表明,仅使用收入作为衡量贫困的标准并不能充分反映大部分儿

---

[1] Tingyan Wang: "A New Measure of Child Poverty in Urban China: From a Perspective of Deprivation", 2014, http://hdl.handle.net/10722/206476.

[2] Yu-Cheung Wong, et al. (2015). "Poverty and Quality of Life of Chinese Children: From the Perspective of Deprivation." *International Journal of Social Welfare*, 24(3), 209-124.

[3] 这些指标包括:在健康方面,没有医疗保险;在营养方面,体重不足和发育不良;在儿童照顾和保护方面,白天和晚上没有照顾者,去年没有与父亲或母亲生活超过六个月,没有户口;在儿童教育方面,6~16 岁的儿童没有上学,2~6 岁的儿童没有上幼儿园,家和学校的通勤时间超过一个小时;在家庭设施方面,没有干净的饮用水,家里或村里没有抽水马桶,没有清洁的炊饮燃料,没有电或经常断电,12 岁以上的孩子和父母住在同一个房间。作者通过指标而不是维度来研究儿童匮乏情况。

[4] Di Qi, Yichao Wu. (2019). "Comparing the Extent and Levels of Child Poverty by the Income and Multidimensional Deprivation Approach in China." *Child Indicators Research*, 12(2), 627-645.作者测算的城市儿童收入贫困率略高于农村儿童是因为各地的城市最低保障线远高于农村最低保障线。

童——尤其是农村儿童——的多维贫困,因为农村儿童的多维贫困率和收入贫困率之间的差距远大于城市儿童。

综上所述,既有文献至少存在两方面的局限。首先,数据较为过时,目前关于中国儿童多维贫困的最新研究是基于2014年的CFPS数据。其次,针对儿童多维贫困和收入贫困的比较研究相对不足。本文利用2013和2018年的中国家庭收入调查(CHIP)数据,分析了中国儿童多维贫困的水平、趋势和模式。此外,本文还研究了儿童多维贫困与收入贫困发生率的重叠与差异,以提供对中国儿童多维贫困更全面的理解。

## 三、研究方法

### (一) 中国儿童多维贫困指数(MPI)测算方法

#### 1. MPI维度和指标的选取

本研究将儿童的年龄界定为18岁以下。在全球MPI分析框架和中国MPI相关实证研究的基础上,[①]本文根据七个维度来测算儿童多维贫困,包括水、卫生设施、住房、教育、健康、信息和耐用消费品,每个维度涵盖一个或多个指标。若一名儿童在一个维度内的任何一个指标上处于匮乏状态,那么这个儿童就被认定在该维度处于匮乏状态。

表1列出了各个维度、指标、多维贫困临界值以及每个指标被赋予的权重。七个维度的选取过程如下。首先,牛津大学贫困与人类

---

① Sabina Alkire, Yangyang Shen. (2017). "Exploring Multidimensional Poverty in China: 2010 to 2014." *Research on Economic Inequality*, 25, 161-228;冯怡琳:《中国城镇多维贫困状况与影响因素研究》,《调研世界》,2019年第4期;冯怡琳、邸建亮:《对中国多维贫困状况的初步测算——基于全球多维贫困指数方法》,《调研世界》,2017年第12期;Yangyang Shen, et al. (2018). "Estimation and Decomposition of Multidimensional Poverty in China." *Nankai Economic Studies*, 5, 12-28.

发展中心（OPHI）和联合国开发计划署（UNDP）共同构建的全球多维贫困指数使用了三个维度：健康（包括营养和儿童死亡率两个指标）、教育（包括受教育年限和入学率两个指标）和生活水平（包括炊饮燃料、卫生、饮用水、电、住房和资产六个指标）。[1] 我们采用了健康和教育维度，并将水、卫生设施、住房以及资产（在本研究中更名为"耐用消费品"）从指标上升为维度，与中国多维贫困的既有文献一致。[2] 因为在 2013 年和 2018 年的 CHIP 样本只有不到 0.1% 的家庭没有电，所以本文并未包含这个指标。此外，我们还增加了信息维度，以反映儿童获取信息的权利。[3]

表 1 儿童多维贫困的维度和指标——基于 CHIP 2013 年和 2018 年数据

| 维度 | 指标 | 多维贫困临界值定义<br>如果一名儿童满足如下条件则处于匮乏状态 | 权重 |
| --- | --- | --- | --- |
| 水 | 改良水源 | 家中没有自来水/没有安全饮用水/获得饮用水需要半小时以上/不定期或定时供水/在过去一年中连续缺水超过 15 天 | 1/7 |
| 卫生设施 | 家里或附近的厕所设施 | 家中没有冲水厕所/没有厕所/使用公厕 | 1/7 |
| | 炊饮燃料 | 家中使用柴火/煤炭 | |
| 住房 | 过度拥挤 | 人均住房面积小于 15 m² | 1/7 |
| | 住房质量 | 主要建筑材料是竹/草/土坯 | |

---

[1] UNDP: "Human Development Report 2010: The Real Wealth of Nations: Pathways to Human Development", 2010, http://hdr.undp.org/en/content/human-development-report-2010.

[2] Di Qi, Yichao Wu. (2019). "Comparing the Extent and Levels of Child Poverty by the Income and Multidimensional Deprivation Approach in China." *Child Indicators Research*, 12(2), 627–645；王小林、Sabina Alkire：《中国多维贫困测量：估计和政策含义》，《中国农村经济》，2009 年第 12 期。

[3] UNCRC: "Convention on the Rights of the Child", 1989, https://www.ohchr.org/en/professionalinterest/pages/crc.aspx.

续表

| 维度 | 指标 | 多维贫困临界值定义<br>如果一名儿童满足如下条件则<br>处于匮乏状态 | 权重 |
|---|---|---|---|
| 教育 | 目前不上学 | 6~16岁儿童不上学 | 1/7 |
| 健康 | 医疗保险 | 儿童没有医疗保险 | 1/7 |
| | 医疗保健设施 | 社区没有医疗保健设施 | |
| 信息 | 电脑/手机 | 家中没有联网的电脑/手机 | 1/7 |
| 耐用消费品 | 耐用品 | 家庭没有任何一个以下耐用品：洗衣机、空调、热水器、冰箱、摩托车、汽车 | 1/7 |

注：在卫生设施、住房和健康维度中，若一名儿童在一个维度内的任何一个指标上处于匮乏状态，那么这个儿童就被认定在该维度处于匮乏状态。

从具体指标来看，水维度是由一个家庭是否能获得改良水源来衡量。卫生设施维度包含两个指标，一是家里或附近有干净厕所设施；二是家里使用清洁的炊饮燃料。住房维度则通过住房过度拥挤和住房质量（由主要建筑材料反映）两个指标进行测量。教育维度根据中国的义务教育年龄段来确定具体指标，即6~16岁儿童当前是否就学。我们用儿童是否有医疗保险和社区内是否有医疗保健设施这两个指标来测量健康维度。信息维度的测量指标为家中是否能通过电脑或手机上网。耐用消费品维度的衡量标准为家中是否有以下耐用品：洗衣机、空调、热水器、冰箱、摩托车、汽车。若家中没有任何以上一种耐用品，则被认为在耐用消费品维度处于匮乏状态。

本研究赋予每个维度相同的权重(1/7)。此外，本文共选取了十个指标，其中有八个指标是在家庭层面上衡量的（此时儿童多维贫困的测算与家庭的测量结果相同），其余两个指标是在儿童个人层面上衡量的（即6~16岁儿童不上学和儿童没有医疗保险）。[①]

---

① 儿童个人层面的指标数量较少是因为CHIP是一项家庭调查，重点调查家庭层面而非儿童层面的资源和福利指标。

## 2. 多维贫困临界值和效度测试

根据文献推荐的统计检验方法,[①]本文使用方差分析和 logistic 回归将多维贫困临界值设定为在七个维度中的两个或以上的维度处于匮乏状态。具体来说,我们首先尝试定义多维贫困为在一个或以上维度处于匮乏状态。我们使用方差分析和 Logistic 回归来比较多维贫困儿童和非贫困儿童在家庭收入方面的群体差异。[②] 之后,我们重新定义多维贫困为在两个或以上的维度上处于匮乏状态,并对新的定义进行相同的分析(即检验贫困和非贫困儿童家庭收入的群体差异)。以此类推,直到尝试定义多维贫困为七个维度处于匮乏状态。

我们对比这七组定义,在方差分析中拥有最大 F 值(Fvalue)和在 Logistic 回归分析中有最大卡方值(Chi-square)的一组被选为儿童多维贫困的临界值。我们的研究发现定义两个或以上维度的 F 值和卡方值最大,由此决定多维贫困临界值设定为在七个维度中的两个或以上的维度处于匮乏状态,即若一名儿童在两个或更多的维度上处于匮乏状态,该儿童就被定义为处于多维贫困;否则,该儿童就被视为处于非多维贫困。为了确保我们选取的维度和指标能真正反映儿童多维贫困,我们使用 Logistic 回归来检验这些维度的有效

---

[①] David Gordon, et al. "Poverty and Social Exclusion in Britain", 2000, White Rose Research Online: https://eprints.whiterose.ac.uk/74234/; Di Qi, Yichao Wu. (2014). "Child Poverty in China-A Multidimensional Deprivation Approach." *Child Indicators Research*, 7(1), 89–118; Di Qi, Yichao Wu. (2015). "A Multidimensional Child Poverty Index in China." *Children and Youth Services Review*, 57, 159–170; Di Qi, Yichao Wu. (2016). "The Extent and Risk Factors of Child Poverty in Urban China—What Can Be Done for Realising the Chinese Government Goal of Eradicating Poverty before 2020." *Children and Youth Services Review*, 63, 74–82.

[②] David Gordon, et al. "Poverty and Social Exclusion in Britain", 2000, White Rose Research Online: https://eprints.whiterose.ac.uk/74234/.

性。根据既有文献,①我们分别将每个维度作为自变量,将家庭收入作为因变量进行回归分析,以测试各个维度的有效性。② 显著关系表明该维度能够有效反映儿童多维贫困。本研究的七个维度在2013和2018年数据中都通过了有效性测试,可以真实地反映儿童多维贫困。

3. MPI估算:Alkire-Foster(AF)方法

在确定儿童多维贫困的维度、指标和临界值后,我们采用Alkire-Foster(AF)方法估算中国儿童的多维贫困指数(MPI)。按照如下公式,MPI($M_0$)结合了多维贫困人口信息并计算出了调整后的多维贫困指数。它涵盖了贫困的两个方面:H代表儿童多维贫困发生率,A代表匮乏程度,也称多维贫困儿童的平均匮乏额度。③ 儿童的多维贫困指数也可以按照年龄和性别等人口特征进行分组分析。

$$M_0 = H \times A \tag{1}$$

式(1)中,$M_0$代表多维贫困指数,H代表儿童多维贫困发生率,A代表匮乏程度。

H和A的计算公式如下:

---

① 参见 David Gordon. (2006). *The Concept and Measurement of Poverty*. Bristol: Policy Press, pp. 29 - 70; David Gordon, Shailen Nandy. (2012). "Measuring Child Poverty and Deprivation." In Alberto Minujin and Shailen Nandy(Ed.), *Global Child Poverty and Well-Being: Measurement, Concepts, Policy and Action*, Bristol: The Policy Press, pp. 57 - 101; Anne-Catherine Guio, et al. (2012). *Measuring Material Deprivation in the EU: Indicators for the Whole Population and Child-Specific Indicators*. Luxembourg: Publications Office of the European Union; Di Qi, Yichao Wu. (2014). "Child Poverty in China-A Multidimensional Deprivation Approach." *Child Indicators Research*, 7(1), 89 - 118.

② 参见 Aldi Hagenaars. (1994). *Poverty Statistics in the Late 1980s: Research Based on Micro-Data*. Luxembourg: Office for Official Publications of the European Communities. 根据文献中经济合作与发展组织(OECD)修改过的量表,本文使用了家庭可支配收入的对数,通过给第一个已成年的家庭成员分配1的权重,给第二个及以后14岁或以上的家庭成员分配0.5的权重,给每个14岁以下的儿童分配0.3的权重。

③ 参见 Sabina Alkire, et al. (2015). *Multidimensional Poverty Measurement and Analysis*. Oxford University Press.

$$H = \frac{q}{n} \tag{2}$$

式(2)中,$H$代表儿童多维贫困发生率,$q$代表同时存在$k$个维度的儿童贫困人数(在本研究中$k \geq 2$),$n$代表儿童总数。

$$A = \frac{1}{q} \sum_{i=1}^{n} c_i(k) \tag{3}$$

式(3)中,$A$代表匮乏程度,取儿童多维贫困维度数量的均值,$c_i$代表每位儿童。

### (二)儿童多维贫困与收入贫困比较

本文还研究了儿童多维贫困与收入贫困发生率的重叠与差异。以往关于中国收入贫困的文献通常假设家庭可支配收入在家庭内部被平均分配,低于家庭人均收入贫困线则被界定为收入贫困。在本研究中,若儿童的家庭人均收入低于贫困线,那么该名儿童就被认定为收入贫困;否则,该名儿童就被认定为非收入贫困。

对中国收入贫困的研究通常采用三种贫困标准,包括世界银行的每人每天1.9美元的国际贫困标准(按2011年购买力平价计算);中国现行的按照每人每年2 300元(按2010年不变价)国家农村贫困标准;以及各省市的地方低保线。为了在全国范围内提供政策建议,本研究采用了国家官方农村贫困线界定收入贫困,即基于2010年价格的2 300元家庭人均年收入。我们使用居民物价指数将2010年的贫困线转换为2013和2018年的国家农村贫困线。[1] 城市贫困线经估算被界定为全国农村贫困线的1.4倍。[2] 由此得出,2013年农村贫困线为2 716元,城市贫困线为3 803元;2018年农村贫困线为2 958元,城市贫困线为4 141元。

---

[1] Shi Li, et al. (2020). *New Patterns in China's Rural Poverty*. Oxford University Press, pp. 201-240.

[2] Martin Ravallion, Shaohua Chen. (2007). "China's (Uneven) Progress Against Poverty." *Journal of Development Economics*, 82(1), 1-42.

根据估算的儿童多维贫困率和收入贫困率,本研究将儿童按贫困状况分为四组:非贫困、仅多维贫困、仅收入贫困以及同时处于多维和收入贫困。我们进行了 Logistic 回归分析,以研究哪些个人及家庭层面的人口和社会经济特征与儿童贫困的发生概率存在显著关联。[①]

我们考虑了儿童、户主和家庭层面的一系列人口和社会经济特征。儿童个人层面的特征包括儿童的性别、年龄和少数民族身份。户主特征包括户主的年龄、性别、少数民族身份、婚姻状况、教育水平、就业状况、健康状况的自我评价和共产党员身份。家庭层面的特征包括家庭中儿童的平均年龄、儿童数、老年人数(60 岁或以上)、劳动年龄人口数(18 至 59 岁)、自评健康状况欠佳的成员数、身体残障的成员数、城乡户口和居住地,以及地区(东、中、西部)。

### (三) 数据来源:中国家庭收入调查(CHIP)

本研究利用 2013 年和 2018 年的中国家庭收入调查(CHIP)数据估算中国儿童的多维贫困率和收入贫困率。CHIP 是由北京师范大学收入分配研究院主持的一项中国住户收入的横断面调查,也是中国家庭收入和生活条件的最具权威性和可靠性的数据来源之一。

CHIP 样本是从国家统计局(NBS)的母样本中使用多级分层抽样法选择的具有全国代表性的数据。自 2012 年以来,国家统计局一直在使用统一的、基于居住地的抽样框架。该框架按各省的农村和城市进行分层,并以 2010 年人口普查为基础。由农村至城市的流动人口被定义为拥有农村户口但居住在城市的人,被纳入城市人口抽样框架。在本研究中,农村居民属于农村样本,拥有城市户口的城市

---

[①] 本文通过多项式 logistic 回归来估计全国和农村样本中的非贫困、仅多维贫困、仅收入贫困以及同时处于多维和收入贫困的四组儿童的贫困特征。由于城市和流动儿童样本中的贫困儿童样本量较少,因此我们将仅多维贫困、仅收入贫困和同时处于多维和收入贫困的三组儿童合并为贫困组,并使用 logistic 回归分析将贫困组与非贫困组进行对比,以研究贫困组的致贫特征。

居民属于城市样本,拥有农村户口的城市居民属于流动人口样本。

2013年CHIP样本来自中国东、中和西部的15个省份;2018年数据在2013年的基础上额外包括了内蒙古。① 为了使数据结果能够反映全国总体的情况,且考虑到各地区的人口分布和各地区内城、乡及流动人口规模的不同,CHIP团队为每轮数据构建了权重。本研究中的所有分析都是加权的,因此可以认为在全国层面和城市、农村、流动人口子群体层面具有代表性。

CHIP收集了包括住房、饮用水、卫生设施、燃料以及社区的基础设施状况等不同维度的居民生活环境的丰富信息。除此之外,它还调查了关于家庭收入的详细信息,使我们能够对儿童多维贫困和收入贫困进行比较。CHIP还考察了一系列个人和家庭的人口社会经济特征,使我们能够分析可能的致贫因素。②

与其他具有全国代表性的数据如中国健康与营养调查(CHNS)和中国家庭追踪调查(CFPS)相比,CHIP的样本量更大,有关家庭收入的信息更丰富,对生活条件和物质匮乏的衡量方法更多样化。跟这些其他家庭层面的调查数据类似,CHIP的测量单位是家庭,对儿童个人层面的关注有限,因此在一定程度上限制了其测量儿童多维贫困的能力。

本研究关注的重点是儿童多维贫困和收入贫困,因此分析单位为儿童。尽管我们选取的十项指标中只有两个指标是从儿童个人层面衡量的,但我们假设在其他八个指标的衡量上,儿童的测量值与家庭的测量值相等。我们假设家庭收入由包括儿童在内的家庭成员平均分配。2013年的CHIP调查数据共涵盖9 720名儿童,其中包括6 506名农村儿童,2 727名城市儿童以及487名流动儿童。2018年

---

① 未来的研究可以检验如果将内蒙古从CHIP 2018的样本中排除,结果是否会有所不同。

② Björn Gustafsson, et al. (2014). "Data for Studying Earnings, the Distribution of Household Income and Poverty in China." *China Economic Review*, 30(c), 419-431.

的CHIP调查数据共涵盖12 027名儿童,其中包括5 678名农村儿童,4 798名城市儿童以及1 551名流动儿童。

## 四、中国儿童多维贫困的模式和趋势

本部分首先呈现了全国、农村、城市和流动人口样本中的儿童多维贫困指数(MPI)测量结果及其2013至2018年的变化情况,并分析了儿童在不同维度和指标下的匮乏程度。此外,本部分按性别和年龄组别对儿童多维贫困指数进行了比较,从而了解是否存在显著的群体差异,以及该差异于2013年至2018年间是否发生了变化。

### (一) 中国儿童多维贫困指数(MPI):2013—2018年

图1—3展示了在全国、农村、城市和流动人口样本中儿童MPI的估计结果,以及它们从2013年到2018年的变化。具体来说,图1展示了儿童多维贫困的发生率(H,人口比率);图2展示了儿童多维贫困的程度(A,贫困儿童平均匮乏额度);图3展示了多维贫困指数,即MPI($M_0$,调整后的人口比率)。

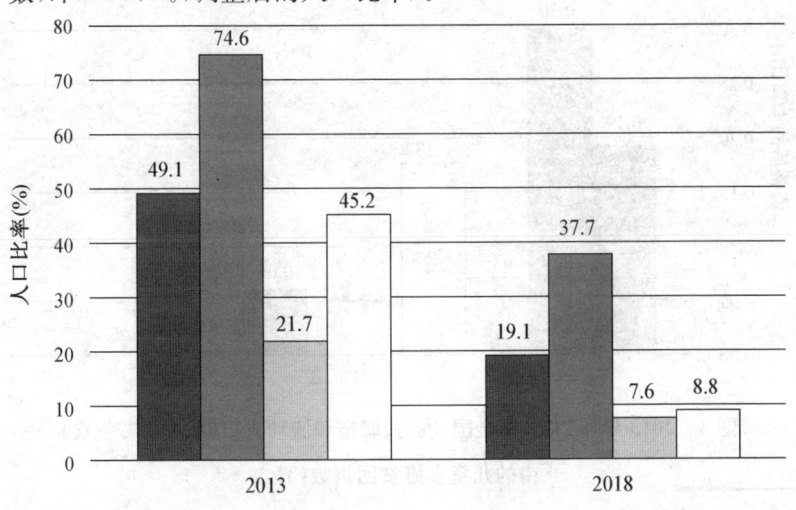

图1 2013年和2018年全国、农村、城市和流动人口(从左到右依次)中的儿童多维贫困发生率(H)

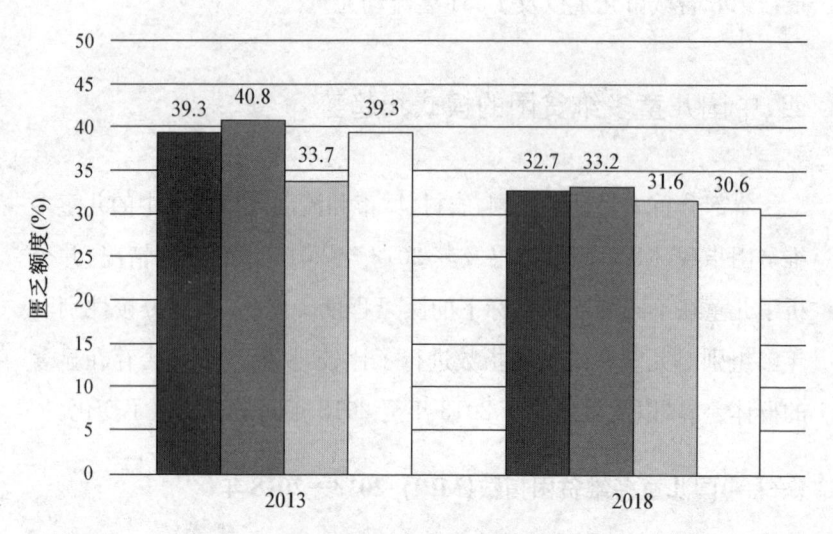

图 2　2013 年和 2018 年全国、农村、城市和流动人口（从左到右依次）中的儿童多维贫困程度（A）

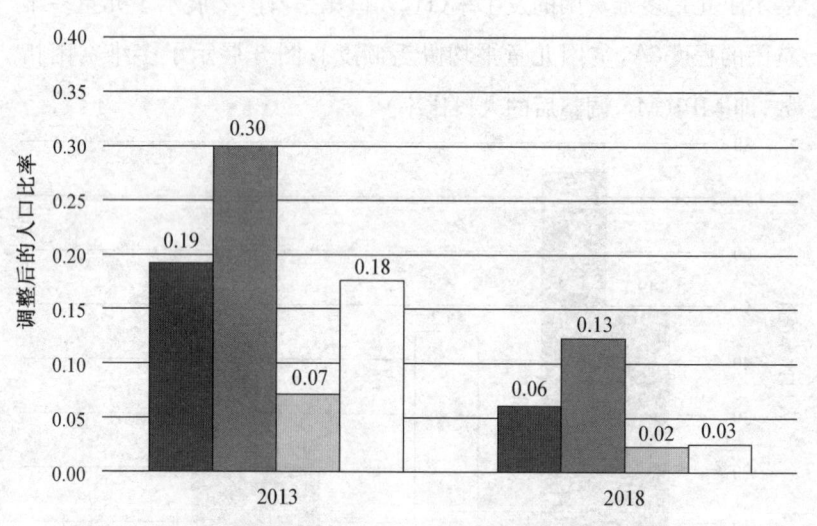

图 3　2013 年和 2018 年全国、农村、城市和流动人口（从左到右依次）中的儿童多维贫困指数（$M_0$）

从图1可以看出,全国处于多维贫困儿童的比例从2013年的49%下降到2018年的19%。2013及2018年农村儿童发生多维贫困的概率(H)远远高于城市和流动儿童。2013年,农村儿童的多维贫困人口比率为75%,而城市和流动儿童的比率分别为22%和45%。2018年,农村儿童的多维贫困比例下降到38%,而城市和流动儿童分别下降到8%和9%。这表明,尽管2013年至2018年间,儿童多维贫困的比例有所下降,但农村儿童与城市和流动儿童之间的差距仍然存在。值得关注的是,这两年间流动儿童多维贫困比率下降的速度比农村和城市儿童要快。这可能是由于流动家庭的收入增加,且他们能获得城市地区的基本公共服务。

图2和图3展现了和图1相似的模式和趋势。从2013到2018年,中国儿童多维贫困程度和指数都有所下降,但城乡差距持续存在。图2显示,从2013到2018年,中国儿童多维贫困程度小幅下降,城乡差距在匮乏额度上有所减小。具体而言,2013年处于多维贫困的农村儿童平均在七个维度中的2.9个维度上(41%)匮乏,城市儿童平均在2.4个(34%)维度上匮乏,而流动人口儿童则在2.8个维度上(39%)匮乏。2018年,不同人群的贫困程度均有所下降。在总共七个维度中,处于多维贫困的农村儿童平均在2.3个维度上(33%)匮乏,城市和流动儿童的平均匮乏程度均为2.2和2.1个维度(32%和31%)。

图3展现了和图1相似的模式和趋势,即儿童多维贫困指数大幅下降,但城乡差异持续存在。2013年,农村儿童的多维贫困指数为0.30,2018年下降到只有0.13。这意味着在2013年,平均每位农村儿童在全部七个维度中的30%(即2.1个)维度上匮乏,这一比例在2018年大幅下降到13%(0.9个维度)。同一时期,城市儿童的多维贫困指数从7%下降到2%,流动儿童的比例则从18%下降到3%。

## (二) 中国儿童在不同维度和指标的匮乏程度分析

表2展现了全国儿童样本中在不同维度和指标的匮乏比例。2013年至2018年间,在7个维度和10个指标中处于匮乏状态的儿童人数比例均有所下降。2013年,在卫生设施(主要是厕所设施)和信息方面处于匮乏状态的儿童占相当大的比例(约45%)。2018年,信息的匮乏程度大幅下降到12%。虽然卫生设施的匮乏程度也有所下降,但仍有相当比例(31%)的儿童处于匮乏状态,这很可能是由于农村儿童在这一指标上处于高度匮乏状态所导致的。

表2 2013和2018年CHIP数据中的全国儿童样本在不同维度和指标上的匮乏比例

| 维度 | 2013 (n=9 720) | 2018 (n=12 027) | 指标 | 2013 (n=9 720) | 2018 (n=12 027) |
|---|---|---|---|---|---|
| 水 | 25.29 | 11.47 | 改良水源 | 25.29 | 11.47 |
| 卫生设施 | 44.39 | 30.99 | 家里或附近的厕所设施 | 40.50 | 27.53 |
|  |  |  | 炊饮燃料 | 27.47 | 14.14 |
| 住房 | 13.78 | 9.91 | 过度拥挤 | 12.68 | 9.37 |
|  |  |  | 住房质量 | 1.32 | 0.88 |
| 教育 | 6.98 | 0.24 | 目前不上学 | 6.98 | 0.24 |
| 健康 | 24.17 | 14.01 | 医疗保险 | 10.56 | 1.99 |
|  |  |  | 医疗保健设施 | 15.15 | 11.86 |
| 信息 | 45.03 | 11.62 | 电脑/手机 | 45.03 | 11.62 |
| 耐用消费品 | 3.59 | 0.28 | 耐用品所有权 | 3.59 | 0.28 |

图4—7显示了2013年和2018年全国、农村、城市和流动儿童样本在不同数量的维度上的匮乏比率。全国儿童(图4)和流动儿童(图7)的统计结果非常相似。2013年至2018年间,全国和流动儿童

样本中在两个或多个维度处于贫困的儿童比例均有所下降,即儿童多维贫困的发生率有所下降。

具体来看,在 2013 年的全国和流动儿童样本中,在一个维度和两个维度处于匮乏状态的儿童分别约为 25% 和 20%;在三个维度匮乏的儿童约为 17%;在四个或更多维度匮乏的儿童约为 8%。2018 年,约三分之一的儿童在一个维度匮乏,高于 2013 年的 25%;14.2% 的全国儿童和 7.7% 的流动儿童在两个维度处于匮乏状态;在三个或三个以上维度匮乏的儿童比例则要小得多(全国样本为 4.8%,流动样本为 1.2%)。

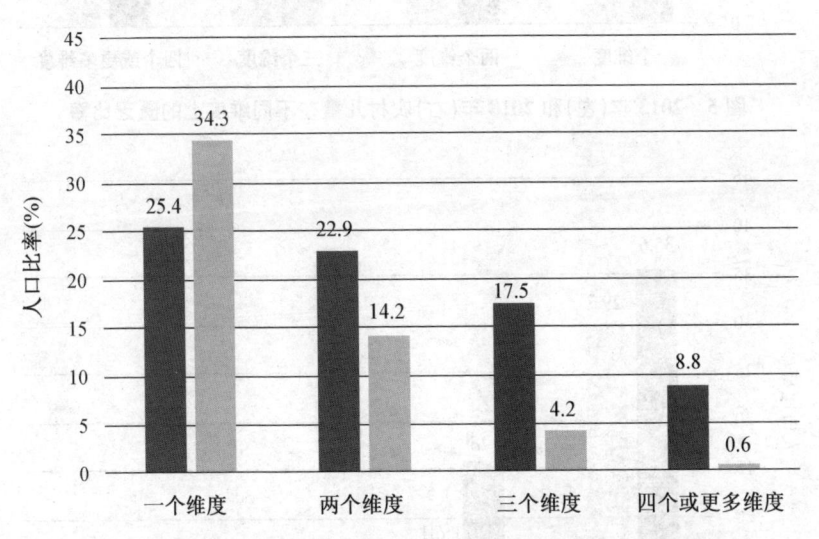

图 4　2013 年(左)和 2018 年(右)全国儿童在不同维度上的匮乏比率

农村(图 5)和城市(图 6)儿童样本则展现出了不同的模式。2013 年,大约 60% 的农村儿童在两个或三个维度处于匮乏状态;在一个维度和四个及以上维度处于匮乏状态的儿童比例相似(约 16%)。这一模式在 2018 年发生了巨大变化。2018 年,41% 的农村儿童只在一个维度匮乏,其次是两个维度(27%)、三个维度(9%)和四个或更多维度(2%)。这些变化表明,2013 年至 2018 年中国农村多维贫困儿童的人口比例显著下降,而城市儿童多维贫困的下降幅

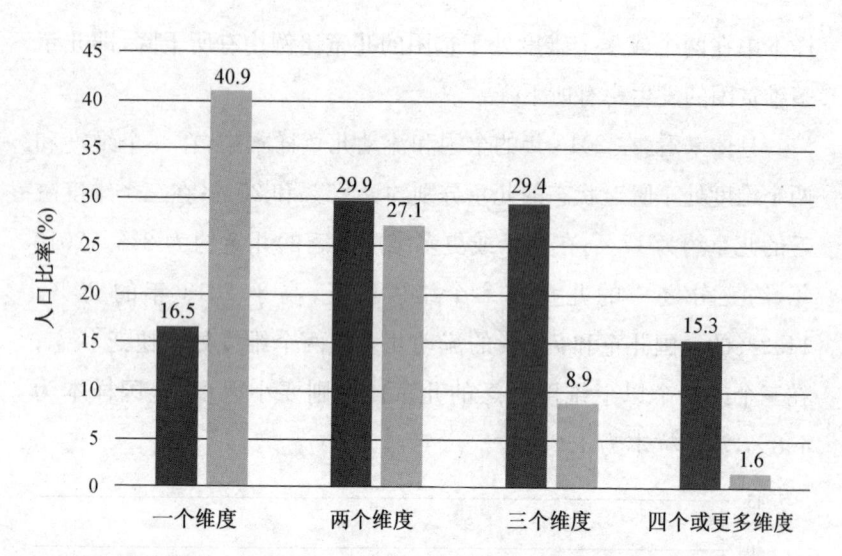

图 5　2013 年(左)和 2018 年(右)农村儿童在不同维度上的匮乏比率

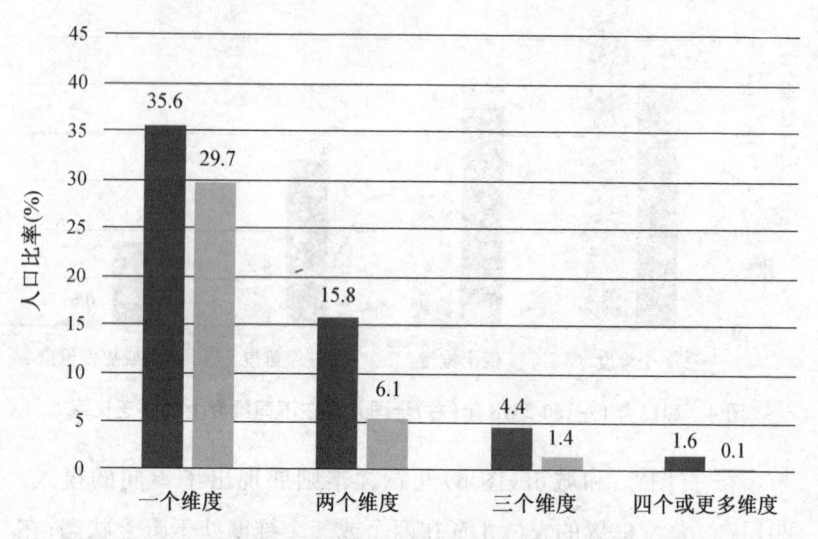

图 6　2013 年(左)和 2018 年(右)城市儿童在不同维度上的匮乏比率

度相对较小。2013 年,约 36% 的城市儿童在一个维度处于匮乏状态,其次是两个维度(16%)、三个维度(4%)和四个或更多维度(2%)。到 2018 年,在不同数量维度的匮乏比率均有所下降,占比最大的仍然是在一个维度匮乏(30%)。

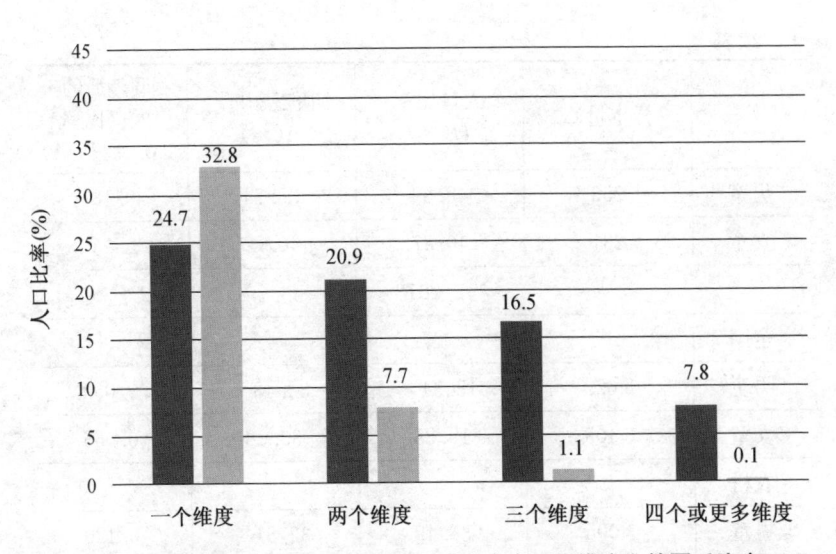

图 7　2013 年(左)和 2018 年(右)流动儿童在不同维度上的匮乏比率

## (三) 中国儿童多维贫困的性别差异

表 3　2013 年和 2018 年 CHIP 数据中不同性别儿童的多维贫困

|  | 样本量 N | 人口比率 H(%) | 匮乏额度 A(%) | 调整后的人口比率 ($M_0 = H * A$) |
|---|---|---|---|---|
| 2013 |  |  |  |  |
| 全国 |  |  |  |  |
| 男童 | 5 216 | 49.36 | 39.04 | 0.193 |
| 女童 | 4 504 | 48.70 | 39.60 | 0.193 |
| 农村 |  |  |  |  |
| 男童 | 3 532 | 73.94 | 40.46 | 0.299 |
| 女童 | 2 974 | 75.47 | 41.12 | 0.310 |
| 城市 |  |  |  |  |
| 男童 | 1 428 | 21.01 | 33.85 | 0.071 |
| 女童 | 1 299 | 22.43 | 33.52 | 0.075 |
| 流动人口 |  |  |  |  |

续表

|  | 样本量 N | 人口比率 H(%) | 匮乏额度 A(%) | 调整后的人口比率 ($M_0 = H * A$) |
|---|---|---|---|---|
| 男童 | 256 | 48.89 | 38.24 | 0.187 |
| 女童 | 231 | 40.87 | 40.72 | 0.166 |
| 2018 |||||
| 全国 |  |  |  |  |
| 男童 | 5 622 | 18.34* | 32.43* | 0.059 |
| 女童 | 6 405 | 19.88 | 33.08 | 0.066 |
| 农村 |  |  |  |  |
| 男童 | 3 005 | 36.49 | 32.81* | 0.120 |
| 女童 | 2 673 | 39.00 | 33.68 | 0.131 |
| 城市 |  |  |  |  |
| 男童 | 2 557 | 7.26 | 31.50 | 0.023 |
| 女童 | 2 241 | 7.93 | 31.70 | 0.025 |
| 流动人口 |  |  |  |  |
| 男童 | 843 | 8.48 | 30.91 | 0.026 |
| 女童 | 708 | 9.22 | 30.20 | 0.028 |

注：T检验用于检测不同性别组之间的显著差异；显著性水平如下：* $p<0.05$。

表3比较了全国、农村、城市和流动人口样本中不同性别儿童（男童和女童）的多维贫困指数以及在2013年至2018年的变化情况。总体来看，儿童多维贫困性别差异很小。2018年，农村地区女童的多维匮乏程度略高于男童，这表明农村女孩平均比农村男孩在更多方面遭受匮乏，但差异很小。农村儿童的多维贫困发生率和调整后的人口比率并未呈现性别差异，城市和流动儿童的多维贫困指数也没有显著的性别差异。

## (四) 中国儿童多维贫困指数的年龄组别差异

表4展现了各年龄组别儿童的多维贫困发生率及其在2013年到2018年的变化。我们将儿童划分为三个年龄组：1) 0～5岁；2) 6～14岁；3) 15～17岁。其中，6～14岁儿童为对照组，以检验组间差异。我们发现，2013年，在全国儿童样本中不存在年龄差异，但在2018年，幼儿(即0～5岁)的多维贫困率显著较低，而大龄儿童(即15～17岁)的多维贫困率较高。① 在农村儿童样本中，与6～14岁儿童相比，2013年幼儿的多维贫困率较低(但在2018年无显著差异)，大龄儿童在2018年的多维贫困率较高(但在2013年无显著差异)。无论是在2013年还是2018年，城市或流动儿童的多维贫困率都没有发现显著年龄差异。

表4　2013和2018年CHIP数据中各年龄组儿童的多维贫困发生率

|  | 2013 |  | 2018 |  |
|---|---|---|---|---|
|  | 样本量 N | 发生率 H(%) | 样本量 N | 发生率 H(%) |
| 全国 |  |  |  |  |
| 0～5岁 | 2 577 | 47.69 | 2 602 | 16.45** |
| 6～14岁 | 5 278 | 49.98 | 6 952 | 19.27 |
| 15～17岁 | 1 865 | 48.24 | 2 473 | 21.30* |
| 农村 |  |  |  |  |
| 0～5岁 | 1 779 | 70.49*** | 1 056 | 35.91 |
| 6～14岁 | 3 474 | 76.58 | 3 410 | 37.18 |
| 15～17岁 | 1 253 | 75.10 | 1 212 | 40.56* |

---

① 由于本文所使用的数据缺乏营养和早期教育的相关信息，因此无法充分反映0～5岁儿童在这些方面的匮乏程度。此外，本文所使用的6～16岁儿童是否上学这个指标增加了这个年龄段的儿童被度量为处于多维贫困的可能性。

续表

| | 2013 | | 2018 | |
|---|---|---|---|---|
| | 样本量 $N$ | 发生率 $H(\%)$ | 样本量 $N$ | 发生率 $H(\%)$ |
| 城市 | | | | |
| 0～5 岁 | 675 | 20.45 | 1 138 | 6.64 |
| 6～14 岁 | 1 507 | 22.43 | 2 628 | 7.67 |
| 15～17 岁 | 545 | 21.18 | 1 032 | 8.37 |
| 流动人口 | | | | |
| 0～5 岁 | 123 | 45.97 | 408 | 10.25 |
| 6～14 岁 | 297 | 46.51 | 914 | 7.59 |
| 15～17 岁 | 67 | 38.08 | 229 | 11.22 |

注：T检验用于分别检测0～5岁和15～17岁年龄组与6～14岁年龄组儿童的多维贫困发生率是否有显著差异。显著性水平如下：* $p<0.05$，** $p<0.01$，*** $p<0.001$。

综上所述,结果表明,2013年至2018年,儿童多维贫困发生率、贫困程度和多维贫困指数均显著下降,但与城市和流动儿童相比,农村儿童的多维贫困问题仍十分严峻。在此期间,流动儿童多维贫困率的下降速度快于农村和城市儿童。在性别差异方面,不同年份、样本中男童和女童的多维贫困发生率和多维贫困指数都较为相似。唯一存在的性别差异是2018年农村地区女童的多维匮乏程度略高于男童。2013年,在全国儿童中没有发现年龄差异,但在2018年,幼儿(即0～5岁)的多维贫困率明显较低,而大龄儿童(即15～17岁)的多维贫困率较高。这些差异主要源自农村各年龄组间的差异,因为在城市或流动儿童中没有发现年龄差异。

## 五、中国儿童多维贫困与收入贫困比较

本部分我们分析了儿童多维贫困和收入贫困的重叠和差异。首

先,我们比较了 2013 年和 2018 年全国、农村、城市和流动人口中的儿童多维度贫困率和收入贫困率,之后比较了不同收入群体的儿童经历多维贫困的程度。此外,我们将儿童分为四个组别(非贫困、仅多维贫困、仅收入贫困、以及多维和收入双重贫困),并研究了这四个组别的分布在城市、农村和流动人口中的不同以及 2013 年至 2018 年的变化。最后,我们分析了 2013 至 2018 年哪些个人及家庭层面的人口和社会经济特征与儿童贫困的发生概率存在显著关联。

### (一) 儿童多维贫困率和收入贫困率比较

表 5 列出了 2013 年至 2018 年全国、农村、城市和流动人口样本的儿童多维贫困率和收入贫困率。通过比较可以发现,在 2013 年和 2018 年,所有样本中的儿童多维贫困率都远远高于收入贫困率。从 2013 年到 2018 年,全国、农村和流动人口样本的两种贫困率都有所下降,且儿童多维贫困率的下降幅度大于收入贫困率。城市儿童的多维贫困率在这两年间也大幅下降,但城市儿童收入贫困率都保持在 1.15%。研究结果表明,与中国政府目前采用的国家官方农村贫困线界定收入贫困的衡量标准相比,多维贫困测量方法能反映出更多儿童经历的匮乏和困难。

表 5 2013 和 2018 年儿童多维贫困率和收入贫困率比较(%)

| 贫困定义 | 2013 | | 2018 | |
|---|---|---|---|---|
| | 多维贫困 | 收入贫困 | 多维贫困 | 收入贫困 |
| 全国 | 49.05 | 5.79 | 19.06 | 3.29 |
| 农村 | 74.64 | 10.95 | 37.67 | 6.91 |
| 城市 | 21.69 | 1.15 | 7.57 | 1.15 |
| 流动人口 | 45.22 | 2.33 | 8.82 | 0.98 |

具体来看,全国儿童样本在 2013 年的多维贫困率为 49%,远高于收入贫困率(6%)。2018 年,全国儿童的多维贫困率和收入贫困

率分别下降至19%和3%。可以看出,儿童多维贫困率的下降幅度大于收入贫困率。农村儿童的多维贫困率和收入贫困率比城市和流动儿童高得多。虽然这一差距在两年间有所缩小,但仍持续存在。

(二)不同收入群体中的儿童多维贫困率

基于收入五分位法和家庭人均收入计算,图8—11展现了不同收入群体的儿童在全国、农村、城市和流动人口样本中经历多维贫困的程度,以及它们从2013年到2018年的变化。总体来看,如预期所料,几乎所有样本中的儿童多维贫困率都随着家庭收入的增加而降低(2018年的流动人口样本除外),这体现出了儿童多维贫困和收入贫困之间的高度相关。值得关注的是,即使在收入最高的20%人口群体中也存在儿童多维贫困问题,这表明关注儿童贫困,不仅要研究收入问题,还要关注各个群体在不同维度上的匮乏问题。2013年至2018年,不同收入群体的儿童多维贫困率均大幅下降。

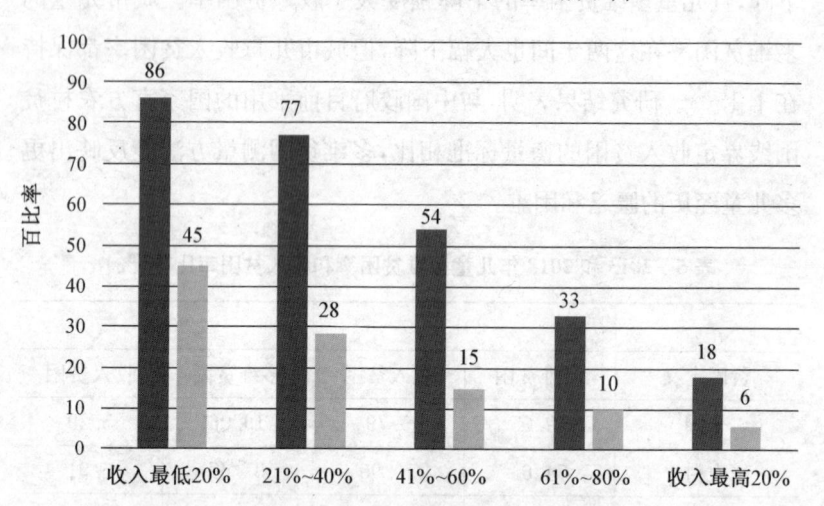

图8 2013年(左)和2018年(右)全国儿童样本中收入五分位数组的多维贫困率

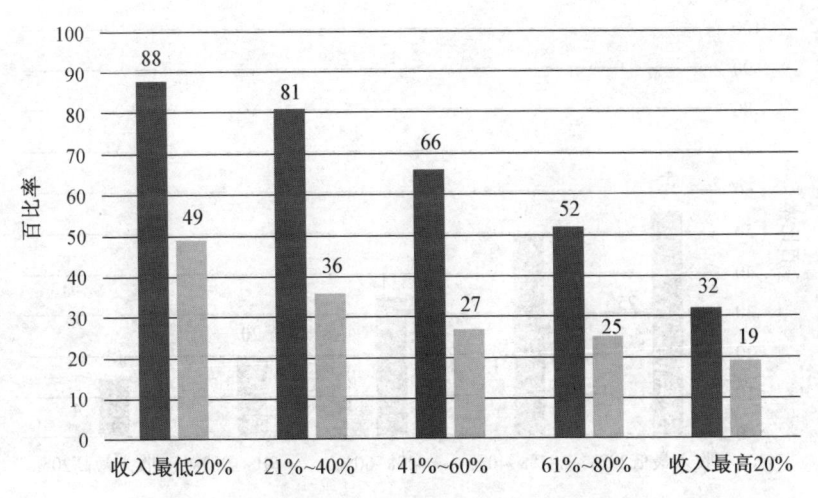

中国儿童多维贫困的水平、趋势与模式研究 | 147

图9 2013年(左)和2018年(右)农村儿童样本中收入五分位数组的多维贫困率

具体来看,2013年和2018年不同收入群体的农村儿童的多维贫困率要远远高于城市和流动儿童。尽管多维贫困率整体有所下降,但2018年收入位于61~80%的农村儿童的多维贫困率仍为25%,相当于当年收入最低的20%城市儿童的多维贫困率。相比之下,2018年收入最低的20%农村儿童的多维贫困率为49%,收入最高的20%农村儿童的多维贫困率为19%,而收入最高的20%城市儿童的多维贫困率仅为4%。结果表明,从不同收入群体来看,城市和农村儿童多维贫困率的差距持续存在。

通过对比可知,2013年至2018年,流动儿童中不同收入群体的多维贫困率下降幅度最大。2013年,流动儿童的多维贫困率略低于农村儿童,但远高于城市儿童。2018年,与农村儿童相比,流动儿童的多维贫困率明显降低。令人惊讶的是,2018年收入最低的20%流动儿童的多维贫困率最低(2%)。

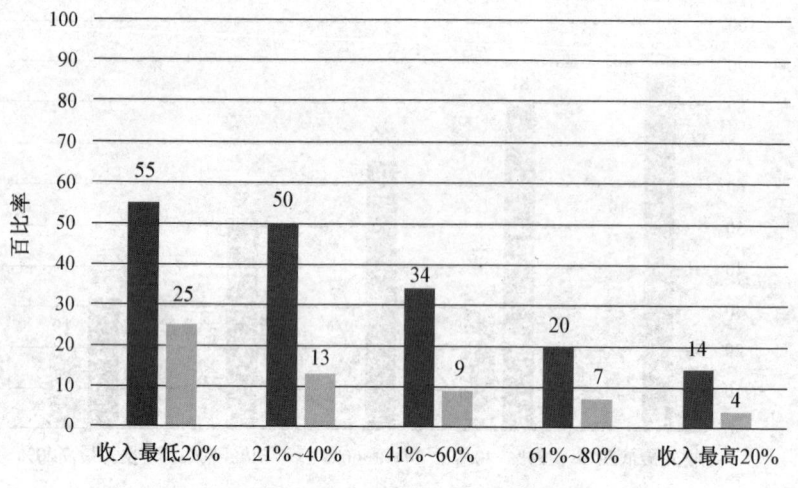

图 10　2013 年(左)和 2018 年(右)城市儿童样本中收入五分位数组的多维贫困率

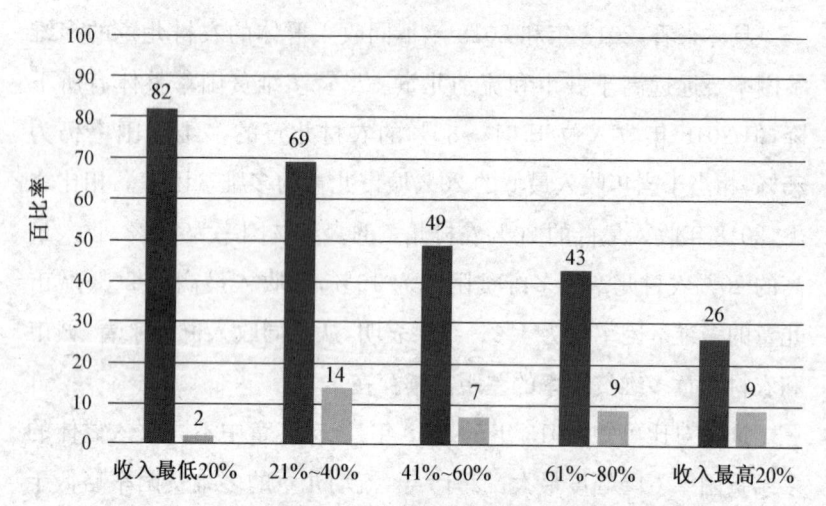

图 11　2013 年(左)和 2018 年(右)流动儿童样本中收入五分位数组的多维贫困率

### (三) 儿童多维贫困和收入贫困的群体分布

接下来,根据儿童多维贫困和收入贫困状况,我们将儿童分为四组:非贫困、仅多维贫困、仅收入贫困以及同时处于多维和收入贫困,以考察他们在样本中的分布和2013—2018年间的变化。表6列出了这四个组别在全国、农村、城市和流动人口样本中的频率分布,以及它们在2013年到2018年间的变化。

表6 2013年和2018年不同收入贫困和多维贫困组别的频率分布(%)

|  | 非贫困 | 仅多维贫困 | 仅收入贫困 | 同时处于多维和收入贫困 |
| --- | --- | --- | --- | --- |
| 2013 |  |  |  |  |
| 全国 | 50.16 | 44.05 | 0.79 | 5.00 |
| 农村 | 24.39 | 64.66 | 0.96 | 9.99 |
| 城市 | 77.52 | 21.34 | 0.80 | 0.35 |
| 流动人口 | 54.61 | 43.06 | 0.17 | 2.17 |
| 2018 |  |  |  |  |
| 全国 | 79.11 | 17.59 | 1.83 | 1.46 |
| 农村 | 59.00 | 34.09 | 3.33 | 3.57 |
| 城市 | 91.52 | 7.33 | 0.91 | 0.24 |
| 流动人口 | 90.20 | 8.82 | 0.98 | 0.00 |

注:儿童多维贫困的衡量标准是发生率(H);儿童收入贫困是用基于2010年价格计算的国家官方农村贫困线每人每年2300元来衡量的,其中城市贫困线是农村贫困线的1.4倍。

表6的结果显示,2013年,50%的全国儿童为非贫困儿童,其次是仅多维贫困儿童(44%)、同时处于多维和收入贫困儿童(5%)以及仅收入贫困儿童(0.8%)。2018年的情况略有不同——全国大部分儿童(79%)为非贫困儿童,其次是多维贫困儿童(18%)、仅收入贫困儿童(2%),以及同时处于多维和收入贫困儿童(1%)。研究结果表明,总体来看,2013年到2018年贫困儿童的比例明显下降。尽管仅收入贫困儿童的比例有所增加(从2013年的0.8%到2018年的2%),但仅多维贫困儿童(从44%到18%)和处于多维和收入双重贫困儿童(从5%到1%)在此期间显著下降。

通过比较农村、城市和流动儿童样本中的分布,我们发现,在

2013年和2018年,农村儿童在仅收入贫困、仅多维贫困和同时处于多维和收入贫困这三个群体中的比例都高于城市和流动儿童。值得注意的是,在2013年,仅有小部分流动儿童(0.2%)处于仅收入贫困,大部分流动儿童(2%)则处于多维和收入双重贫困。然而这一模式在2018年被逆转为1%对0%,这表明在此期间,流动儿童的生活条件在多个维度上均有所改善。

表6还表明,2013年儿童收入贫困与多维贫困的重叠程度比2018年更高,这表现在2013年所有样本中处于多维和收入双重贫困的儿童比例要大于2018年。事实上,收入贫困率越接近于零(2018年的这种情况比2013年更多),它就越不足以代表非收入层面的匮乏状况。在这两年中,使用多维度的测量方法比使用以国家官方农村贫困线界定收入贫困的衡量标准所计算出来的贫困儿童比例要高得多。

### (四)与儿童贫困相关的社会人口特征

表7—9呈现了回归分析所揭示的2013年至2018年间与儿童贫困发生概率存在显著关联的人口和社会经济特征。对照组为非贫困组,所有回归分析在省一级加入聚类标准误。在全国和农村儿童样本中,我们使用多项式Logistic回归来分别将仅多维贫困、仅收入贫困以及多维和收入双重贫困这三组与非贫困组进行对比。由于城市和流动儿童样本中的贫困儿童样本量较少,因此我们将仅多维贫困、仅收入贫困和同时处于多维和收入贫困的三组儿童合并为贫困组,并使用Logistic回归分析将贫困组与非贫困组进行对比。

结果表明,无论是2013年还是2018年,户主受教育程度低与儿童处于贫困状态的概率持续存在显著关联,居住在农村或西部地区的儿童更有可能处于贫困状态。具体来说,在这两年的全国样本中(表7),户主未婚、小学教育水平或更低以及家中有更多身体残障的成员会导致更高的贫困发生概率,尤其是在处于多维和收入双重贫困的最脆弱的群体中。与城市儿童相比,农村儿童处于贫困的可能性更大,特别是处于多维和收入双重贫困。然而,在2013年,流动儿童比城市儿童更容易陷入贫困,这一现象在2018年发生了逆转。

表7 全国儿童样本中不同贫困群体致贫因素的多项式 Logistic 回归分析

| 对照组:非贫困 | 2013 仅收入贫困 | 2013 仅多维贫困 | 2013 多维和收入双重贫困 | 2018 仅收入贫困 | 2018 仅多维贫困 | 2018 多维和收入双重贫困 |
|---|---|---|---|---|---|---|
| 儿童特征 | | | | | | |
| 年龄 | 0.02 (0.04) | 0.00 (0.01) | 0.02 (0.02) | 0.01 (0.02) | 0.01 (0.01) | 0.00 (0.02) |
| 男 (对照组=女) | 0.13 (0.16) | 0.00 (0.06) | 0.03 (0.11) | −0.16 (0.11) | −0.06 (0.07) | −0.09 (0.10) |
| 少数民族 (对照组=汉族) | −0.15 (0.56) | 0.23 (0.35) | 1.08 (0.63) | −0.46 (0.51) | 0.36 (0.24) | −0.01 (0.99) |
| 户主特征 | | | | | | |
| 年龄 | −0.02 (0.01) | 0.00 (0.00) | 0.01 (0.01) | −0.01 (0.01) | −0.00 (0.01) | 0.01 (0.01) |
| 男 (对照组=女) | −0.24 (0.55) | 0.68** (0.23) | 1.11* (0.44) | −0.20 (0.36) | 0.06 (0.25) | 0.25 (0.38) |
| 少数民族 (对照组=汉族) | 0.28 (0.56) | −0.13 (0.29) | −0.94** (0.34) | 1.03* (0.46) | 0.09 (0.16) | 0.44 (0.59) |
| 已婚 (对照组=未婚) | −0.88 (0.47) | −0.19 (0.16) | −0.65* (0.25) | −0.76* (0.37) | −0.03 (0.24) | −0.74** (0.27) |
| 教育水平 (对照组=小学及以下) | | | | | | |
| 初中 | −0.55 (0.35) | −0.28 (0.19) | −0.43* (0.17) | −0.46 (0.26) | −0.15 (0.10) | −0.02 (0.19) |
| 高中 | −1.07* (0.44) | −0.86*** (0.20) | −1.10*** (0.33) | −0.55 (0.52) | −0.30* (0.15) | −0.64 (0.36) |

续表

| | 2013 | | | 2018 | | |
|---|---|---|---|---|---|---|
| 高中以上 | −14.52***<br>(0.56) | −1.19***<br>(0.22) | −1.83***<br>(0.52) | −0.23<br>(0.35) | −0.75***<br>(0.19) | −0.65<br>(0.70) |
| 健康状况的<br>自我评价<br>(对照组=良好) | | | | | | |
| 中等 | 0.29<br>(0.41) | 0.21*<br>(0.08) | 0.28<br>(0.20) | 0.06<br>(0.26) | 0.22<br>(0.14) | 0.11<br>(0.23) |
| 欠佳 | −0.04<br>(0.93) | 0.29<br>(0.32) | 0.26<br>(0.50) | 0.53<br>(0.55) | 0.39<br>(0.29) | 0.59<br>(0.42) |
| 就业状况<br>(对照组=在职) | | | | | | |
| 失业 | 0.20<br>(0.58) | 0.11<br>(0.15) | 0.41<br>(0.21) | 0.07<br>(0.32) | −0.13<br>(0.14) | 0.10<br>(0.23) |
| 退休 | −13.95***<br>(0.65) | −0.81*<br>(0.38) | −1.47<br>(1.02) | −13.93***<br>(0.38) | −0.83<br>(0.78) | −13.66***<br>(0.49) |
| 共产党员身份 | −0.46<br>(0.64) | 0.02<br>(0.12) | −0.25<br>(0.27) | −0.12<br>(0.28) | −0.36**<br>(0.13) | −1.10*<br>(0.54) |
| 家庭特征 | | | | | | |
| 儿童数 | 0.63**<br>(0.21) | 0.47***<br>(0.11) | 1.04***<br>(0.19) | −0.07<br>(0.10) | 0.12<br>(0.11) | 0.24<br>(0.15) |
| 老年人数 | 0.09<br>(0.30) | −0.20<br>(0.11) | 0.13<br>(0.18) | −0.08<br>(0.20) | 0.05<br>(0.11) | −0.11<br>(0.16) |
| 劳动年龄<br>人口数 | 0.40*<br>(0.17) | −0.14*<br>(0.07) | 0.25*<br>(0.11) | 0.23*<br>(0.10) | −0.09<br>(0.08) | 0.10<br>(0.20) |
| 自评健康状况<br>欠佳的成员数 | 0.51<br>(0.51) | 0.30<br>(0.16) | 0.48*<br>(0.21) | −0.14<br>(0.25) | 0.12<br>(0.09) | 0.10<br>(0.15) |
| 身体残障<br>的成员数 | −0.01<br>(0.40) | 0.15*<br>(0.07) | 0.20*<br>(0.10) | 0.10<br>(0.15) | −0.01<br>(0.05) | 0.32***<br>(0.07) |
| 地区<br>(对照组=东部) | | | | | | |

续表

|  | 2013 |  |  | 2018 |  |  |
|---|---|---|---|---|---|---|
| 中部 | 1.04** (0.35) | 1.02* (0.41) | 1.34** (0.43) | 0.25 (0.41) | 0.13 (0.31) | 0.25 (0.63) |
| 西部 | 1.05** (0.35) | 1.45*** (0.40) | 2.27*** (0.60) | 0.45 (0.41) | 0.82* (0.40) | 1.75* (0.72) |
| 截距 | −4.08*** (0.90) | −0.50 (0.56) | −5.61*** (0.85) | −1.88** (0.72) | −0.90 (0.62) | −4.54*** (1.08) |

注：表格内呈现比值比的对数，括号内为标准误。所有回归分析在省一级加入聚类标准误。显著性水平如下：* $p<0.05$，** $p<0.01$，*** $p<0.001$。

表 8 呈现了农村样本中预测儿童贫困发生概率的人口和社会经济因素，其结果与全国样本中的结果基本一致，生活在西部地区是 2013 年和 2018 年最持久的致贫因素。具体而言，2013 年，户主的低教育水平（小学及以下）与仅多维贫困、仅收入贫困和同时处于多维和收入贫困的概率均有显著关联，但在 2018 年仅与多维贫困相关。身体残障的家庭成员数量与多维贫困存在显著关联（2013 年与多维贫困和收入贫困均存在相关关系，2018 年仅与收入贫困相关）。2013 年，有更多的孩子和生活在中部地区都是成为这三个贫困群体之一的重要因素，在 2018 没有发现关联。

表 8　农村儿童样本中不同贫困群体致贫因素的多项式 Logistic 回归分析

| 对照组：非贫困 | 2013 |  |  | 2018 |  |  |
|---|---|---|---|---|---|---|
|  | 仅收入贫困 | 仅多维贫困 | 多维和收入双重贫困 | 仅收入贫困 | 仅多维贫困 | 多维和收入双重贫困 |
| 儿童特征 |  |  |  |  |  |  |
| 年龄 | 0.02 (0.04) | 0.00 (0.01) | 0.02 (0.02) | 0.01 (0.02) | 0.01 (0.01) | 0.00 (0.02) |
| 男（对照组=女） | 0.13 (0.16) | 0.00 (0.06) | 0.03 (0.11) | −0.16 (0.11) | −0.06 (0.07) | −0.09 (0.10) |

续表

| 对照组:非贫困 | 2013 仅收入贫困 | 2013 仅多维贫困 | 2013 多维和收入双重贫困 | 2018 仅收入贫困 | 2018 仅多维贫困 | 2018 多维和收入双重贫困 |
|---|---|---|---|---|---|---|
| 少数民族(对照组=汉族) | −0.15 (0.56) | 0.23 (0.35) | 1.08 (0.63) | −0.46 (0.51) | 0.36 (0.24) | −0.01 (0.99) |
| 户主特征 | | | | | | |
| 年龄 | −0.02 (0.01) | 0.00 (0.00) | 0.01 (0.01) | −0.01 (0.01) | −0.00 (0.01) | 0.01 (0.01) |
| 男(对照组=女) | −0.24 (0.55) | 0.68** (0.23) | 1.11* (0.44) | −0.20 (0.36) | 0.06 (0.25) | 0.25 (0.38) |
| 少数民族(对照组=汉族) | 0.28 (0.56) | −0.13 (0.29) | −0.94** (0.34) | 1.03* (0.46) | 0.09 (0.16) | 0.44 (0.59) |
| 已婚(对照组=未婚) | −0.88 (0.47) | −0.19 (0.16) | −0.65* (0.25) | −0.76* (0.37) | −0.03 (0.24) | −0.74** (0.27) |
| 教育水平(对照组=小学及以下) | | | | | | |
| 初中 | −0.55 (0.35) | −0.28 (0.19) | −0.43* (0.17) | −0.46 (0.26) | −0.15 (0.10) | −0.02 (0.19) |
| 高中 | −1.07* (0.44) | −0.86*** (0.20) | −1.10*** (0.33) | −0.55 (0.52) | −0.30* (0.15) | −0.64 (0.36) |
| 高中以上 | −14.52*** (0.56) | −1.19*** (0.22) | −1.83*** (0.52) | −0.23 (0.35) | −0.75*** (0.19) | −0.65 (0.70) |
| 健康状况的自我评价(对照组=良好) | | | | | | |
| 中等 | 0.29 (0.41) | 0.21* (0.08) | 0.28 (0.20) | 0.06 (0.26) | 0.22 (0.14) | 0.11 (0.23) |
| 欠佳 | −0.04 (0.93) | 0.29 (0.32) | 0.26 (0.50) | 0.53 (0.55) | 0.39 (0.29) | 0.59 (0.42) |

| 对照组:非贫困 | 2013 仅收入贫困 | 2013 仅多维贫困 | 2013 多维和收入双重贫困 | 2018 仅收入贫困 | 2018 仅多维贫困 | 2018 多维和收入双重贫困 |
|---|---|---|---|---|---|---|
| 就业状况（对照组＝在职） | | | | | | |
| 失业 | 0.20 (0.58) | 0.11 (0.15) | 0.41 (0.21) | 0.07 (0.32) | −0.13 (0.14) | 0.10 (0.23) |
| 退休 | −13.95*** (0.65) | −0.81* (0.38) | −1.47 (1.02) | −13.93*** (0.38) | −0.83 (0.78) | −13.66*** (0.49) |
| 共产党员身份 | −0.46 (0.64) | 0.02 (0.12) | −0.25 (0.27) | −0.12 (0.28) | −0.36** (0.13) | −1.10* (0.54) |
| 家庭特征 | | | | | | |
| 儿童数 | 0.63** (0.21) | 0.47*** (0.11) | 1.04*** (0.19) | −0.07 (0.10) | 0.12 (0.11) | 0.24 (0.15) |
| 老年人数 | 0.09 (0.30) | −0.20 (0.11) | 0.13 (0.18) | −0.08 (0.20) | 0.05 (0.11) | −0.11 (0.16) |
| 劳动年龄人口数 | 0.40* (0.17) | −0.14* (0.07) | 0.25* (0.11) | 0.23* (0.10) | −0.09 (0.08) | 0.10 (0.20) |
| 自评健康状况欠佳的成员数 | 0.51 (0.51) | 0.30 (0.16) | 0.48* (0.21) | −0.14 (0.25) | 0.12 (0.09) | 0.10 (0.15) |
| 身体残障的成员数 | −0.01 (0.40) | 0.15* (0.07) | 0.20* (0.10) | 0.10 (0.15) | −0.01 (0.05) | 0.32*** (0.07) |
| 地区（对照组＝东部） | | | | | | |
| 中部 | 1.04** (0.35) | 1.02* (0.41) | 1.34** (0.43) | 0.25 (0.41) | 0.13 (0.31) | 0.25 (0.63) |
| 西部 | 1.05** (0.35) | 1.45*** (0.40) | 2.27*** (0.60) | 0.45 (0.41) | 0.82* (0.40) | 1.75* (0.72) |
| 截距 | −4.08*** (0.90) | −0.50 (0.56) | −5.61*** (0.85) | −1.88** (0.72) | −0.90 (0.62) | −4.54*** (1.08) |

注:表格内呈现比值比的对数,括号内为标准误。所有回归分析在省一级加入聚类标准误。显著性水平如下。* $p<0.05$, ** $p<0.01$, *** $p<0.001$。

表9呈现了城市及流动人口样本中预测儿童贫困发生概率的人口和社会经济因素。在城市样本中,户主的低教育水平(小学及以下)和儿童数量与2013年和2018年的儿童贫困发生概率均显著相关。在流动人口样本中,儿童年龄在2013年与贫困发生率有关,但在2018年没有关联。户主是少数民族和教育程度低(小学及以下)在2013年与贫困发生率显著相关,在2018年均无关联。户主的自评健康状况在2018年与贫困发生率显著相关,但在2013年没有关联。

表9 城市和流动儿童样本中致贫因素的Logistic回归分析

|  | 城市 |  | 流动人口 |  |
| --- | --- | --- | --- | --- |
|  | 2013 | 2018 | 2013 | 2018 |
| 儿童特征 |  |  |  |  |
| 年龄 | −0.01<br>(0.01) | 0.02<br>(0.01) | −0.04*<br>(0.02) | 0.03<br>(0.03) |
| 男(对照组=女) | −0.03<br>(0.07) | −0.08<br>(0.09) | 0.21<br>(0.15) | −0.13<br>(0.13) |
| 少数民族(对照组=汉族) | 0.25<br>(0.35) | −0.49<br>(0.43) | −0.20<br>(0.73) | −0.76<br>(1.04) |
| 户主特征 |  |  |  |  |
| 年龄 | −0.00<br>(0.01) | 0.00<br>(0.01) | −0.00<br>(0.02) | −0.04<br>(0.02) |
| 男(对照组=女) | 0.23<br>(0.17) | 0.20<br>(0.14) | 0.71<br>(0.36) | −0.18<br>(0.35) |
| 少数民族(对照组=汉族) | 0.21<br>(0.39) | 0.64<br>(0.43) | 1.71**<br>(0.62) | 0.07<br>(0.73) |
| 已婚(对照组=未婚) | −0.19<br>(0.20) | 0.22<br>(0.28) | −1.12<br>(0.66) | −0.21<br>(0.67) |
| 教育水平<br>(对照组=小学及以下) |  |  |  |  |

续表

| | 城市 | | 流动人口 | |
|---|---|---|---|---|
| | 2013 | 2018 | 2013 | 2018 |
| 初中 | −0.26 (0.20) | −0.21 (0.29) | −0.83** (0.29) | −0.65 (0.53) |
| 高中 | −0.82*** (0.24) | −0.59* (0.25) | −1.28** (0.47) | −0.48 (0.55) |
| 高中以上 | −1.04*** (0.28) | −0.95* (0.42) | −0.85 (0.49) | −1.24 (0.75) |
| 健康状况的自我评价（对照组＝良好） | | | | |
| 中等 | 0.17 (0.14) | 0.11 (0.20) | −0.03 (0.56) | 0.57** (0.21) |
| 欠佳 | 0.30 (0.31) | −0.11 (0.41) | −0.78 (1.15) | 0.41 (1.40) |
| 就业状况（对照组＝在职） | | | | |
| 失业 | −0.01 (0.27) | 0.25 (0.17) | 0.27 (0.74) | 0.42 (0.29) |
| 退休 | 0.24 (0.29) | 0.28 (0.25) | N/A | N/A |
| 共产党员身份 | −0.21 (0.15) | −0.20 (0.19) | −0.81 (0.70) | −0.42 (0.77) |
| 家庭特征 | | | | |
| 儿童数 | 0.31* (0.14) | 0.33* (0.14) | 0.47 (0.34) | −0.01 (0.24) |
| 老年人数 | −0.09 (0.15) | 0.05 (0.11) | −0.01 (0.27) | −0.03 (0.36) |
| 劳动年龄人口数 | 0.04 (0.09) | −0.01 (0.06) | 0.08 (0.19) | 0.13 (0.17) |
| 自评健康状况欠佳的成员数 | 0.23 (0.17) | 0.25 (0.20) | 0.72* (0.36) | −1.23* (0.58) |

续表

|  | 城市 | | 流动人口 | |
| --- | --- | --- | --- | --- |
|  | 2013 | 2018 | 2013 | 2018 |
| 身体残障的成员数 | −0.15 (0.17) | −0.07 (0.12) | 0.03 (0.34) | 0.10 (0.18) |
| 地区(对照组=东部) | | | | |
| 中部 | 0.30 (0.42) | 0.17 (0.30) | −0.57 (0.47) | −0.79 (0.43) |
| 西部 | 0.41 (0.32) | −0.01 (0.31) | −0.11 (0.44) | −0.62 (0.50) |
| 截距 | −1.13 (0.84) | −3.23*** (0.90) | 0.57 (0.96) | −0.22 (1.61) |

注：对照组为非贫困组。由于城市和流动人口样本中的贫困儿童样本量较少，仅多维贫困、仅收入贫困和同时处于多维和收入贫困的三组人群被合并为贫困组。表格内呈现比值比的对数，括号内为标准误。所有回归分析在省一级加入聚类标准误。由于退休流动人口的样本量为0，因此这一类别不包含在流动人口样本的logistic回归中。显著性水平如下：* $p<0.05$，** $p<0.01$，*** $p<0.001$。

综上所述，在2013年和2018年，农村、城市和流动人口群体中的儿童多维贫困率远高于收入贫困率。农村儿童的多维度贫困率和收入贫困率远高于城市和流动儿童，这一差距尽管在2013到2018年间有所缩减，但仍持续存在。正如预期所料，在几乎所有的样本中，处于收入最高20%儿童中的多维贫困率更低。尽管如此，无论是2013年还是2018年，处于不同收入群体的农村儿童的多维贫困率比城市和流动儿童要高得多。

同时考虑多维贫困和收入贫困可以发现，2013年至2018年的儿童贫困程度从总体上有了大幅度的下降。与2018年相比，2013年儿童收入贫困与多维贫困的重叠程度更高。从与儿童贫困有关的社会人口特征来看，在农村、城市和流动儿童中，户主受教育程度低与儿童处于贫困状态的概率都持续相关。在农村样本中，跟东部或中部地区相比,西部地区的儿童更有可能处于贫困状态,但在城市和流动儿童样本中并未发现地区差异。

## 六、结论和政策建议

### (一) 主要发现

本研究利用2013和2018年的中国家庭收入调查(CHIP)数据为中国儿童多维贫困和收入贫困的水平、趋势和致贫因素提供证据。本文采用Alkire-Foster方法估算儿童多维贫困。我们发现,从2013年到2018年,儿童贫困率从总体上大幅下降。全国处于多维贫困儿童的比例从2013年的49%下降到2018年的19%。农村、城市和流动儿童的多维贫困率存在巨大差异,农村儿童发生多维贫困的概率始终高于城市和流动儿童。2013年至2018年,这一差距有所缩小。

在性别和年龄组别差异方面,在中国农村地区,2018年女童的多维匮乏程度略高于男童,但农村地区的多维贫困率并未呈现性别差异,在城市和流动儿童中的多维贫困率和贫困程度也没有显著的性别差异。2013年,在全国儿童中没有发现年龄差异,但在2018年,幼儿(即0~5岁)的多维贫困率明显较低,而大龄儿童(即15~17岁)的多维贫困率较高。这些差异主要源自农村各年龄组间的差异,因为在城市或流动儿童中没有发现年龄差异。

通过比较儿童多维贫困和收入贫困,我们发现,在2013年和2018年,农村、城市和流动人口群体中的儿童多维贫困率远远高于收入贫困率。与城市和流动儿童相比,同龄的农村儿童更可能处于贫困状态,无论是多维贫困还是收入贫困或者两者兼而有之,这一差距于2013年到2018年有所缩减。儿童多维贫困在一定程度上与收入贫困重叠,而2013年的重叠程度比2018年更高。尽管如此,与城市和流动儿童相比,即使是处于较高收入五分位数组的农村儿童的多维贫困率也相对较高。

同时考虑多维贫困和收入贫困可以发现,2013年至2018年的儿童贫困比例从总体上有大幅下降。不论是2013年还是2018年,在农村、城市和流动儿童中,户主受教育程度与儿童处于贫困状态的概率持续相关。在农村样本中,跟东部或中部地区相比,西部地区的儿童更有可能处于贫困状态,但在城市和流动儿童样本中并未发现地区差异。

### (二)政策建议

本研究结果对中国制定针对儿童的贫困测量方法和解决儿童贫困问题具有重要的政策意义。首先,本研究表明,同时使用收入和多维测量标准来测量儿童贫困,与只使用收入(或消费)测量标准相比可提供更丰富的信息。同时,本研究还表明,由于所使用的数据缺乏营养、室内污染、残障和心理健康方面的详细信息,限制了我们对儿童在这些重要方面匮乏的度量与研究。中国政府在构建未来的贫困测量和监测系统时,应将针对儿童福祉的测量(包括收入和多维测量)作为重点,设计并开展具有全国代表性的、以儿童及其家庭为重点的追踪调查数据收集,以便对儿童贫困进行准确和动态的监测,为政策决策提供恰当的依据。

本研究发现,2013年至2018年,儿童贫困率大幅下降,这可能是这一时期针对农村贫困的政策和投入的结果。尽管焦点放在农村治理上,但与城市和流动同龄人相比,农村儿童尤其是西部地区的农村儿童仍然更有可能经历收入或多维贫困或两者兼而有之。此外,本研究还发现了收入贫困和多维贫困的重叠现象,尤其是在农村儿童中,即使是收入最高20%的儿童也可能经历多维贫困。这些发现表明,仅提供收入支持是不够的。未来的政策需要继续扩大对农村儿童及其家庭的支持,以改善他们的经济资源和生活条件,在特别关注西部地区的同时兼顾中部和东部地区。相关支持应包括专门针对儿童的福利政策（如儿童津贴），以及针对有儿童家庭的福利（如托育补贴）。这些支持还应包括实物福利和服务，如营养、儿童保育、教育和健康服务。这些政策和规划应从以儿童为中心的视角来设计，为支持儿童——尤其是欠发达地区的农村儿童——的成长与发展建立稳固强大的基石。

以儿童为中心的政策和规划应针对和满足不同年龄和性别等儿童群体的具体需求。从年龄组来看，儿童早期尤为关键，目前在中国已经得到越来越多的关注和干预。在《中国儿童发展纲要（2011—2020年）》中，中国将儿童早期发展列为优先发展领域，重点关注儿童早期健康、营养和教育。[①] 国家统计局 2020 年发布的最新监测报告呈现了一系列的积极进展，比如婴儿及 5 岁以下儿童死亡率和 5 岁以下儿童发病率及发育迟滞率的持续下降、疫苗接种率以及 3~6 岁儿童早教入学率的上升。未来应当进一步扩大支持所有儿童的成长和发展项目，尤其应当关注来自农村贫困地区的儿童，同时重视儿童早期和女童的需求，因为女童获得的资源和机会往往比男童少。

尽管从 2013 年到 2018 年儿童贫困率有所下降，但农村、城市和流动儿童之间的差距依然存在。农村儿童，尤其是西部地区的农村儿童更有可能处于贫困和匮乏状况。这种巨大差距不可能在短时间内消除，必须通过促进公平和福祉的相关政策制度来解决。由于公共服务资源分配不足且不均衡，农村儿童落后于城市儿童。西部农村地区的资源配置也落后于东部和中部地区。对农村、城市和流动人口之间的差距进行结构性改革，以实现公平与社会正义，有助于缩小这些差距，支持所有儿童充分发挥其潜力。

---

① 国家统计局：2019 年《中国儿童发展纲要（2011—2020）》统计监测报告，2021 年 7 月 1 日，http://www.stats.gov.cn/tjsj/zxfb./202012/t20201218_1810128.html。

# 困境与出路："激活"视角下我国就业救助制度透视

张浩淼 *

根据价值理念、政策问题、政策目标和政策工具的差异，西方福利国家的社会救助政策可大体划分为三类，分别是权利范式、工作福利范式与"激活"范式（见表1）。20世纪90年代始，在人口老龄化、经济全球化等因素综合作用下，为了应对福利国家的危机，众多国家纷纷转向"激活"范式，即引入工作导向型福利政策取代原有的消极福利政策，运用包括影响劳动力供给与需求的举措、制裁措施和经济激励等一系列政策工具来平衡受助者权利和义务，帮助受助者提升工作动机和人力资本，促使其就业脱贫和社会融入。

我国低保制度存在劳动能力低保对象占比较高和退保难的问题。截至2014年，城市低保对象中有劳动能力者超过60%，其中登记失业和未登记失业人员占比近40%，城市低保家庭领取低保金的平均时间为72个月，其中从未退保的家庭占89%。[②] 针对这种情况，我国开始重视并探索就业救助措施，力图促进低保对象实现有效就业并从根本上改善生活状况。2014年5月，国务院颁布的《社会

---

\* 本文原载于《兰州学刊》，2021年第6期。
张浩淼，四川大学公共管理学院教授、博士生导师。研究方向：社会保障、社会政策。
基金项目：国家社科基金重大项目"当前我国普惠性、基础性、兜底性民生建设研究"（项目编号：20ZDA068）；四川大学青年杰出人才培育项目"新时代社会救助兜底保障研究"（项目编号：SKSYL201808）。

② 肖萌、陈虹霖、李飞跃：《低保对象为何退保难？》，《社会》，2019年第4期。

表1 福利国家的社会救助政策的三类范式

| 范式 \ 维度 | 政策价值理念、意识形态根源 价值理念 意识形态根源 权利与责任的平衡 | 政策问题 | 政策目标 | 政策工具救助水平/首选政策工具 |
|---|---|---|---|---|
| 权利范式 | 团结与平均主义 社会民主思想 强调社会权利 | 经济危机、贫困和不平等题 | 通过保障体面生活水平和去商品化来减少贫困 | 水平高/无条件现金转移支付 |
| 工作福利范式 | 个人独立与责任 带有新自由主义的保守主义 强调个人责任 | 福利依赖 | 改善受助者的工作伦理、态度和自尊 | 水平低/基于工作要求的有条件现金转移支付(包括工作福利)和控制措施 |
| "激活"范式 | 互惠与机会平等 "第三条道路" 强调权利和责任的平衡 | 工作动机不足和缺乏人力资本 | 增加经济活动率,改善受助者就业能力,通过就业使受助者摆脱贫困 | 水平适度/无条件现金转移支付,有条件收入补充和"激活"措施(如制裁、财政激励、劳动力供给与需求干预) |

资料来源:Daigneault, P. M. (2014). "Three Paradigms of Social Assistance." *Sage Open*, 4(4), 1-6.

救助暂行办法》对就业救助进行了专章规定,就业救助成为我国综合型社会救助体系的八项基本组成制度之一,它是指对最低生活保障家庭中有劳动能力并处于失业状态的成员,通过贷款贴息、社会保险补贴、岗位补贴、培训补贴、费用减免、公益性岗位安置等办法提供就业帮扶。最低生活保障家庭中有劳动能力但未就业的成员,应当接受人力资源社会保障等有关部门介绍的工作;无正当理由,连续三次拒绝接受介绍的与其健康状况、劳动能力等相适应的工作的,县级人民政府民政部门应当决定减发或者停发其本人的最低生活保障金。

2020年8月,中共中央办公厅、国务院办公厅印发了《关于改革完善社会救助制度的意见》,该意见对推进构建社会救助新格局做出了重大部署,其中强调要健全就业救助制度,包括为社会救助对象优先提供公共就业服务,按规定落实税费减免、贷款贴息、社会保险补贴、公益性岗位补贴等政策,对已就业的低保对象,在核算其家庭收入时扣减必要的就业成本,并在其家庭成员人均收入超过当地低保标准后给予一定时间的渐退期。2020年11月,《中共中央关于制定国民经济和社会发展第十四个五年规划和二〇三五年远景目标的建议》提出要强化就业优先政策,包括完善重点群体就业支持体系,扩大公益性岗位安置,帮扶零就业家庭成员就业等就业救助措施。由上可见,近年来我国高度重视就业救助制度,因为就业救助可以帮助有劳动能力的受助者通过就业获得生存和发展条件,是带有积极和发展意味的治本之策,它既是我国社会救助体系的重要组成部分,又是我国就业优先战略中不可分割的内容,改革与完善就业救助制度对我国经济社会发展意义重大。

通过梳理《社会救助暂行办法》《关于改革完善社会救助制度的意见》以及各地方关于就业救助的规定,可以发现,目前我国就业救助的相关政策规定涉及救助对象、救助内容、救助递送与实施等方面的规定,救助内容涵盖了干预劳动力市场供给和需求、惩罚和经济激励等措施(见表2),这些措施与"激活"范式的政策工具类似。

尽管福利国家的"激活"范式与我国就业救助制度在产生和发展背景方面存在差异,但不可否认,"激活"范式通过各种措施的组合帮助受助者克服就业障碍、提升就业能力并获得就业脱贫的机会,有值得借鉴之处,此外,我国就业救助的相关举措内容和"激活"范式的政策工具相似。基于此,本文借助"激活"的视角分析我国就业救助制度,考察其在促进受助者就业脱贫方面所面临的困境,并结合我国国情提出就业救助制度的改革完善之路。

表2 我国就业救助制度的相关内容

| 救助对象 | | 最低生活保障家庭中有劳动能力并处于失业状态的成员 |
|---|---|---|
| 救助内容 | 劳动力供给 | 培训和培训补贴,职业指导和介绍 |
| | 劳动力需求 | 吸纳就业救助对象的用人单位,享受社会保险补贴、税收优惠、小额担保贷款;提供公益岗位安置 |
| | 惩罚措施 | 连续3次拒绝接受介绍的与其健康状况、劳动能力等相适应的工作的,减发或停发其本人低保金 |
| | 经济激励 | 对已就业的低保对象,在核算其家庭收入时扣减必要的就业成本,并在其家庭成员人均收入超过当地低保标准后给予一定时间的渐退期 |
| 救助实施与递送 | | 救助对象住所地街道、社区公共就业服务机构免费提供相关就业救助服务 |

资料来源:笔者根据《社会救助暂行办法》《关于改革完善社会救助制度的意见》以及各地方关于就业救助的规定整理得出。

## 一、"激活"范式的理论与政策意涵

"激活"范式是西方福利国家从传统型福利国家向能动(enabling)国家转变的重要部分,传统福利国家强调由公共部门提供普遍性福利待遇并把对劳动力的保护当成一种社会权利,与此相比,能动国家强调使用市场取向的方式来促使目标对象参与劳动力市场并承担个人责任,可以说,传统福利国家向能动国家的转型是从劳动力的"去商品化"走向"再商品化"的过程,是从单纯强调社会权利到强调"权利与责任平衡"的转变。

"激活"范式的产生有其相应的理论基础,即单纯的社会权利不利于受助者能力的发展和义务的实现。塞尔伯恩在其著作《义务的原则》中提出,义务的原则是公民秩序的基础性原则,也是道德整合社会的象征,以国家为基础的、普遍型福利服务的提供损害了义务原则,恢复公民秩序需要加强和实施义务原则,他尤其强调滥用和误用福利待遇应该被制裁,例如,那些拒绝参加培训和接受所介绍工作的受助者应该被削减或取消福利待遇。[1] 劳伦斯·米德认为传统的福利项目不能促进个人能力的发展,政府项目应该促使个体履行自身的义务,进而提出应当引入工作要求使受助者承担相应的个人责任,而非单纯地享受权利,也就是说,获得最低收入的权利应该建立在履行寻找工作义务的条件上。[2] 埃米泰·埃茨奥尼认为,应该在权利和义务之间寻找平衡,要在互惠原则的基础上提供救助,个人应该通过就业来满足其个人和家庭的需要,对那些无法自给自足的个人和家庭,社会应该提供相应的帮助以满足其最基本的需求,但是个人也要承担相应责任。与米德观点不同的是,埃茨奥尼认为政府应该帮助创造相应的工作岗位,这样个人才能真正履行其通过就业自力更生的义务。[3] 安东尼·吉登斯提出有必要让社会权利取决于个人责任的实现,他认为工业社会及后工业社会中因科学技术进步带来的风险往往是很难预测且难以用保险化解的,这就需要重新界定个人责任和社会责任概念,权利和义务因此也有必要结合起来。[4] 正是在上述理论观点的支撑下,"激活"范式成为主流,众多福利国家纷纷出台各类"激活"政策,旨在使失业的社会救助对象融入劳动力市场并促使其社会融合,包括许多能够干预劳动力市场供方和需方的政策工具。[5]

---

[1] Selbourne, D. (1997). *The principle of duty: An essay on the foundations of the civic order*. London: Abacus, p. 292.

[2] Mead, L. (1986). *Beyond entitlement: The social obligations of citizenship*. New York: Free Press, pp. 61-67.

[3] Etzioni, A. (1994). *The spirit of community: The reinvention of American society*. New York: Touchstone/Simon and Schuster, pp. 263-265.

[4] Giddens, A. (1999). "Risk and responsibility." *The Modern Law Review*, 62 (1), 1-10.

[5] Hanesh, W., Baltzer, N. (2001). *The role of social assistance as means of social inclusion and activation: A comparative study on minimum income in seven European countries*. Report 4: Activation policies in the context of social assistance, Helsinki: STAKES, pp. 3-4.

"激活"范式的政策大致分为积极型(人力资本发展型)措施和消极型(劳动力市场关联型)措施,顾名思义,前者主要是促进受助者通过教育和培训等措施提高人力资本以使其能够进入正规劳动力市场,后者则是通过快速就业的方式强制受助者接受任何工作以脱离社会救助。[①]"激活"政策与工作福利政策的主要区别在于,工作福利政策的重点在于工作要求、制裁和时间限制,也就是说,工作福利政策更多带有强制性和消极性的特点,多指为了获得救助待遇而工作,"激活"政策则通常是积极性措施和消极性措施的组合。[②] 对"激活"政策的分析和考察可以从两个层面入手(见表3):一是结构层面,主要涉及"激活"政策所包含的具体内容,包括工作推荐、公益(义务)劳动、教育、技能培训、工作创造等,其中工作推荐、公益劳动和对现金待遇领取时间进行限制等属于消极型措施,教育、技能培训和工作创造则属于积极型措施;二是过程层面,主要涉及基层政策实施者在"激活"措施执行中的要素,具体包括义务、制裁和个性化关注。义务是指参与"激活"政策是不是强制性的,义务是消极型措施的核心和关键;制裁是指如果没有遵守工作要求,可能会被社会救助拒绝或面临救助金的减少甚至取消,消极型措施中制裁更加普遍使用;个性化关注是指基层实施者是否关注并考虑到了不同受助者的具体情况,一般而言,积极型措施更加强调个性化关注。[③]

---

[①] Nybom, J. (2011). "Activation in social work with social assistance claimants in four Swedish municipalities." *European Journal of Social Work*, 14(3), 339–361.

[②] Moreira, A. (2008). *The activation dilemma: reconciling the fairness and effectiveness of minimum income schemes in Europe*. Bristol: Policy Press, pp. 12–13.

[③] Nybom, J. (2011). "Activation in social work with social assistance claimants in four Swedish municipalities." *European Journal of Social Work*, 14(3), 339–361.

表3 "激活"政策的分析框架

| 层面<br>措施 | 结构层面<br>主要内容 | 过程层面 |||
|---|---|---|---|---|
| | | 义务 | 制裁 | 个性化关注度 |
| 消极型措施 | 工作推荐、公益劳动、对现金待遇进行时间限制等 | 程度高 | 有 | 低 |
| 积极型措施 | 技能培训、工作创造、经济激励、家庭成员照料服务等 | 程度低 | 无 | 高 |

资料来源：笔者根据 Nybom, J. (2011). "Activation in social work with social assistance claimants in four Swedish municipalities." *European Journal of Social Work*, 14(3), 339-361 中的内容修订编制。

## 二、"激活"视角下我国就业救助制度的结构层面

借用"激活"视角对我国就业救助制度的结构层面进行考察，可以发现，我国就业救助包含积极型措施和消极型措施。

### （一）积极型措施

"激活"的积极型措施主要包括技能培训、工作创造、经济激励和家庭成员照料等措施（见表3），目的是帮助受助对象提升就业能力并解除后顾之忧以增强其就业动机。对照福利国家"激活"政策的积极型措施，我国就业救助制度的积极型措施主要包括培训、经济激励和公益岗位安置这种工作创造方式，教育和家庭成员照料措施目前没有实施。

从培训看，我国政府会向就业困难群体提供技能培训以帮助其提升技能和增加就业机会，低保对象是就业困难群体的重要组成部分，就业救助规定低保对象应当接受就业培训。然而，实践中培训的覆盖面较窄，不少低保对象难以获得培训机会，此外，培训的内容多是短期的、单一的、初级的技能培训，规范性低且没有针对性，有效性不高。2016年全国城乡困难家庭社会政策支持系统的调查数据显

示,城乡低保对象参与技能培训的比例分别是40%和20%左右,通过培训成功就业的比例仅约7%,培训的效果有限。① 事实上,低保对象的技能培训是不同于其他就业困难群体和失业群体的培训,需要统一的管理机制来运行,但是目前为止,我国低保对象再就业并没有实现完全的、市场化的、统一的管理标准,各地区的培训机构存在不同程度的差异,低效和无效的培训大量存在,低保工作人员在落实低保培训时没有统一的部门管理,技能培训是归属于人力资源和社会保障部门的,但是他们不了解低保家庭的特殊就业困难和福利性特点,无法针对低保对象实施有效的职业培训。② 另外,低保对象的培训与就业是脱离的,低保对象的职业培训与劳动力市场的劳动需求没有形成一个科学的反馈系统,培训和就业没有达到应有的匹配,这使得培训这种积极措施难以充分发挥促进低保对象就业的功能。

从公益岗位推荐和安置来说,公益性岗位是指以政府作为出资主体或通过社会筹集资金开发的,用于帮扶就业困难人员就业并给予岗位补贴、社会保险补贴的,符合社会公共利益需要的服务性岗位和协助管理岗位,通常包括社会公共管理类岗位,如交通协管员、城管市容协管员等和社区服务类岗位,如县(市、区)、街道(乡镇)、社区开发的非营利性公共卫生服务、医疗保健、托老托幼、停车管理、保洁、保安等岗位。公益性岗位是实现低保对象就业的重要载体,相较于社会公开招聘岗位,低保对象的低就业能力更适应为其"量身打造"的公益性岗位,此外,由于公益岗位多在社区内,低保对象可就近就业,因此很受青睐。然而,由于地方政府投入资金有限,公益岗位数量较少,难以满足低保对象需求。2016年全国城乡困难家庭社会

---

① Xu, Y. (2013). "Building equitable opportunities into social assistance (Project No. 44026 - 012)." *Asain Development Bank report*, https://www.adb.org/projects/documents/building-equitable-opportunities-social-assistance-tcr.

② 李惠:《我国城镇低保户的再就业培训研究》,《经济视角(下旬刊)》,2013年第12期。

政策支持系统的调查数据显示,城市低保对象中通过公益岗位安置获得就业的不足5%,比例很低,多数低保对象采取灵活就业和亲友介绍工作(均为30%以上),这说明公益岗位安置这种就业途径的作用还没有得到充分发挥。

就经济激励而言,主要是对已就业的低保对象,在核算其家庭收入时扣减必要的就业成本,并在其家庭成员人均收入超过当地低保标准后给予一定时间的渐退期,以增加就业对低保对象的吸引力。经济激励假定低保金随着就业收入的增加而等额减少的结构可能会造成就业前后的收入并无多大变化,从而影响低保对象的就业动机,从而使低保对象陷入"失业陷阱"与"贫困陷阱"。然而,现实中有劳动能力的低保对象多从事灵活就业,其收入难以被准确把握和认定,低保金额度不会随其灵活就业收入的上升而相应减少,也就是说,低保金和就业收入的替代关系不存在,经济激励的假定并不成立。① 已有研究发现,成本抵扣措施和渐退措施在理论上会对低保对象进行就业产生直接的经济激励,但前提是低保对象要找到收入达到最低工资的全日制工作,对那些低薪的灵活就业低保对象来说,政策的直接作用不强,② 且灵活就业隐性收入的问题增加了实际管理的难度,导致经济激励政策较难落实与执行。③

### (二)消极型措施

"激活"的消极型措施主要包括工作推荐、公益劳动和对现金待遇的发放时间进行限制(见表3),目的是通过强制性措施或限制来促使受助者尽快进入劳动力市场、防止工作伦理的丧失。对照福利国家"激活"政策的消极型措施,我国就业救助制度的消极型措施主

---

① 梁祖彬、肖萌:《社会救助就业福利政策研究》,《社会保障研究》,2010年第1期。
② 黄晨熹等:《让就业有利可图——完善上海城市最低生活保障制度研究》,《市场与人口分析》,2005年第3期。
③ 吴小芳:《我国城市就业救助政策研究》,《社会保障研究》,2011年第4期。

要是工作推荐和社区公益劳动,并没有对低保金的领取时间进行限制。

工作推荐主要是向低保对象在内的就业困难群体推荐与介绍工作机会,帮助其就业以摆脱对救助的依赖,工作推荐通常和制裁联系在一起,例如,我国就业救助明确规定,无正当理由受助者不能连续3次拒绝社区所推荐的工作,否则会减发或停发其本人低保金。和培训相比,工作推荐成本低、见效快,应该对低保对象进入劳动力市场和退保有重要推动作用。然而,现实中不少低保对象认为无论在工资待遇、劳动条件、工作地点、工作稳定性和社会保险方面,推荐的工作质量较差,[1]无法使其通过就业获得自立并摆脱救助。有实证研究发现,工作推荐实施范围非常有限,未能对退保产生显著的推动作用。[2] 另外,由于《社会救助暂行办法》等政策法规并未对就业救助的保障水平边界进行规定,再加上目前劳动力市场的现状,易导致地方政府为了满足工作要求,只关注短期内低保对象的就业数量,而忽视就业质量以及由此引发的再次失业问题,[3]从而挫伤低保对象的就业积极性。还应注意的是,由于就业救助与低保和其他专项救助的协调性不够,现有的社会救助容易形成"福利捆绑",即很多项目都与低保制度捆绑实施,低保对象除低保金外还可以获得其他多项救助待遇,这更加凸显了工作推荐的局限性,使得低保对象权衡后放弃推荐的工作,制约工作推荐效果的发挥。

公益劳动是指那些难以获得就业的有劳动能力的低保对象需要参与社区的公益服务劳动,包括社区保洁、巡逻、向社区内老年人提供服务等。1999年《城市居民最低生活保障条例》规定:在就业年龄内有劳动能力但尚未就业的城市居民,在享受城市居民最低生活保

---

[1] 梁祖彬、肖萌:《社会救助就业福利政策研究》,《社会保障研究》,2010年第1期。
[2] 肖萌、陈虹霖、李飞跃:《低保对象为何退保难?》,《社会》,2019年第4期。
[3] 王燊成:《我国城市最低生活保障制度与就业救助制度衔接研究》,《中国劳动》,2018年第8期。

障待遇期间,应当参加其所在的居民委员会组织的公益性社区服务劳动。各地方政府也对低保对象参加公益劳动进行了相应规定,比如,2017年广州市民政局公布的《广州市最低生活保障对象参加社会公益服务管理暂行办法》提出,低保对象应当参加镇人民政府、街道办事处、村民委员会、居民委员会安排或认可的,与其身体健康状况相适应的社会公益服务,每人每月参加社会公益服务时间累计不得少于60小时。政府关于低保对象参加公益劳动的规定,一方面是期待受助者能够对社区有所贡献,增强他们的互惠观念,另一方面是希望杜绝隐性就业的人领取低保,但实际上这些公益劳动大多非常占用时间且是非生产性的,会使参与者不得不减少对家庭成员的照料,也会使他们没有时间寻找潜在的、有价值的就业机会。[1] 公益劳动的规定只是强制要求受助者参加劳动,并不能帮助受助者提升就业能力并解决其面临的就业障碍。还有研究发现,组织参加公益劳动的措施让受助者误以为通过公益劳动换取"低保救助",从而降低了再就业愿望,导致受助者找工作积极性不高,相比于未组织公益劳动的地方,组织过公益劳动的地方,低保受助者找工作的积极性与再就业的意愿都要低,[2] 即公益劳动这种消极型"激活"措施在提升受助者就业意愿并促使其寻找工作方面发挥的其实是抑制作用。

## 三、"激活"视角下我国就业救助制度的过程层面

以下借用"激活"视角对我国就业救助制度的过程层面进行考察,具体涉及义务、制裁和个性化关注度。

---

[1] Gao, Q. (2017). *Welfare, work and poverty*. Oxford University Press, p. 94.
[2] 兰剑、慈勤英:《促进就业抑或强化"福利依赖"——基于城市低保"反福利依赖政策"的实证分析》,《西南大学学报》,2016年第3期。

## (一) 义务

《社会救助暂行办法》对就业救助对象进行了规定,"最低生活保障家庭中有劳动能力但未就业的成员,应当接受人力资源社会保障等有关部门介绍的工作",从法理学看,"应当"二字的法律规则多是义务性规则,这类条款多是给主体设定义务的,但"应当"作为一种原则性的规定或一般要求,允许在执行中有一定的灵活性,即允许例外和特殊情况存在。因此,有劳动能力且失业的低保对象有义务接受就业救助以积极获得工作岗位,但对于需要照顾家庭中的病人、残疾人等确实没有劳动条件的低保对象,一般在实践中可以例外。

西方福利国家对"有劳动能力"有较明确的界定,比如,德国在救助相关的法规中规定,凡是每天至少可以从事3个小时的就业活动就视为有劳动能力,就必须参与"激活"政策,[1]并且这些福利国家尽管要求有劳动能力者必须参加就业救助,但是对于那些需要照顾儿童、老人和残疾人等家庭成员的对象,一般会明确免除其参与就业救助的义务。[2] 在我国,"有劳动能力"是一个较为模糊的概念,救助相关法规并没有对什么是"有劳动能力"做出明确的规定,或对哪些人可以免除参与劳动力市场的义务有相关规定,加之我国没有统一设置专门对劳动能力进行鉴定的机构,因此,部分有劳动能力低保对象可能谎称无劳动能力或拒绝鉴定,这导致基层工作人员操作中的无所适从,只能依靠自由裁量。

## (二) 制裁

《社会救助暂行办法》对就业救助的制裁有明确规定,"最低生活

---

[1] 蔡和平:《哈茨改革能否扭转德国劳动力市场的颓势》,《中国劳动》,2007年第1期。

[2] Moreira, A. (2008). *The activation dilemma: Reconciling the fairness and effectiveness of minimum income schemes in Europe.* Bristol: Policy Press, pp. 8-9.

保障家庭中有劳动能力但未就业的成员,应当接受人力资源社会保障等有关部门介绍的工作;无正当理由,连续3次拒绝接受介绍的与其健康状况、劳动能力等相适应的工作的,县级人民政府民政部门应当决定减发或者停发其本人的最低生活保障金"。由上述规定可见,无正当理由连续拒绝工作3次会使有劳动能力的低保对象受到其本人低保金削减甚至取消的惩罚。然而,在实践中,这样的制裁和惩罚几乎没有真正落实,这主要有以下几方面原因。

第一,对"正当理由"没有明确规范,究竟什么是"正当理由"在操作中很难把握。少数有劳动能力的低保人员以种种"理由"拒绝再就业或参加公益劳动,他们普遍以医院出具的诊断证明作为理由,病因也多是高血压、糖尿病等常见病。

第二,个别低保对象故意使自己被单位拒绝或接受工作后再次使自己失业。有低保对象接受工作后,在较短的时间内就以能力差、身体不好等理由辞职或被辞退,从而再次"失业",虽然这与低保对象自身素质不高、依赖心理较强有关,但主要还是制度设计上的疏漏,现行就业救助制度没有规定上岗就业后的工作要求,并且缺乏对有劳动能力的低保对象上岗就业后的满意度、匹配度进行配套跟踪服务,从而为部分低保对象钻政策漏洞创造了空间。[①]

第三,基层工作人员的"人情"压力。就业救助采取公共部门递送方式,基层依托社区居委会负责具体事务。居委会贴近社区,了解受助者情况,信息掌握方面有优势,但同时存在缺陷,救助递送者和社区居民的"亲近"关系,增大了基层工作人员的"人情"压力,导致递送难度上升,并最终造成松懈和不规范,就业救助的一些规定难以真正落实。

---

① 王燊成:《我国城市最低生活保障制度与就业救助制度衔接研究》,《中国劳动》,2018年第8期。

### (三) 个性化关注

在就业救助的落实过程中,基层社区工作人员承担了主要工作,这些人员并非专业的社会工作者,多数只是通过业务培训和在实践中探索学习,工作手段和方法比较单一,难以提供系统化和多样化的服务,而且大多基层社区人员身兼数职,工作量较大,这使得他们难以在就业救助服务的提供中关注到个体差异并提供个性化服务。

其实,有劳动能力的低保家庭内部差异性较大:有的因自身健康状况差或文化与技能水平低而就业困难,有的是因考虑到就业会引致家庭开支的增加并丧失部分救助待遇而不愿就业,还有一些主要因家里有儿童、老人或病人等需要照顾而难以就业。目前的救助内容和提供的服务忽视了这种差异,没有考虑到不同家庭所面临的不同就业障碍,对个性化关注的缺乏一定程度制约了就业救助效果的发挥。

## 四、"激活"视角下我国就业救助制度的困境及其原因探讨

透过"激活"视角对我国就业救助制度进行分析,可以发现:从结构层面看,积极型措施中培训的覆盖面很窄且缺乏针对性,经济激励措施很难落实,同时缺少对家庭成员的照料措施;消极型措施中的工作推荐质量较差,难以满足受助者需要,社区公益劳动在内容和目标上缺乏指导和规定,不能帮助受助者提升就业能力且对就业意愿有抑制作用,同时缺乏对有劳动能力低保对象领取低保金的时间限制,一定程度上影响其就业动力。从过程层面看,尽管有劳动能力的低保对象有义务积极就业,但在实践中"有劳动能力"的概念较为模糊,难以准确执行,同时虽然有关于制裁的规定,但因各种原因削减或取消低保金的惩罚难以真正落实,此外,就业救助在实施中缺少个性化

关注,难以满足低保对象的差异化需求。总的来看,我国就业救助结构层面的积极型措施覆盖面窄、政策供给不足,相比来说,消极性措施如工作推荐和公益劳动较为普遍,过程层面的义务程度高、有相应制裁手段、个性化关注度低,这说明了我国就业救助基本上与西方的消极型"激活"政策类似。

西方相关研究已经证明,消极型"激活"政策在促进受助者进入劳动力市场方面只有短期效果或效果并不明显,而积极型"激活"政策在促进受助者就业方面的效果较明显且长期,[1]也就是说,从长远看,为了促进受助者就业,重视培训、教育等人力资本投资的积极型措施比单纯强制受助者进入低端劳动力市场的消极型措施更有效。[2] 由此,从理论上可以推断,我国以消极型措施为主的就业救助制度的效果应该是有限的,再加上我国就业救助的消极型措施落实不力,比如所推荐的工作质量差、公益劳动难以提升就业能力并抑制就业意愿等,这更有可能制约就业救助的效果。相关实证研究显示,我国培训和就业推荐等多方面就业救助措施的实施范围有限,对促进低保对象就业并退保的效果不佳,[3]难以实现帮助低保对象自力更生、融入社会的目标。[4] 因此,我国就业救助面临的最大困境是在帮助低保对象实现脱贫自立方面的政策成效有限,造成就业救助制度困境的原因可以归结为以下几方面。

第一,就业救助理念较为滞后、原则与目标不够清晰。对就业救助而言,只有消除了受助者的就业障碍并提升其就业能力,才有助于受助者最终脱贫自立。我国就业救助在理念方面并没有重点关注消除受助者面对的个人、家庭、社区和政策方面的就业障碍及提升受助

---

[1] Nybom, J. (2011). "Activation in social work with social assistance claimants in four Swedish municipalities." *European Journal of Social Work*, 14(3), 339-361.

[2] Harris, K. M. (1991). "Teenage Mothers and Welfare Dependency: Working Off Welfare." *Journal of Family Issues*, 12(4), pp. 492-518.

[3] 肖萌、陈虹霖、李飞跃:《低保对象为何退保难?》,《社会》,2019年第4期。

[4] 吴小芳:《我国城市就业救助政策研究》,《社会保障研究》,2011年第4期。

者的就业能力，这使得就业救助的政策设计较为笼统、缺乏针对性，势必会影响其政策设计的精准科学、实施的有效稳定和最终效果的发挥。此外，2014年国务院颁布的《社会救助暂行办法》对就业救助只做了纲领性规定，并未进行详细说明，也未发布相应的实施细则。就业救助在我国社会保障和社会救助体系中处于何种定位？要遵循什么样的原则来开展？这些问题均没有明确答案，其定位、理念和原则较为模糊，直接影响制度的高质量发展。

第二，就业救助制度设计存在短板。目前我国就业救助主要通过贷款贴息、社会保险补贴、岗位补贴、培训补贴、费用减免、公益岗位安置等办法来进行，将救助激励主要集中在劳动力需求侧，对于受助对象的就业能力的提升缺乏关注，主要采取的是消极型"激活"措施，不利于受助对象的人力资本积累。就业救助缺少教育、家庭成员照料和个性化关注等积极型"激活"措施，难以真正实现"授人以渔"的目标。另外，从社会环境看，用人单位和社会公众普遍认为低保对象就业能力低下，难以胜任工作，存在歧视现象，而部分低保人员缺乏自信心和主动性，甘于现状，得过且过，对通过就业实现脱贫自立的期望很低，在选择职业时惯于挑三拣四，"高不成低不就"成为就业通病，以上这些问题均没有纳入就业救助制度设计的考虑范围。

第三，社会与市场力量参与不足。就业救助需要政府主导和负责，但这并不意味着排斥社会和市场的力量，相反，就业救助需要充分调动社会与市场力量积极参与。我国就业救助采取公共部门递送方式，企业和社会力量参与非常有限。在一个幅员辽阔、人口众多、结构复杂的发展中大国，完全由公共部门递送面临诸多困难。一方面，由于自身局限性，公共部门在降低管理成本和提高救助递送效率方面不具优势；另一方面，随着政策对象和内容的不断扩展、受助者就业障碍的日益复杂和多样化，受助者的需求会明显增加，从而加剧公共部门的负担。更重要的是，市场的缺位将导致就业救助措施与市场需求脱节,受助者个人需求和劳动力市场需求无法有机结合在一起,使得救助效果大打折扣。

第四,基层缺乏专业工作人员。就业救助作为一项处于起步发展阶段的新制度,在实施过程中,各个环节都难免遇到一些特殊情况,从而需要基层工作人员的自由裁量,但各级政府并未配备专门负责就业救助的工作人员,在社区层面,就业救助工作主要由民政专管人员或社会保障专管人员负责,这些工作人员大都没有接受过专业教育和培训,难以保障就业救助政策准确实施。专业性的缺乏,使得一些工作人员对就业救助工作抱有敷衍心态,造成就业救助递送中的不规范和松懈。

## 五、我国就业救助制度的改革与完善出路

针对我国就业救助制度的困境,可以主要从以下几方面入手进行改革与完善。

### (一) 明确就业救助制度的理念、定位和原则

第一,明确就业救助的建制理念。建制理念是制度设计的指导,对制度功能和内容有重要影响。多数福利国家的"激活"范式理念强调权利和责任的平衡,注重互惠与机会平等,因此,就业救助主要目标定位是关注增强个人就业能力,促进受助者参与劳动力市场,通过就业实现脱贫自立。在我国已进入中国特色社会主义新时代的背景下,破除我国就业救助困境的当务之急是确立明确的建制理念,可借鉴"激活"范式理念,开辟向上竞争的通道来实现"授人以渔",帮助受助者克服就业障碍、提高就业能力,使其通过自身努力真正能够摆脱救助、融入社会。

第二,明确就业救助的制度定位。一是需要明确就业救助是我国社会救助体系的基本制度之一。2014 年国务院颁布的《社会救助

暂行办法》其实已经明确了这一点,该办法对就业救助进行了专章规定,但各地方在实践中对就业救助的关注不够,对其重视程度远不及低保、医疗救助等,要给予就业救助更多的重视。二是需要明确就业救助是与就业援助不同的制度安排,应把其当成独立的制度安排加以建设和完善。现实中对低保对象的就业救助很多情况下被简单地等同于针对就业困难群体的就业援助,这使得就业救助缺乏针对性,无法解决低保对象面对的多重就业障碍,就业救助的政策效果受限,所以有必要把就业救助当成独立的制度安排,针对低保对象的特点提供有针对性的就业救助服务。三是需要明确就业救助与低保制度的并行关系,而不是把就业救助当成低保的后置性补救制度。从政策群的角度来看,低保因建立时间长、覆盖人数多、资金投入大而逐步成为主政策,就业救助逐步成为子政策与附属政策,属于低保的后置补救式制度,也就是说,考察低保资格时并未将有无劳动能力作为考虑因素,而有劳动能力者一旦进入低保,很难主动退出,易导致长期受助,另外,后置补救式政策使低保对象应该就业但不愿就业的问题无法从根源上加以解决,即使就业救助产生一定激励效果,也只是缓解问题而非根治问题。[①] 因此,有必要明确低保制度与就业救助的并行地位,在确定低保资格时增加对劳动能力的审查,无劳动能力的贫困者进入低保制度领取无期限的现金救助,有劳动能力的贫困者则进入就业救助,领取临时性现金救助并通过各种就业救助服务帮助其提升就业能力并进入劳动力市场。

第三,树立就业救助的基本原则。一是就业救助要与经济社会环境相适应。就业救助措施需要适应经济社会环境,需要符合国情与时代,这要求就业救助要采取多样化的手段与措施,奖惩结合地从劳动力供给和需求两个方面去促进受助者就业。二是坚持政府主

---

[①] 王燊成:《我国城市最低生活保障制度与就业救助制度衔接研究》,《中国劳动》,2018年第8期。

导,同时调动市场和社会力量参与。在就业救助行动上,政府具有不可推卸的主导责任,这是实现责任政府的必然要求,在政府主导的同时,还要充分调动社会与市场力量参与,使就业救助服务更加有针对性并调动受助者参与的积极性以提高就业救助成效。三是就业救助提供要有针对性和精准性。就业救助在供给上要因人而异,提供个性化的就业救助服务,做到精准施助,这样才能提升救助效果。为了确保针对性和精准性,需要全面深入地了解低保家庭面临的各种就业困难,包括个人层面、家庭层面及社区层面的就业障碍,针对其面对的多重就业障碍精准发力。

## (二) 进行就业救助制度的再设计

第一,客观合理地界定救助对象与资格条件。对就业救助来说,要用较客观、科学的标准来界定受助者,对"有劳动能力"需有明确界定,对于哪些人可以免除参与劳动力市场的义务也要有明确的规定以减少和避免争议,增强基层的操作性。国际上,因照顾生活不能自理之家人的救助对象通常可免除义务,生活不能自理的家人主要包括一定年龄以下的未成年子女及身心障碍或罹患特定病症的家人。[①] 一方面,要明确规定针对现有低保对象中有劳动能力者和劳动条件者实施就业救助,一般来说,各地在能够为低保家庭提供儿童、老年人和残疾人照护服务之前,有必要免除那些需要承担照顾家庭成员责任的有劳动能力低保对象的就业义务。另一方面,在对新申请的低保对象进行资格审核时,要进行劳动能力审查,无劳动能力者纳入低保,而有劳动能力且不需照顾家人的申请者要纳入就业救助,即把就业救助制度当成和低保并行的制度,而非低保制度的后置补救制度。

---

① 黄晨熹:《城市低保对象动态管理研究:基于"救助生涯"的视角》,《人口与发展》,2009年第6期。

第二，补充就业救助的政策内容。目前我国在针对低保对象就业障碍的政策内容上存在缺失，需要针对应对就业障碍方面缺失的就业救助内容进行补充，逐步扩展就业救助的制度边界，具体包括：一是逐步增加针对受助者家庭的儿童、老人等社区日间照料服务，这些服务可以使受助家庭减少后顾之忧、积极投身劳动力市场，还可以促进社区福利服务的发展、创造更多就业机会，而这些机会又可以发展出公益性岗位解决就业特困受助者的工作问题，是一举多得的方式。二是在经济激励政策上，要总结各地救助渐退、收入豁免、就业补助金等措施的经验和效果，在此基础上进行全国性的制度规定以提升就业的收益，加大对低保对象就业的激励力度。要结合救助渐退，让就业后的低保家庭仍可以享受一段时间的住房、医疗和教育救助等相关待遇，同时，要考虑到因找工作和就业后所需花费，为就业者设立交通、通信等补助金。除上述奖励措施之外，还要考虑惩罚措施，明确受助者的责任和义务，除了无故不接受就业者要减少甚至停发其低保金，可以对较年轻的受助者规定低保救助时限，还可以施加取消相关专项救助等惩罚措施。三是要积极构建针对受助者就业的社会支持网络、推进参与式反贫困等方式提升受助者的组织化程度，以应对社会资本缺乏和就业责任心不强的障碍。社会资本是个人的一种重要社会资源，通过构建社会支持网络和推进参与式反贫困等方式，有助于贫困者相互交流、相互鼓励，积极参与社会交往并获得就业机会，还有助于调节受助者的心理状态，帮助其获得自信，这也利于受助者获得并维持就业。四是要采取措施鼓励低保家庭进行资产建设和人力资本积累。我国可以借鉴资产建设理论及实践经验，采取积极的措施促进低保家庭进行资产建设和积累人力资本，以抵消低保的负激励效应，可以尝试首先在有劳动能力的低保家庭和低保边缘家庭中引入个人发展账户，鼓励低保家庭投资于教育、培训、就业和创业等，通过这种方式有助于低保家庭自身能力和资产的建设，提升其自主性并增加其脱贫自立的可能。

第三,改善现有就业救助相关措施。针对既有的培训、就业推荐和公益岗位等就业救助措施,需要针对低保对象的特点进一步加以完善:一是要提供以救助对象需求为导向的个性化、内容全面的培训。考虑受助者自身需要并结合市场需求,增加培训的内容,除技能培训外,还要训练救助对象的求职技巧、沟通与交往技巧,帮助其积累工作经验或取得相关学历文凭等,避免千篇一律和无针对性。在实施培训的过程中也应该重视发挥社会和市场力量的参与作用,在培训等内容方式上更多地调动第三部门和市场的积极性。二是要改进现有就业救助措施并细化援助流程。要进一步扩大就业援助措施的覆盖范围,让更多的救助对象享受到就业介绍、就业指导、培训等服务;要充分发挥社区推荐、职业介绍所等作用,帮助救助对象找到"合适"的工作并获得能保证基本生活的收入;[①]还要细化就业援助的流程,在帮助受助者准备工作、寻找工作和适应工作方面,都要有相应举措。三是优化就业救助管理体制并重构递送方式。应该理顺就业救助的管理体制,除了继续加强民政部和各级民政机构的职能以外,还要加强与分管劳动就业的部门和各地就业中心的管理互动和信息共享,力图通过阶段性救助来实现受助者返回就业市场的目标,也就是说,应该加强我国就业救助服务的整合性。此外,现有公共部门的递送方式无法提供多样化和个性化的就业救助内容,对此,除引入专业的社会工作者扩充基层工作队伍以提高其专业性并减少"人情"因素外,还要积极引入包括志愿组织等在内的第三部门参与递送以彻底改变现有递送方式,使之逐步走向个案式的就业救助服务提供。

### (三) 做好就业救助的相关配套衔接工作

第一,协调各社会救助项目的关系。目前,医疗、住房、教育等专

---

① 黄晨熹:《城市低保对象动态管理研究:基于"救助生涯"的视角》,《人口与发展》,2009年第6期。

项救助对象的确定多建立在低保资格上,这种简单的叠加是造成低保对象不愿退出低保的重要原因,很大程度上限制了就业救助效果的发挥。因此,我国应该缩小现行低保的制度边界,使其回归生活救助的最后一道防线的功能,需要规范各类救助项目的对象,可以考虑将各类专项救助纳入统一的社会救助管理体系,对各个项目在救助对象、标准、给付方式和水平以及管理等方面都统一设计,以提升各项目之间的协调性。同时,解除各类专项救助与低保制度的捆绑,本着家庭的实际困难情况通过需求测试的方式来确定专项救助的对象。

第二,与相关社会福利和社会保险制度相衔接。一方面,要与老年人、残疾人与儿童福利相衔接。福利服务对贫困家庭非常重要,比如,儿童托管、老年人和残疾人照护服务等,可以帮助减轻贫困家庭的负担和后顾之忧,使有劳动能力的家庭成员积极投身劳动力市场。要循序渐进地发展和完善相关福利制度,从总体上提升社会福利服务水平和普惠性程度。① 另一方面,要与失业保险和医疗保险制度有效衔接。要加强就业救助和失业保险制度的有效衔接,尤其是考虑低保群体的具体情况,积极促进其就业。还要加强相关医疗保险制度与就业救助的衔接,在重大疾病外帮助应对慢性疾病,促进低保家庭成员的健康状况的改进,这其实是一种人力资本投资,可以帮助其实现与维持就业。

第三,与就业促进制度相衔接。2007年通过的《就业促进法》蕴含了政府保障就业权的公共责任,体现了政府职能的转变,明确了国家要帮助就业困难群体实现就业权,这与就业救助对政府责任的要求一致,即就业促进和就业救助在政府保障就业权方面有相通之处。应该使就业促进制度规定的一些就业援助的优惠措施

---

① 关信平:《论现阶段中国社会救助制度目标提升的基础与意义》,《社会保障评论》,2017年第4期。

和多种就业渠道能够覆盖低保对象,并真正把就业促进规定的公平就业、反就业歧视落到实处,为低保对象就业创造有利的支撑条件和外部环境,让就业救助制度真正起到促进低保对象通过就业而自力脱贫的目的。

# 平衡工作与家庭：家庭生育支持政策的国际比较

房莉杰　陈慧玲[*]

## 一、引言

我国在实施了30多年的"只生一个孩子好"的计划生育政策之后，"单独二孩"政策于2013年开始实施；2015年十八届五中全会提出"坚持计划生育基本国策，积极开展应对人口老龄化行动，实施全面二孩政策"。然而计划生育政策放开之后却没有出现预计的生育率的大幅提高。根据国家统计局历年统计公报的数据，在"单独二孩"和"全面二孩"政策实施后，全年出生人口只有一年的显著增长，之后则是明显持续的下降。从2018年开始，甚至降至低于计生政策改革之前。因此，影响我国生育率的不是"让不让生"的问题，而是"愿不愿生的问题"（见图1）。

现代市场经济社会，除了个人主观因素之外，影响生育意愿的客观原因往往是缺乏社会支持，家庭无力抚养一个以上的子女。具体而言，养育成本过高是市场经济国家普遍面临的经济风险。由于缺乏养育补贴，而使得夫妻双方不得不都进入劳动力市场；如果同时面

---

[*] 本文发表于《人口学刊》，2021年第2期。

房莉杰，中国人民大学社会与人口学院研究员；陈慧玲，中国社会科学院大学社会学院硕士研究生。

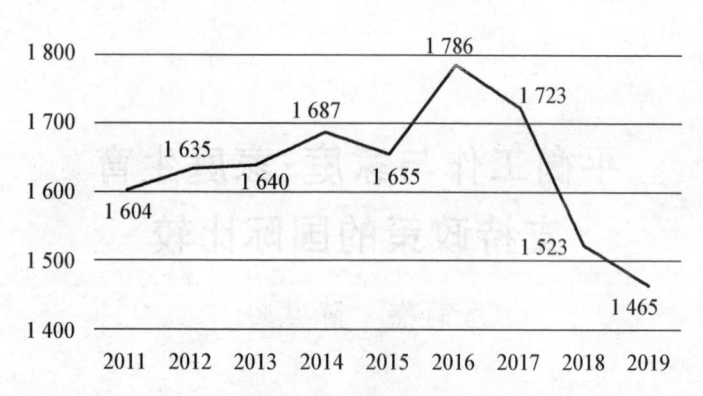

**图1 我国近年全年出生人口(万人)**

资料来源:国家统计局. 全国年度统计公报[EB/OL]. [2020-05-11]. http://www.stats.gov.cn/tjsj/tjgb/ndtjgb/.

临公共照顾的不足就会造成女性不得不同时承担照顾孩子的责任。因此,能否平衡工作与家庭以及如何平衡是影响女性生育意愿的最重要的客观原因。

从西方福利国家的情况来看,早在20世纪70年代就普遍陷入了低生育率社会,因此各个国家都不同程度地采取了一些社会政策支持生育。由于具体内容的不同,产生的结果亦差异较大。除了是否有效支持了生育,还包括鼓励女性就业还是留在家庭的区别,这又进一步地影响到一个国家的劳动力市场,进而影响宏观经济运行。因此家庭生育支持政策是一个复杂且辩证的议题,面对具体政策或政策组合,不仅要考虑它对生育率的直接影响,还要分析它对性别平等、社会分层以及对劳动力市场的间接影响。

本文选取了四个欧洲典型国家进行比较研究,试图分析不同国家在不同的传统文化下采取的不同政策,最终产生了什么样综合性的结果。由于我国目前还没有新的关于家庭生育支持政策的顶层设计,因此希望本文的比较研究能为我国将来的制度设计提供参考。

## 二、分析框架:育儿的去家庭化与再家庭化

二战之前西方福利国家模式的基础之一是"男性养家"的稳定家庭结构以及家庭内部的分工。具体而言,就是男性进入劳动力市场,女性照顾家庭,男性的收入所得支持一个家庭;而社会保障也是按照家庭保障设计的,即当男性劳动力不得不离开劳动力市场时(比如疾病、工伤、失业、退休),其保障金足以支持一个家庭的生存,而并不只是针对男性劳动力个人。以这种家庭分工为基础,社会政策只需要作用于劳动力市场,而不必关注家庭内部功能,因此对于儿童的照顾是家庭私人领域的问题,而不是公共议题。[1]

然而二战结束以来这种稳定的家庭结构和家庭分工发生改变:一是二战以前的产业结构是工业为主,这是男性更擅长的工作,二战以后服务业的发展超过工业,成为发达国家的主要产业,而男性在服务业中不再有性别优势,产业变化给女性提供了更多就业机会;二是女性受教育的时间越来越长,跟男性的差距越来越小,伴随着女性权利意识的上升,越来越多的女性选择就业;三是由于经济不景气,同时育儿成本又在增加,单靠男性一方的收入养家变得捉襟见肘,这也促使女性进入劳动力市场;四是离婚率提高,单亲家庭越来越多,在这种家庭里,家庭分工显然无法实现。[2]

由于传统的福利国家模式是建立在稳定的家庭结构和家庭分工基础上的,在上述转型背景下,原有的福利国家模式的家庭基础已经不复存在。尽管女性进入劳动力市场可以促进经济增长,然而平衡工作与家庭却不可避免成为职业女性的问题,这在很大程度上影响

---

[1] 岳经纶、方萍:《照顾研究的发展及其主题:一项文献综述》,《社会政策研究》,2017年第4期。

[2] Esping-Andersen, G. et al. (2002). *Why We Need a New Welfare State*. Oxford: Oxford University Press.

到生育率进而影响到老龄化程度。因此,"家庭照顾"从原来的私人领域的问题变为公共议题,成为社会政策干预的重要社会风险。有学者认为20世纪80年代在社会政策领域的发展主要是家庭政策。[1]

泰勒-古柏和波诺力都将这种家庭结构的改变以及越来越多的女性从事有薪酬的工作视为福利国家的根本风险的变化。[2][3] 更深层次地,它不仅仅是一种具体风险的应对,而是改变了福利国家的基本社会关系,也改变了福利资源的分配方式,因而具有深刻的理论意义。

在上述背景下,各国都出台了各种社会政策对育儿进行支持和干预,这些政策工具可以总结为表1。

表1 生育的社会支持政策

| 政策工具 | 主要政策内容 |
| --- | --- |
| 经济 | 照顾津贴、儿童津贴、家庭津贴、支持家庭照顾的税收减免 |
| 时间 | 产假与陪产假、有薪或无薪的亲子假、缩短工作时间、弹性工作 |
| 服务 | 居家帮助、社区托育、公立托育机构、课后照顾 |

资料来源:社会政策与法律分享数据库(The Social Policy and Law Shared Database (SPLASH))[Z/OL]. [2020-05-11]. https://splash-db.eu/.

在表1的三类工具中,不同的工具会产生不同的平衡作用:如果倾向于使用经济手段,而不重视服务提供,那么平衡的结果则更倾向于让女性留在家里自己照顾孩子,其背后的含意是更强调女性在家

---

[1] Lewis, J. (1989). "Social Policy and the Family: Introduction." In Bulmer, M., Lewis, J. and Piachaud, D. (Eds.) *The Goals of Social Policy*. London: Unwin Hyman.

[2] Taylor-Gooby, P. (2004). *New Risks, New Welfare: The Transformation of the European Welfare State*. Oxford: Oxford University Press.

[3] Bonoli, G. (2006) "New Social Risks and the Politics of Post-Industrial Social Policies." In Armingeon, K. and Bonoli, G. (Eds.) *The Politics of Postindustrial Welfare States*. London: Routledge.

庭分工中的作用,这是一种照顾的"再家庭化"的导向;反之,如果主要使用公共服务作为平衡工具,那么女性则更有可能进入劳动力市场,这种平衡的背后意涵是更倾向于将女性当作劳动力看待,是一种照顾的"去家庭化"的导向;但是如果经济手段强大到足够市场支付,那么则可以给予女性"去家庭化"和"再家庭化"的双向选择;将时间作为政策工具的情况相对比较复杂,工作弹性和短期的假期可以支持女性自己照顾孩子,这样做的长远目的是让女性可以更长期地留在劳动力市场,但是这要视假期的长短而定,过长的假期会让女性长期脱离劳动力市场,不利于其再就业。

因此,社会政策工具对于女性角色的平衡作用是复杂和多样的,不同的国家采取的政策工具组合并不相同,它不仅影响到能否有效支持职业女性平衡工作和家庭,而且也会将女性引导向工作或家庭的不同方向。国家对政策工具的选择隐含了在各国具体的经济社会文化背景下对女性、家庭以及劳动力市场的不同看法。

福利国家的类型学研究最初是由埃斯平-安德森开始的。[1] 不过他最初的研究只关注不同国家对待劳动力市场的区别,并没有女性和家庭视角。尽管如此,埃斯平-安德森从意识形态的角度对福利类型的分类也对家庭有借鉴意义——自由主义国家(如英国)倾向于弱干预,社会民主主义国家(如瑞典)倾向于强干预,而保守主义国家(如德国)倾向于有差别和针对性的干预。此外,埃斯平-安德森在其后的著作中又补充了"去家庭化"的维度,即社会福利制度在多大程度上能够减轻社会成员对于家庭的依赖,在这一分类中,增加了南欧国家的"家庭主义"福利模式。[2]

实际上也有很多学者尝试将福利国家按照家庭照顾的维度进行

---

[1] 埃斯平-安德森:《福利资本主义的三个世界》,苗正民、滕玉英译,北京:商务印书馆,2010年版。

[2] Esping-Andersen, G. (1999). *Social Foundation of Postindustrial Economies*. New York: Oxford University Press.

分类:刘易斯在20世纪90年代就根据男性养家、女性是否从属于家庭的强弱,将福利国家分为强男性养家模式(如英国)、中男性养家模式(如法国)以及弱男性养家模式(如瑞典)。① 不同的模式背后实际上是国家对于家庭的不同期待——是更强调家庭的完整性,还是鼓励女性从家庭中解放出来;安东尼和西普拉按照主流的福利多元主义的划分法提出了公共服务型/政府支持型(如瑞典)、家庭型(如西班牙)以及市场型(如英国)的分类。② 这一分类其实暗含着两层意思:第一层是政府支持的强弱;第二层是在政府支持以外的亲市场与亲家庭。不同的资源分配主题,暗含着传统文化与意识形态的差异。

建立在埃斯平-安德森的分类维度基础上,结合其他学者的研究以及上文提到的不同政策工具在平衡方向上的区别,本文选择了瑞典、英国、德国、西班牙四个典型国家进行分析。这四个国家的典型性在于:瑞典可以看作"劳动力—公共服务"的典型,也就是说瑞典更倾向于将女性当作劳动力看待,使用的政策干预工具主要是公共服务;英国可以看作"劳动力—经济支持"的典型,也就是说英国也更倾向于将女性当作劳动力看待,但是更倾向于使用经济工具支持育儿市场的发展;德国是"照顾者—经济支持"的典型,更倾向于使用经济工具将女性留在家里;西班牙是"照顾者—弱干预"的典型,主要是将女性当作家庭照顾者,但是与上述三者不同的是,由于南欧国家的强大家庭传统,西班牙倾向于更少的政府干预和支持。

本文接下来的分析逻辑是:首先结合上文提出的"经济""时间""服务"三类政策工具分别介绍四个国家各自的"工具组合";其次将利用数据比较四国的政策结果,主要是女性劳动力市场参与情况和生育率的情况;最后试图建立"支持政策—平衡效果"的逻辑链,以为

---

① Lewis, J. (1992). "Gender and the Development of Welfare Regimes." *Journal of European Social Policy*, 2(3), 159 – 173.

② Anttonen, A., Sipila, J. (1996). "European Social Care Services: Is It Possible to Identify Models?" *Journal of European Social Policy*, 6(2), 87 – 100.

中国的生育支持政策做出启发。

## 三、欧洲四国的政策比较

如上文所述,尽管大部分福利国家都出台了生育支持政策,但是不同国家干预的程度不同,而且会选择不同的政策工具组合。本文对于四个案例国家的分析,试图呈现出他们各自的主要内容、政策逻辑以及最终产生的结果。本部分的资料来源,除非特殊说明,均来自"社会政策与法律分享数据库(The Social Policy and Law Shared Database(SPLASH))"和 EU 关于各国家庭和儿童政策的文献库。[①]本部分将在依次介绍四个国家情况的基础上对各国数据进行比较分析。

### (一) 瑞典案例:社会民主主义的强干预

瑞典的社会福利体系一直坚持追求两个目标:一是平等,二是充分就业。这两点在瑞典的家庭生育支持政策中也有充分体现——鼓励女性就业既关系到性别平等,又关系到充分就业,因此也是生育支持政策所追求的目标。政策支持工具都充分使用的结果是:妇女在劳动力市场上的地位很高(女性劳动力市场参与率在欧盟中最高),具有较高的生育率(几乎处于替代水平),儿童的贫困率非常低(在欧盟中最低)。这样的成就归因于慷慨的公共支出(瑞典超过3%的GDP支出用于育儿福利,在欧盟国家中为占比最高之一)、高质量和可负担的育儿公共服务以及家长灵活的工作时间。三类政策工具的具体内容如下所示:

1. 经济支持

瑞典的育儿经济补贴分为三类:普惠型(General)津贴,如儿童

---

[①] 欧洲联盟官网:《欧洲儿童投资平台》,2020 年 5 月 11 日,https://ec.europa.eu/social/main.jsp?catId=1248&langId=en.

津贴;保险计划(Insurance scheme),如父母津贴和临时性父母津贴以及救济型(Means-test)津贴,如住房津贴和残疾儿童津贴。由于父母津贴与时间支持的关系更密切,所以本部分不再赘述,重点介绍其他两类。

第一类普惠型津贴是全体社会成员平等共享的。1948年起瑞典为16岁以下的儿童提供普遍的儿童津贴,即从孩子出生后的第二个月起自动向母亲支付固定费用(免税,2014年是每月115克朗,1克朗约等于1欧元)。2005年10月附加的儿童津贴政策根据家庭未成年子女数量的增加而累进增长,以对多子女家庭提供更多经济支持。选择继续教育到20岁的青年,仍然可以获得每年九个月的津贴。[①] 育儿津贴在儿童出生(或者在瑞典登记定居)之时便自动生效,而不需要额外申请。

第三类津贴以住房补贴为例,其支付的金额取决于住房成本、房屋大小、家庭收入和居住在家里的儿童人数。住房津贴针对孩子数量在1个以上并且家庭年收入不超过10 000克朗的所有家庭。租住设备齐全的两房一厨公寓的父母能够得到最低标准为一年500克朗的补贴,每额外养育一个孩子增加150克朗的住房补贴。[②] 现今的住房津贴主要用于单亲家庭租赁房屋,1999年大约有30%的有子女家庭获得了住房津贴,2002年单亲家庭和双亲家庭平均住房津贴为182克朗和187克朗。

### 2. 服务支持

在20世纪60年代之前,瑞典主要通过津贴的形式提供生育支持,育儿的公共服务并不发达。有意识地发展育儿公共服务是从70

---

[①] Ilona, O., Christoph, S. (2008). *Family Policies in the Context of Family Change-The Nordic Countries in Comparative Perspective*. New York: University of York.

[②] Kälvesten, A. (1955). "Family Policy in Sweden." *Journal of Marriage and Family Living*, 17(03): 250-254.

年代开始的,当时的政策背景是女性的平等就业获得了较高的政治优先性。现今,绝大多数的学龄前儿童都进入了公立的托儿所享受全天候的托育服务,学校也提供课后照顾。这种全天候的托育服务和课后照顾保证了母亲白天全职的工作时间。

一是儿童托育(Childcare)。教育法案规定地方政府有责任为年龄在12岁以下的儿童提供全天候的托育服务,儿童享受托育服务的权利得到法律保障。瑞典儿童托育分为公共和私人部分,公共儿童托育服务针对所有1~6岁的儿童,1岁以下的婴儿由父母利用产假进行照顾。通常托儿所在早上7点到下午6点半的工作时间内开放,但也有77家市政中心在日常工作时间外,包括晚间提供儿童托育服务。[①]公立机构的托育服务是以高昂的政府补贴为基础的。在个人收费上,3~6岁的儿童每周在公立托儿所享受15小时的免费服务,超出部分需要家长支付费用。家长支付的额度与其收入相关,最高为每月每人150克朗且与子女数量成反比。私人机构儿童托育服务通常需要得到地方政府的许可。2002年儿童进入私人机构的比例是17%,其中大多数儿童参加的是父母合作团体提供的托育服务,该团体由父母自己组建并且在其中工作。[①]

二是课后照顾(After-schoolcare)。课后儿童托育服务针对6~12岁的大龄儿童,主要项目包括:娱乐小组,通常在学校中开展;家庭日间照料,由儿童托育员在儿童上学前或放学后家中提供托育服务。[①] 费用根据孩子的数量和家庭收入进行调整,一个孩子的费用占家庭收入的3%,二个或三个孩子的费用各为1%。[①]

3. 时间支持

1900年瑞典通过了第一部产妇保护法,禁止在女性分娩后的两周内从事工业工作,对女性实行无薪休假,这是瑞典时间支持政策的

---

[①] Ilona, O., Christoph, S. (2008). *Family Policies in the Context of Family Change-The Nordic Countries in Comparative Perspective*. New York: University of York.

开端,之后这类政策不断扩展、日益慷慨且休假期间的工作受到法律保护。时间支持通常包括产假和育儿假以及弹性工作时间。

一是产假。目前瑞典的法定产假是18个月,其中产假补贴涵盖16个月。其中的13个月享受工资的80%的补贴,最高每天105欧元;剩余的3个月的补贴是每天20欧元。多胎子女、单亲家庭的产假和补贴都会有相应增加。此外,1974年瑞典将一系列家庭福利和产假相结合,形成"父母保险制度(Parental insurance)",成为世界上第一个将享受产假的权利延伸到父亲的国家。之后出现两次促进父亲参与育儿的调整,1995年将15个月产假中拿出一个月的不可转让假期给父亲;2002年将产假延长至16个月,相应的不可转让的假期延长至2个月;2008年出台父母平均分享假期的奖励制度,即父母双方休假时间距离越接近,得到的奖励金越多。

二是针对产假之后、8岁以前的时间支持,主要是缩短工时,允许灵活安排工作时间,提供育儿假。有8岁以下孩子的父母在法律上有权将其工作时间减少到75%(1979年)。此外,当孩子生病时,父母可以享受短期的带薪育儿假。

### (二)德国案例:保守主义的强干预

德国是"保守主义"的典型国家,其"保守"也体现在家庭政策上,即尽量强调家庭的完整和家庭功能的发挥。这种特点在进入21世纪后,随着外部环境的发展难以为继,因此德国也开始了一系列平衡家庭与工作的改革,使得其男性养家模式有所削弱。根据2002年首次提出的"可持续家庭政策"原则,德国政府一直在寻求通过减轻工作与家庭之间的冲突来提高生育率和减少儿童贫困的措施。此外,在西德和东德统一之后,也面临一些制度方面的整合。东德作为前社会主义国家,在家庭政策方面一度强调的是男性和女性劳动力的充分就业,以充足的公共服务解决托育问题。但是尽管如此,与其他国家相比,德国对于家庭的态度依然是偏"保守"的。

### 1. 经济支持

德国十分注重为家庭成员提供现金福利，帮助家庭成员尤其是女性减轻育儿的经济压力。育儿方面的经济福利主要有两种形式：儿童补贴或税收减免。儿童补贴和税收减免是普享的，按每月一次的方式支付，其金额视家庭中孩子的数量而定。以 2014 年为例，其标准是第一个和第二子女各自可以获得 184 欧元，第三个子女为 190 欧元，第四个子女及随后每增加一名子女可以获得 215 欧元。该福利一直持续到子女年满 18 岁或者 18～25 岁仍在校接受教育者。但后者是建立在收入核查基础上的。如果父母是纳税者，其儿童补贴可以以税收减免的方式实现。

此外，单身父母有特殊津贴。他们可以要求为每个孩子提供 1 308 欧元的额外免税额，以解决家庭中只有一个潜在的收入来源的问题。

### 2. 服务支持

公共儿童托育服务由非营利机构提供，除公共资助的托育机构外，家庭日托服务规模日益扩大。尽管私立机构的费用并非政府统一定价，但总体上，托育机构都得到各级政府大量补贴，其收费会根据家庭规模和收入有差异。自 2006 年以来在职父母每年可从其所得税中扣除高达 4 000 欧元的托儿费用。与其他国家相比德国的育儿费用较低。

从 1996 年开始 3 岁以上的学龄前儿童都有权进入托儿所。尽管有大量政府补贴给托育机构，但是这种机构设立的目的并非支持女性全职就业，主要是将其作为家庭和学校的过渡场所。2014 年尽管有 90％的 3～5 岁儿童进入托儿所，但是 75％的儿童每天在机构的时间都不足 7 小时。此外，对于年龄较小的儿童，东西部提供儿童托育仍然遵循两种传统，东部地区为 0～3 岁的儿童提供机构的正规照料服务，西部地区仍然按照"家庭主义"的传统，由女性在家照顾 0～3 岁儿童。德国儿童托育服务的这种东西部差异降低了西部地区女性在工作上的灵活性。东部地区女性依赖全日制的儿童照料，其全职工作率明显高于西部地区。

此外，由于德国的社会政策有很强的分权化特征，所以在育儿机构的收费和照顾时间上也存在较大的地区差异，这自然也带来不同地区女性生育率和就业率的差异。

3. 时间支持

在产假方面，1979年起德国即规定允许有工作的妇女享受4个月的带薪产假。从1986年到1992年带薪亲子假被逐渐延长到最长3年。与其他支持政策相比，德国的时间支持是相当慷慨的。尽管德国也出台了一些特殊的劳动力市场方案以支持养育孩子的母亲重返劳动力市场，但是支持的效果非常有限。因此政府转而鼓励女性通过"半就业"平衡工作与家庭。

### (三) 英国案例：自由主义的强干预

在埃斯平-安德森的分类里，英国被打上了显著的"自由主义"标签。[1] 这反映在家庭生育支持政策上就是国家对家庭事务极少直接干预。英国的托育服务注重市场这只"无形的手"的作用，主要通过刺激私营市场的服务供给减少女性对家庭的依赖。直到1997年的工党改革才开始将促进女性就业当作其执政目标之一。尽管如此，英国对家庭生育的支持仍然不高，女性仍被预期为"家庭照顾者"的角色。尤其是2010年紧缩财政改革以来，英国家庭政策呈萎缩趋势，从"累进的普遍主义（Progressive universalism）"原则转向对弱势家庭的有针对性的支持。具体如下：

1. 经济支持

英国的社会保障非常强调"基本保障"的原则，儿童津贴也不例

---

[1] 埃斯平-安德森：《福利资本主义的三个世界》，苗正民、滕玉英译，北京：商务印书馆，2010年版。

外。分为普惠型和补缺型两类。其中,普惠型儿童津贴是目前英国提供给所有儿童的普遍福利,不受儿童父母的收入和劳动状况影响,它面向的是16岁以下儿童和正在接受全日制非高等教育的16~19岁儿童家庭。2014年,一个孩子的家庭每周可获得20.50英镑,每多一个孩子每周可再获得13.55英镑。这一标准是维持孩子的基本生活,而远远不够从市场上获得照顾服务。

补缺型儿童津贴需要进行家计调查,它又可以分为工作退税(Working tax credit)、育儿退税(Children tax credit)、收入支持(Income support)三类。工作退税针对的是家庭成员每周工作至少30小时(或至少16小时的单亲家庭)且收入低的家庭,对其税收进行返还。收入支持针对的是父母没有能力进入劳动力市场的家庭,如子女5岁以下的单亲家庭、怀孕的女性、有重大疾病或残疾的家长;这两项政策的补贴额度都视家庭情况不同而有区别。育儿退税是在前两项政策基础上,对于家中有16岁以下子女(或20岁以下、仍在接受全日制教育或培训的子女)附加的一项政策。2012年上述三项政策被整合退税(Universal credit)取代,以简化程序、提高制度的透明度和运行效率。

2. 服务支持

1994年英国为育儿提供的税收减免政策大大促进了女性就业和育儿服务需求,私立的育儿机构迅速发展起来。针对学龄前儿童的正规日间照料主要有三种形式:托儿所(Nurseries)、儿童托育员服务(Child-minders)以及游戏团体(Playgrounds)。这些服务绝大部分是由私立机构提供。[1]

政府主要支持学龄前教育,目的在于衔接家校环境。学前教育为所有3~4岁儿童和来自贫困家庭的2岁儿童提供每周15小时、

---

[1] Finch, N. (2008). "Family policy in the UK." In Ostner, I, Schmitt C. (Eds.) *Family Policies in the Context of Family Change: The Nordic Countries in Comparative Perspective*. Netherlands: VS Verlag für Sozialwissenschaften.

每年38周的教育。由于每天在校时间很短,可见,这种学前教育并不是为了支持这些家庭的女性的全职就业。其他形式的公共托儿服务包括雇主支付纳税人每周55英镑的托儿代金券以及针对低收入家庭的工作退税(Working tax credit),后者最多支付托育费用的70%。

从目前的评价来看,普遍反映的问题是:儿童托育费用较高且免费托育时间有限,这降低了中低收入家庭中母亲的工作可能性。此外,贫困家庭在市场上购买托育服务需要耗费很大成本,而政府的支持并不能有效解决这一问题。

3. 时间支持

20世纪70年代前英国只针对孕妇提供一次性的生育保险补助金。70年代后女性劳动力大量涌入劳动力市场,呼吁男性承担家庭育儿责任的议题出现,男性陪产假应运而生。目前母亲享有52周的产假,其中最多有39周是带薪产假。在带薪产假的前6周,收入水平是平均周薪酬的90%,后33周的收入水平略低一些。

父亲的带薪陪产假是在孩子出生后的20周至1岁之间,收入标准是平均工资的90%。除了带薪产假外,父亲还可以享受26周的无薪假期。但是从2015年开始母亲的带薪产假可以根据家庭意愿由母亲转让给父亲。

在育儿假方面,父母双方每人每年可以享受每个孩子最多4周的无薪假期。但是只有当受雇父母在其所在公司工作一年以上才有资格享受。英国的产假和育儿假与工作挂钩,对于无工作的女性来说,只能依靠特殊津贴维持收入。

**(四)西班牙案例:家庭主义的弱干预**

西班牙的家庭政策具有显著的地中海国家的家庭主义特点,非常强调家庭功能。甚至在弗朗哥(1936—1975)执政时期,家庭政策的重点是加强男性养家模式,提供家庭福利鼓励正在工作的女性重返家庭;之后向民主过渡时期,针对家庭的干预减少,重点发展跟劳动力市场相关的社会保障,将家庭事务视作私域,尽量避免干涉。因此以平衡工作与家庭为目标的政策,大约在21世纪之后才逐渐起步。当时的初衷主要是应对生育率的低下,而且不久便面临预算紧缩的情况。因此普遍认为对家庭弱干预的传统,在西班牙并没有根本性变化。从经济支持和时间支持来看,西班牙的政策往往跟就业和缴纳社会保险费相联系,这似乎是在促进女性就业;但是另一方面,支持力度并不大,且公共服务不够发达,因此并不足以为职业女性提供必要的生育支持。

1. 经济支持

一是税收减免。自2000年以来颁布的所得税法规包括针对大家庭、单亲父母、低收入家庭和残疾儿童的特殊福利;在区域一级,为特定群体提供了进一步的税收优惠。2002年西班牙政府对3岁以下儿童实行每月100欧元的现金支付或1 200欧元全额所得税的年度扣除,但这项福利给付对象为正在缴纳社会保障税的职业母亲(不包括正在休假和没有收入的母亲);2003年开始,儿童照顾成本在缴税时可以部分扣除,第一名子女可以减免1 400欧元,第二名子女可减免1 500欧元,能够减轻父母特别是处于经济依赖地位女性的育儿成本。

二是生育及家庭津贴。2002年西班牙政府为刺激生育率开始为父母发放生育津贴,从第二名子女开始发放,随子女数量的增加,生育津贴的金额也不断增加,西班牙政府为第二名子女提供3 000欧元,第三名子女提供6 000欧元津贴,但由于政策的公平性遭到质疑,该津贴在2007年调整为给所有3岁以下子女提供2 200欧元的津贴。除了生育津贴外还有家庭津贴。西班牙的家庭津贴需要经过家计调查,每个家庭每月可以获得24.25欧元,该津贴仅针对低收入家庭的18岁以下子女,津贴额度随家庭子女数量增加而提升。

2. 服务支持

儿童一般在教育领域中获得托育服务,在教育领域之外的儿童托育服务被认为是家庭的责任。2006年第二轮婴儿教育法的规定中将学龄儿童年龄降至3岁,公立学校的早期教育是免费的,3～5岁儿童的托育服务能够通过学校获得保障,但是学龄前儿童的公共服务仍然不足,0～2岁儿童的托育服务并不广泛,获得资格在各地有较大差异,私营儿童托育机构的作用更大。

学前教育的托育服务由公共和私营部门提供,公共托育服务质量较高,服务费用较低,但是等候时间较长,可得性较低。公共的育婴场所开放时间为每天上午9～12点,下午3～5点,与父母工作时间冲突。私营部门费用高昂但是政府削减了对育儿服务的公共补贴,因此西班牙父母更加依赖家庭提供的非正式照顾,男性养家模式固化了女性对家庭的依赖。

3. 时间支持

一是产假。西班牙政府实施妇女可以享受16周全薪产假,生育双胞胎的母亲可以将产假延长至18周的政策。母亲在分娩后必须休6周产假,其余十周可以由父母任意一方享受。母亲在产后6周恢复工作后,有权利采取非全职的工作模式。所有妇女均可以享受产假,但是母亲必须在休假前缴纳社会保障费用,西班牙设置了13天全薪陪产假,但只有正式部门的员工才有机会享受相关假期,事实上女性的产假权与工作和社会保障缴费记录紧密相关。

二是育儿假。西班牙育儿假期限为12个月,最多延长至36个月,在父母享受育儿假期间没有任何收入津贴,休假后的父母有权返回工作地点,但是签订临时合同的雇员不能休超过合同期限的假期,失业和自营劳动者没有休假的资格。西班牙在家庭政策方面改善了育儿假,为父亲提供2周无薪育儿假,无薪育儿假使西班牙父母在使用假期时变得更加慎重,对育龄女性来说,无薪的育儿假和时长较短的产假无法降低女性的育儿压力。

## (五) 四国政策结果的比较分析

在上述四国政策情况简要分析的基础上,我们可以通过图 2 和图 3 了解四国的比较情况。无论是公共支出还是带薪假期,图 2 和图 3 都呈现出西班牙干预明显较弱的情况。在其他三个国家中,如图 2 所示,瑞典和德国的带薪假都比较长,尤其是德国,这与其重视家庭、让母亲尽可能留在家里照顾年幼子女的理念相关。但是德国过长的育儿假对于女性重返劳动力市场产生不良影响。相比而言,英国的育儿假较短,尽管近几年有显著增长,但是仍低于 OECD 国家的平均水平,这表明英国对女性的时间支持有限。

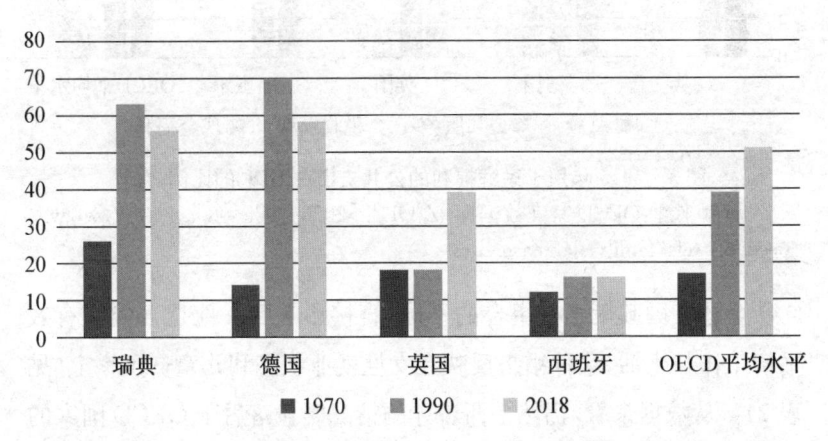

**图 2 1970 年(左)、1990 年(中)和 2018 年(右)各国带薪产假和育儿假时间(周)**
资料来源:OECD 家庭数据库[Z/OL]. [2020-06-08]. http://www.oecd.org/els/family/database.htm.

在图 3 中,瑞、德、英三个国家用于家庭福利的公共支出都远高于欧盟的平均水平,但是其内部构成却不同。瑞典的公共支出倾向于投向服务,而英国的现金福利占比较高,德国的现金福利和公共服务的区别则不大,另外德国还强调税收返还。这表现出三个国家的不同特点是:瑞典倾向于通过公共服务的提供,将女性从家庭中解放出来;英国倾向于用现金福利提高有子女家庭的购买力,从而刺激市场发展,用市场手段解决育儿问题,或者通过经济手段支持女性留在家里；德国则强调公共支出的收入再分配作用。但是需要说明的是，公共服务支出并不必然支持女性就业。如上文的国别介绍所言，德国和英国尽管有大量财政资金投入于托育服务，但是由于机构托育时间较短，因此对女性全职就业的支持非常有限。

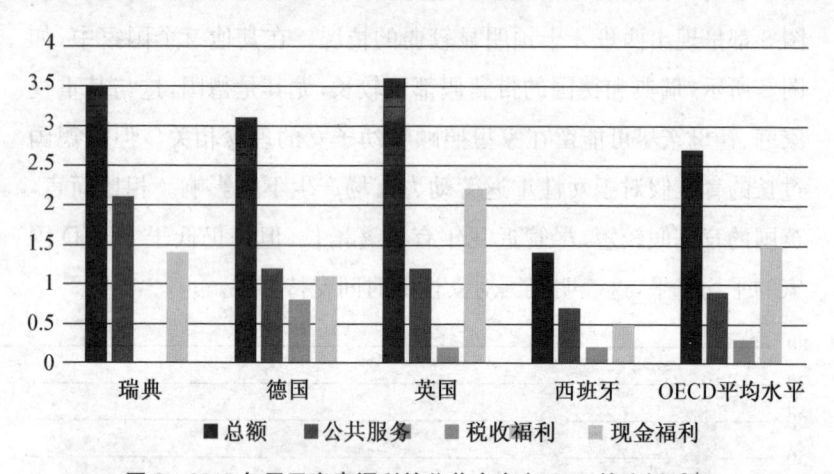

图3 2015年用于家庭福利的公共支出占GDP的比例（%）
资料来源：OECD家庭数据库[Z/OL].[2020-06-08]. http://www.oecd.org/els/family/database.htm.

上述各国政策工具组合的不同，直接影响到女性是否能够有效平衡工作与生活，这种结果反映在女性就业状态和儿童贫困率上（见表2）。从数据来看，仍然是西班牙的情况明显落后于OECD国家的平均水平，而其他三国的情况都优于后者。从表2来看，瑞典实现了非常高的女性就业率，证明其政策支持的有效性；德国和英国的情况差异不大，兼职就业率略高于全职就业率，这跟上文提到的两国的公共服务都不足以支持全职就业不无关系；而西班牙虽然女性整体就业率不高，但全职就业率却远高于兼职就业率，也高于德国和英国的全职就业率，有可能因为生育对贫困的严重影响，所以限制了女性兼职者的生育意愿。

表2　2014年各国有子女的女性的就业状态(%)

|  | 就业率 | 全职就业率 | 兼职就业率 | 不确定 |
|---|---|---|---|---|
| 瑞典 | 83.1 |  |  |  |
| 德国 | 69.0 | 30.0 | 39.0 | 0.0 |
| 英国 | 67.1 | 33.0 | 33.3 | 0.8 |
| 西班牙 | 59.5 | 43.2 | 14.9 | 1.4 |
| OECD平均水平 | 66.2 |  |  |  |

资料来源：OECD家庭数据库[Z/OL].[2020-06-08]. http://www.oecd.org/els/family/database.htm.

从最终的宏观结果上评价工作与家庭的平衡,则主要是女性劳动力市场参与率和总和生育率,如图4和图5所示。除了瑞典,其他三国都是女性劳动力市场参与率明显提高,而生育率都是在经历了迅速下降之后,稳定在一个相对较低水平。瑞典女性的劳动力市场参与率和总和生育率都稳定在一个较高水平;英国和德国的趋势一致,但是无论从女性就业还是总和生育率上,英国都要优于德国;变动最大的是西班牙,经历了女性就业率迅速提高和总和生育率迅速下降的过程。

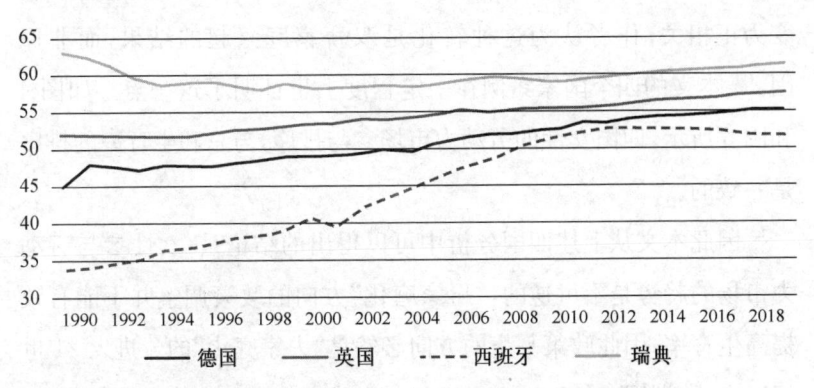

图4　各国历年(15～64岁)女性劳动力市场参与率(%)

资料来源：世界银行数据库[Z/OL].[2020-06-08]. https://data.worldbank.org/indicator.

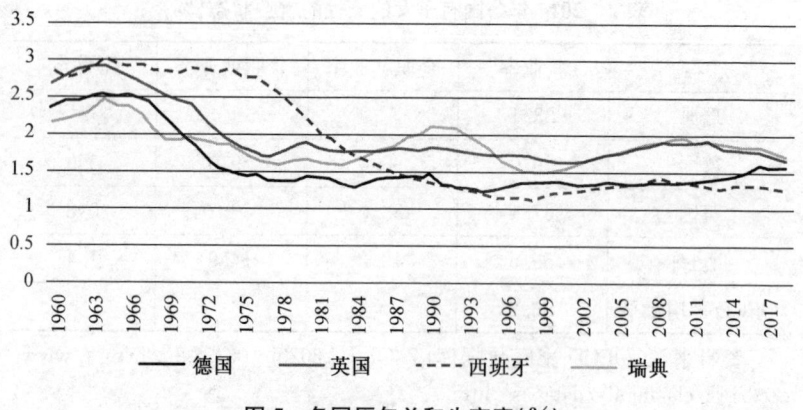

**图 5　各国历年总和生育率(%)**

资料来源：世界银行数据库[Z/OL].[2020-06-08]. https://data.worldbank.org/indicator.

## 四、结论与讨论：通过支持女性就业提高生育率

一般认为女性就业与生育子女有一定冲突，所以就业率越高反而生育率越低。但是蒙克对 OECD 国家的数据分析显示女性的劳动参与率和总和生育率之间是"反 J 关系"，即短暂的负相关之后转变为正相关；作者认为这种转化是双薪家庭兴起的结果，而非原因。① 本文的四个国家案例在一定程度上也证明了这一点。如图 4 和图 5 所示，四国女性的劳动力市场参与排序，与总和生育率的排序是一致的。

因此本文从上述四国分析中可以得出的结论是：女性参与劳动力市场的趋势是不可逆的，"再家庭化"方向的政策调整并不能有效提高生育率，因此政策平衡的方向必然是"去家庭化"的。进入 21 世纪以来，欧洲国家的政策方向已经或多或少都转向支持女性就业，即

---

① 蒙克：《"就业—生育"关系转变和双薪型家庭政策的兴起——从发达国家经验看我国"二孩"时代家庭政策》，《社会学研究》，2017 年第 5 期。

使保守如德国、家庭传统强大如西班牙也不例外。也就是说，生育支持政策有效性的关键是，看它在多大程度上促进了有子女的女性就业以及在多大程度上促进了劳动力市场的性别平等。

从政策工具的具体细节来看，尽管用于家庭生育支持政策的公共支出越高，平衡效果就越好（如瑞典和英国的公共支出均超过 GDP 的 3％，其女性就业率和总和生育率也优于德国和西班牙），但更重要的是支出结构和政策设计的细节。从公共支出结构来看，对比瑞典和英国，公共支出占 GDP 的总额相似，但是结果有较大差异。主要体现在几个方面：一是在支出结构上，瑞典强调公共服务，而英国强调现金福利和市场服务，前者的服务效率和公平性要高于后者，这在儿童贫困率上有明显体现；二是在育儿服务的内容上，瑞典不仅有全天候的公共服务，而且还有提供晚间托育服务的机构，课后服务也很充分，所有这些保证了女性全职工作的时间，与此相比，英国公共服务时间较短，对女性全职工作的支持有限；三是在休假的设计上，瑞典有较长的产假和灵活的育儿假，前者保证了孩子从出生到1岁时可以得到充分的家庭照顾，后者保证偶然必要情况下育儿需求的满足。

上述四国情况对我国未来设计家庭生育支持政策的启示是，经济、服务、时间三类政策工具应该综合且有侧重点地使用：经济类政策在于保障儿童的最低生存需求，应有效"兜底"；服务类政策是三类政策的重点，公共资源应向这类政策倾斜，在政策设计上要能够保证女性的全职工作时间；时间类政策应延长女性的带薪产假至1岁以上并保护他们的工作权利，使得不适合公共机构照顾的婴幼儿能得到家庭照顾；此外，政策设计要相对灵活，给予女性和家庭更多选择。

# 流动时代的健康中国：社会经济地位、健康素养与健康结果
## ——基于CMDS2016数据的实证研究

郭 未 鲁佳莹 刘林平[*]

## 一、引言

流动人口是中国经济社会建设的重要参与者与贡献者，但是他们仍然面临被边缘化的现实处境，在健康问题上存在诸多不平等。[①]因此，在流动时代的中国，如何针对性地维护流动人口这一群体的健康权益，保障他们在城市中的身心健康与生存发展竞争力，对实现全民健康具有重要意义。2019年6月《国务院关于实施健康中国行动的意见》中把"提升健康素养作为增进全民健康的前提"，[②]契合于此背景以及中国的实际情况，在健康不平等议题之下开展对于流动人

---

[*] 本文原载于《人口学刊》，2022年第2期。
作者简介：郭未，南京大学社会学院社会工作与社会政策系教授；鲁佳莹，江苏省广播电视总台节目研发与受众研究中心数据分析员；刘林平，南京大学社会学院社会学系教授、博士生导师。
基金项目：国家社科基金一般项目：中国流动人口的社会经济地位、健康素养与健康结果研究（20BRK040）

[①] 田丰：《逆成长：农民工社会经济地位的十年变化（2006—2015）》，《社会学研究》，2017年第3期。
[②] 中国政府网：《国务院关于实施健康中国行动的意见》，2019年6月，http://www.gov.cn/zhengce/content/2019-07/15/content_5409492.htm? trs=1。

口社会经济地位、健康素养与健康结果关系的研究,能为构建流动人口的健康政策提供一定的理论与实证支持。

第七次全国人口普查数据显示,中国流动人口高达3.76亿,其从与"农民工"(从农村进入城市从事非农工作)群体的极大重合变为"农民工"群体与"流动白领"(在家乡具有城市户籍,具有大专及以上教育程度,但在家乡之外的另一座城市中就业和居住)群体为主的亚人口。[①] 因此,本文拟利用涵盖健康素养专项调查模块的2016年中国流动人口动态监测调查(China Migrants Dynamic Survey,CMDS)数据,在"社会因果论"(Social causation theory)视角下,呈现社会经济地位决定流动人口健康水平背后的因果逻辑。并回答以下问题:流动人口的社会经济地位与健康素养的关系如何?健康素养能否成为流动人口社会经济地位与健康水平差异之间的重要因果链,对流动人口的健康结果会产生怎样的影响?社会经济地位及相关政策维度的因素对于流动人口中两个核心群体(农民工与流动白领)健康素养的因果影响机制有何差异?

## 二、文献回顾与研究假设

### 1. 社会经济地位与健康素养的关系

和不同社会地位群体的健康水平一样,健康素养也存在由社会经济地位导致的差异。[②] 随着健康素养的概念与测量方式的不断完善,相当多的研究证实了受教育程度更高的人能够获得、使用与健康相关的更多信息,更有能力在医疗环境或社会生活中做出健康行为

---

① 保尔森基金会:《如何更好地服务中国的非户籍人口》,http://www.paulsoninstitute.org/wp-content/uploads/2017/01/PPM_Migrants_Guan-Xinping_Chinese_R.pdf

② Sørensen K, Pelikan J M, Röthlin F, et al. (2015). "Health Literacy in Europe: Comparative Results of the European Health Literacy Survey (HLS-EU)." *European Journal of Public Health*, 25(6), 1053–1058.

与决策。[1][2] 一项针对中国城乡居民的分析也支持了高教育水平对个体健康素养具有显著积极影响。[3] 一项针对武汉城区流动人口和当地居民健康素养的比较研究发现，流动人口在健康生活方式和技能上显著低于城区居民；[4] 同时，健康素养对于不同教育程度的人也表现出差异化影响效应，即相比于高教育水平的人，健康素养对于低教育水平的人有着更为显著的健康影响效应。[5]

收入对个体健康素养的影响总体上在实证研究中得到了一致性的结论。Ettner 使用两阶段工具变量法得出了收入对于人们健康及健康素养的稳健的积极效应。[6] Von Wagner 等学者的研究也显示，低健康素养者一般是自身或家庭收入较低的人。[7][8] Sørensen 等人基于欧洲八国健康素养调查数据发现经济匮乏仍然是低健康素养的最有力的预测因素，其次是社会地位、教育和年龄。[9] 但是在中

---

[1] Baker D W. (2006). "The Meaning and the Measure of Health Literacy." *Journal of General Internal Medicine*, 21(8), 878–883.

[2] O'Neill J, Tabish H, Welch V, et al. (2014). "Applying an Equity Lens to Interventions: Using PROGRESS Ensures Consideration of Socially Stratifying Factors to Illuminate Inequities in Health." *Journal of Clinical Epidemiology*, 67(1), 56–64.

[3] 李莉、李英华、聂雪琼等：《2014—2016 年流动人口健康素养水平及其影响因素分析》，《中国健康教育》，2018 年第 11 期。

[4] 王程强、孙震：《武汉市城区常住居民和流动人口健康素养现状比较》，《现代预防医学》，2013 年第 9 期。

[5] Van Der Heide I, Wang J, Droomers M, et al. (2013). "The Relationship between Health, Education, and Health Literacy: Results from the Dutch Adult Literacy and Life Skills Survey." *Journal of Health Communication*, 18(s1), 172–184.

[6] Ettner S L. (1996). "New Evidence on the Relationship between Income and Health." *Journal of Health Economics*, 15(1), 67–85.

[7] Von Wagner C, Knight K, Steptoe A, et al. (2007). "Functional Health Literacy and Health-Promoting Behaviour in a National Sample of British Adults." *Journal of Epidemiology & Community Health*, 61(12), 1086–1090.

[8] Wolf M S, Gazmararian J A, Baker D W. (2005). "Health Literacy and Functional Health Status among Older Adults." *Archives of Internal Medicine*, 165(17), 1946–1952.

[9] Sørensen K, Pelikan J M, Röthlin F, et al. (2015). "Health Literacy in Europe: Comparative Results of the European Health Literacy Survey (HLS-EU)." *European Journal of Public Health*, 25(6), 1053–1058.

国,基于西方国家的研究发现可能会存在不一致,尤其是对于本文关注的流动人口而言。我们在本文中拟基于适宜数据探讨中国流动人口的经济状况对健康素养是否存在显著影响,这有待于我们在本文后续部分的实证发现来印证。

2. 社会经济地位及健康素养与健康结果的关系

国内外不同学科的学者从压力、社会资本、生活方式等视角开展过社会经济地位与健康结果之间的中间机制的研究实践。关于健康素养与健康结果的关系研究中,健康素养被认为是社会健康公平的重要决定因素与保持和提高个人健康的一项重要资源,[1]对个人健康的预测比教育水平、收入、职业等更为有效。[2] 已有研究表明健康素养越低的人有着更差的自评健康、[3]更高的孤独感及更高的死亡率。[4][5] 当然也有研究提出相反观点,认为健康素养与个体健康结果的发生并无关系。[6] 但是 Stormacq 等人对 16 篇相关研究进行分析发现健康素养和社会经济地位与健康结果之间有着明显的中介作

---

[1] Beauchamp A, Buchbinder R, Dodson S, et al. (2015). "Distribution of Health Literacy Strengths and Weaknesses across SocioDemographic Groups: A Cross-Sectional Survey Using the Health Literacy Questionnaire(HLQ)." *BMC Public Health*, 15(1), 1–13.

[2] Van Der Heide I, Wang J, Droomers M, et al. (2013). "The Relationship between Health, Education, and Health Literacy: Results from the Dutch Adult Literacy and Life Skills Survey." *Journal of Health Communication*, 18(s1), 172–184.

[3] Bennett I M, Chen J, Soroui J S, et al. (2009). "The Contribution of Health Literacy to Disparities in Self-Rated Health Status and Preventive Health Behaviors in Older Adults." *The Annals of Family Medicine*, 7(3), 204–211.

[4] Geboers B, Reijneveld S A, Jansen C J M, et al. (2016). "Health Literacy Is Associated with Health Behaviors and Social Factors among Older Adults: Results from the Life Lines Cohort Study." *Journal of Health Communication*, 21(s2), 45–53.

[5] Baker D W, Wolf M S, Feinglass J, et al. (2008). "Health Literacy, Cognitive Abilities, and Mortality among Elderly Persons." *Journal of General Internal Medicine*, 23(6), 723–726.

[6] Bains S S, Egede L E. (2011). "Associations between Health Literacy, Diabetes Knowledge, Self-Care Behaviors, and Glycemic Control in a Low-Income Population with Type 2 Diabetes." *Diabetes Technology & Therapeutics*, 13(3), 335–341.

用,通过提升人们的健康素养能进一步促成较好的健康结果。[1]

那么,健康素养究竟如何对健康结果产生影响呢?首先,疾病知识被认为是一个重要因素。基本上,现有的研究结论支持了健康素养会显著影响到人们对疾病知识的认知。[2] 其次,健康生活方式(健康行为)也是较普遍的一个解释机制,但西方的实证研究中并无统一的研究结论。一些研究表明健康素养会显著影响人们的锻炼、果蔬摄入、脂肪摄取、饮酒等与健康相关的行为,进而影响人们的健康状况。[3][4] 总体而言,健康素养既受到社会结构的影响,人们所处的社会地位所附带的资源和环境(即结构)会显著影响到人们的健康认知和能力,同时人们自发利用现有社会网络中的健康资源(即能动性)也将影响其健康素养的获得。但后者的能动性行为显然也不能否定机会结构的作用。另一方面,健康素养也被诸多实证研究验证是提高个体健康水平的一种重要资源,[5]也就是说,健康素养是理解社会经济地位与人们健康水平关系背后的重要因果链。

3. 研究假设的提出

个体所处的社会经济地位决定了社会支持的差异,也决定了获得健康素养这一资源的机会。相对于受教育程度低的人,受教育程度越高的人在获取、学习和评判信息的能力上更具优势,多以脑力劳

---

[1] Stormacq C, Van den Broucke S, Wosinski J. (2019). "Does Health Literacy Mediate the Relationship between Socioeconomic Status and Health Disparities? Integrative Review." *Health Promotion International*, 34(5), e1-e17.

[2] Powell C K, Hill E G, Clancy D E. (2007). "The Relationship between Health Literacy and Diabetes Knowledge and Readiness to Take Health Actions." *The Diabetes Educator*, 33(1), 44-151.

[3] Von Wagner C, Knight K, Steptoe A, et al. (2007). "Functional Health Literacy and Health-Promoting Behaviour in a National Sample of British Adults." *Journal of Epidemiology & Community Health*, 61(12), 1086-1090.

[4] Geboers B, Reijneveld S A, Jansen C J M, et al. (2016). "Health Literacy Is Associated with Health Behaviors and Social Factors among Older Adults: Results from the Life Lines Cohort Study." *Journal of Health Communication*, 21(s2), 45-53.

[5] Nutbeam D. (2008). "The Evolving Concept of Health Literacy." *Social Science & Medicine*, 67(12), 2072-2078.

动为主的职业也培养了人们较高的认知能力,这种能力迁移至健康层面意味着可能获得较高的健康素养。此外,低收入者往往有着较低的健康素养,[1]一方面,低收入者的教育程度往往不高,而另一方面,他们的居住环境和社会网络缺乏健康教育的条件与健康资源的共享,从而导致其拥有较差的健康素养。[2] 据此,本文提出如下研究假设:

假设1:社会经济地位对流动人口的健康素养有显著影响。

假设1a:流动人口的受教育程度越高,其健康素养越高。

假设1b:流动人口的经济状况越好,其健康素养越高。

研究发现教育、收入以及职业与个人疾病后果高度相关,对健康产生深刻而持久的影响。[3] 与社会地位较高的人相比,社会阶层低的人往往有着较高的死亡率、更大的健康风险以及更为糟糕的心理问题。同时,这一机制被证明在不同人口学特征(种族、性别、年龄等)中依然显著性地存在。[4] 针对健康状况,本文从自评健康和患慢性病情况这两个方面来衡量,即涵盖了主观和客观之下两个维度的健康测量。据此,本文提出研究假设如下:

假设2:社会经济地位对流动人口的健康结果有显著的决定性作用。

假设2a:流动人口的受教育程度越高,其自评健康状况越好。

假设2b:流动人口的受教育程度越高,其患慢性疾病的可能性越低。

---

[1] Von Wagner C, Knight K, Steptoe A, et al. (2007). "Functional Health Literacy and Health-Promoting Behaviour in a National Sample of British Adults." *Journal of Epidemiology & Community Health*, 61(12), 1086-1090.

[2] 威廉·考克汉姆:《医学社会学(第11版)》,高永平、杨渤彦译,北京:中国人民大学出版社,2012年版,第75—79页。

[3] 胡安宁:《教育能否让我们更健康——基于2010年中国综合社会调查的城乡比较分析》,《中国社会科学》,2014年第5期。

[4] 郑莉、曾旭晖:《社会分层与健康不平等的性别差异:基于生命历程的纵向分析》,《社会》,2016年第6期。

假设 2c：流动人口的经济状况越好，其自评健康状况越好。

假设 2d：流动人口的经济状况越好，其患慢性疾病的可能性越低。

对于流动人口而言，健康素养关乎其对健康风险行为的理解、对流入地卫生服务平台的使用、对自身健康权利的维护以及对健康保障的资源寻求能力等。由此，健康素养的高低会显著影响流动人口的健康保障，进而影响到其健康损耗的程度。据此，本文提出如下研究假设：

假设 3：流动人口的健康素养会对其健康结果产生显著影响：健康素养越高，流动人口的健康状况越好。

假设 3a：流动人口的健康素养越高，自评健康状况越好。

假设 3b：流动人口的健康素养越高，患慢性疾病的可能性越低。

在探究出健康素养是理解社会结构与健康不平等之间的一个重要因果机制的基础上，本文拟进一步观察社会经济地位及相关重要政策维度的因素对于流动人口中两个核心群体（农民工与流动白领）健康素养的因果影响机制差异。考虑到流动白领在原生户籍及教育程度上与农民工的差异，以及祝仲坤等对于政策维度之下的本地健康档案建立对于农民工群体功能性活动与可行能力影响的实证研究发现，[①]本文提出如下研究假设：

假设 4：社会经济地位对农民工与流动白领的健康素养有差异化影响。

假设 4a：农民工的受教育程度越高，其健康素养越高。

假设 4b：流动白领的受教育程度越高，其健康素养越高。

假设 4c：农民工的经济状况越好，其健康素养越高。

假设 4d：在本地设立健康档案对农民工的健康素养有正向

---

① 祝仲坤、郑裕璇、冷晨昕等：《城市公共卫生服务与农民工的可行能力——来自中国流动人口动态监测调查的经验证据》，《经济评论》，2020 年第 3 期。

影响。

4. 内生性问题

虽然上述的综述与讨论一定程度呈现了社会经济地位、健康素养和健康结果之间的因果链,但这三者之间的统计关系依然可能存在内生性问题。第一,可能存在遗漏重要变量导致的有偏估计问题。比如,受访者的受教育水平往往是家长与本人的决策结果,因而本人的受教育年限与个人能力和家庭背景有关,这些因素会影响到受访者的健康素养,从而带来遗漏变量问题。生活在经济状况较好、对教育、健康重视的家庭的人不仅可能经济状况、受教育水平更高,也可能吸收更多的健康知识,从而提高自身的健康素养,遗漏这些重要变量可能高估受教育水平对健康素养的影响。第二,可能存在联立性偏误,即反向因果。首先,受教育水平、经济状况与健康结果存在反向因果问题。教育和经济是保障健康的基础,如果没有较好的教育和收入,个体可能对健康认识不足,也没有足够的资源保障身体健康,从而引发疾患等;如果没有好的健康,可能无法接受更多的教育,在劳动力市场上会受到极大的限制,从而影响个体受教育水平和经济收入。其次,健康素养与健康结果也存在反向因果问题。健康素养较高的个体会比较重视自身的健康,但同样,拥有较好健康的个体也会更重视对健康知识、健康生活方式、健康技能的掌握。

对于上述可能存在的内生性问题,本文尝试寻找适宜的工具变量以降低内生性带来的偏误。根据工具变量的特性以及借鉴前人对某一类工具变量的使用,参考 Angrist 和 Krueger、吴要武等人的相关研究,[1][2]本文使用配偶的受教育年限、受访者的出生季度作为受访者教育年限的有效工具变量;使用受访者所在城市的最低工资标

---

[1] Angrist J D, Keueger A B. (1991). "Does Compulsory School Attendance Affect Schooling and Earnings?" *The Quarterly Journal of Economics*, 106(4), 979–1014.

[2] 吴要武:《寻找阿基米德的"杠杆"——"出生季度"是个弱工具变量吗?》,《经济学》,2010年第2期。

准数据作为个体经济状况的有效工具变量;使用过去一年接受社区健康教育次数和当前社区开展健康教育方式数等社区数据作为个体健康素养的有效工具变量。

从理论和逻辑来看,选择上述这些变量作为工具变量有四点理由:第一,配偶的受教育年限与本人的受教育年限是相关的,但与本人的能力、家庭关系不大,可以作为本人受教育年限的工具变量。第二,中国就业政策严格规定年满16周岁才可以进入劳动力市场,而中国的学龄儿童一般要年满6周岁或7周岁于每年的9月份入学,所以出生在前三个季度的可以在某学年满16岁选择退学进入劳动力市场,而第四季度出生的还需要留在学校多接受一年教育。因此,在中国情境下,出生季度是受教育年限的一个强工具变量。① 第三,受访者的工资水平与所在城市的最低工资标准是相关的,满足工具变量的相关性假设,而最低工资标准的制定和执行是各城市政府的决策,与个体的健康结果无关,满足工具变量的外生性假设,符合工具变量条件。第四,中国从"单位人"时代转换为"社区人"时代,城市里的个体生活的重要场景之地是在社区中,因此,当前社区开展健康教育方式数以及过去一年健康教育次数显然会影响当前个体的健康素养,但个体过去接受的社区健康教育次数已经发生,不大可能会对当前的健康结果产生影响;同时当前社区采用何种健康教育方式是社区的决策,与个体的健康结果关系也不大。

当然,以上对工具变量选择的讨论主要是从已有研究和逻辑去认知的,这种认知可能并不全面。比如,配偶的教育水平可能通过本人的教育水平对健康结果产生影响,但也有可能通过提高本人的健康素养对健康结果产生影响。因此,通过控制内生变量后检验工具变量与因变量之间是否相关来判断具有一定的合理性。但是,如果

---

① 吴要武:《寻找阿基米德的"杠杆"——"出生季度"是个弱工具变量吗?》,《经济学》,2010年第2期。

发现控制了内生变量后,工具变量与因变量仍然相关也并不能说明工具变量不满足外生性条件,①更重要的是要根据若干个至关重要的统计量来综合判断。② 本文在接下来的实证分析部分会开展进一步讨论。

## 三、数据与模型

### 1. 数据

本文主要使用国家卫生健康委员会(后文简称为"卫健委")的中国流动人口动态监测调查(CMDS)2016年的数据。CMDS 2016在2016年5月集中展开调查,目标总体是"全国在调查前一个月前来本地居住、非本区(县、市)户口且2016年5月年龄在15周岁及以上的流入人口"。其包括普通个人问卷(A卷)、专项调查问卷(B卷)和社区问卷(C卷)三类。其中,健康素养专项调查(B卷)是在全国流动人口监测调查的基础上抽取了5%的样本展开的调查,对象为15~70周岁的流入人口,这部分数据是本文的核心分析数据。经过数据整合和相应处理后,用于本文的流动人口的有效样本为8 100个。同时,按照前述对农民工及流动白领的定义来进一步处理数据,最终,用于本文的农民工有效样本为6 708个,流动白领有效样本为956个。

### 2. 变量

因变量包括主观维度之下的"自评健康"和客观维度之下的"慢性病患病数"。首先,考虑CMDS中自评健康的变异度不大(只有13个人填答健康状况差),同时受访者对于健康主观评判较为准确的判断是在健康与不健康两个维度,本文根据对"在过去一年里,您认为

---

① 赵西亮:《基本有用的计量经济学》,北京:北京大学出版社,2017年版,第129页。
② 陈云松:《逻辑、想象和诠释:工具变量在社会科学因果推断中的应用》,《社会学研究》,2012年第6期。

自己的健康状况如何"这一问题的回答来进行具体的操作化,将"好"和"比较好"归为"健康",赋值为1,将"一般""比较差""差"归为"不健康",赋值为0。其次,慢性病患病数是一个计数型变量。慢性病发病情况与个体健康息息相关,[①]不少研究以其作为健康状况的操作化指标。根据问卷中"您现在是否患有以下慢性病"这一问题的回答,选择"没有患慢性病"赋值为0,其余选项每选择一种记为1,进行累加计算,形成一个取值为0~6的计数变量,该数值越大表示患病数越多,健康状况越差。

核心自变量包括"健康素养"和"社会经济地位"。首先,健康素养是一个连续型变量。《2016年全国流动人口卫生计生动态监测调查——流动人口问卷(B)》中的"健康素养"问卷包括的四个模块不同程度地覆盖了健康素养的基本知识和理念、健康生活方式与行为、基本健康技能这三个维度的内容。本文参照《中国居民健康素养问卷》直接计算答题正确率的方法,按照全部答对得1分,答错、少答、不答或答"不知道"得0分的评分标准来计算健康素养总分,生成0~52分的连续型变量,并进一步进行了标准化处理(0~100分),得分越高者意味着总体健康素养越高。

其次,考虑到流动人口职业的变异度较弱,同时在流动人口中教育与收入可能出现变动趋势发生背离的情况,[②]本文直接使用受访者受教育程度和收入两个变量来测量其社会经济地位。对于健康素养而言,教育并非要取得一定的学历才会起作用,接受教育的长短就可能带来影响,因此我们将教育状况设置为连续型变量,根据"受教育程度"选项中的"未上过学""小学""初中""高中/中专""大学专科""大学本科""研究生",分别换算为0年、6年、9年、12年、15年、16

---

[①] Hu X, Cook S, Salazar M A. (2008). "Internal Migration and Health in China." *The Lancet*, 372(9651), 1717-1719.

[②] 田丰:《逆成长:农民工社会经济地位的十年变化(2006—2015)》,《社会学研究》, 2017年第3期。

年、19年。经济状况是一个连续型变量。如果受访者目前有工作，则依照问题"您个人上个月（或上次就业）纯收入为多少（不含包吃包住费）"进行操作化，同时为了避免奇异值的干扰，剔除了极少数的月收入大于15 000元的样本，最后对个人月收入进行了取对数处理。如果受访者目前没有工作，则根据其所在城市2016年第一季度的每月最低生活保障标准进行数据填补。① 调查数据显示，在1 420位未就业者中，约76%是为了务工/工作、经商和家属随迁而流动，近50%流向北上广深等一线城市和长珠三角洲地区，如果将未工作者都简单地赋值为0，可能极大掩盖了他们的经济状况差异。尽管受访者目前未就业，但他们的经济状况可能是不同的，经济状况较好者更有可能流向生活成本更高的城市，也更有能力在未就业的情况下还能维持较高的城市生活成本。所以，使用城市最低生活保障标准作为衡量未就业者的经济状况指标是可行的。

本文的工具变量包括"受访者出生季度""配偶的受教育年限""所在城市最低工资标准""过去一年接受社区健康教育次数""当前社区开展健康教育方式"。其中，受访者出生季度设置为0~1虚拟变量，根据受访者的出生月份进行操作化，把出生在前三个季度的赋值为0，出生在第四季度的赋值为1。配偶的受教育年限设置为连续变量，根据受访者提供的配偶受教育程度相应地转算为受教育年限，如果受访者没有结婚，则赋值为本人的受教育年限。这样处理的原因有两点：第一，未婚受访者占比约为19.2%，如果直接删节数据，会造成较大缺失；第二，中国婚姻里长久的门当户对传统给了我们如此处理数据一定意义上的合法性。所在城市最低工资标准设置为连续变量，这是一个外部数据，由我们根据受访者所在城市人力资源和社会保障局公布执行的2016年"关于调整最低工资标准的通知"整理而来。过去一年接受社区健康教育次数设置为连续变量，依照

---

① 中华人民共和国民政部：http://www.mca.gov.cn。

CMDS2016 调查问卷中的问题"过去一年您在社区接受几个方面的健康教育"进行操作化，数字越大，表示接受社区健康教育的程度越高。当前社区开展健康教育方式数则设置为连续变量，依照 CMDS2016 调查问卷中的问题"您在社区是以何种方式接受健康教育"进行操作化，数字越大表示社区开展健康教育的方式越多元。"社区开展健康教育方式"包括健康知识讲座、宣传资料、电子显示屏、宣传栏、社区医生咨询、社区网站咨询、社区短信/微信/咨询和个体化面对面咨询等 8 种方式。

此外，本文还进一步控制了相关文献中所考虑到的其他因素，如人口学特征的年龄、性别、婚姻，流出地特征的户口和所在区域，[1]以及反映流动经历的累计流动次数、累计流动时间、本次流动方式和流入地行政级别等。具体的操作化不再详细展开，变量描述见表 1。

表 1 变量的基本特征描述（N=8 100）

| 变量 | 类别/指标 | 百分比/值 | 最小值 | 最大值 |
| --- | --- | --- | --- | --- |
| 因变量 | | | | |
| 自评健康 | 健康 | 79.73% | 0 | 1 |
| | 不健康 | 20.27% | | |
| 慢性病患病数 | 均值（标准差） | 0.07(0.31) | 0 | 5 |
| 自变量 | | | | |
| 健康素养总分（标准化） | 均值（标准差） | 72.48(19.62) | 0 | 100 |
| 受教育年限（年） | 均值（标准差） | 10.16(3.16) | 0 | 19 |
| 经济状况（元） | 均值（标准差） | 3 231.22(2 379.48) | 100 | 150 000 |
| 经济状况（取对数） | 均值（标准差） | 7.76(0.88) | 4.61 | 9.62 |

---

[1] Chen J. (2011). "Internal Migration and Health: Re-Examining the Healthy Migrant Phenomenon in China." *Social Science & Medicine*, 72(8), 1294-1301.

续表

| 变量 | 类别/指标 | 百分比/值 | 最小值 | 最大值 |
|---|---|---|---|---|
| 控制变量 | | | | |
| 年龄(岁) | 均值(标准差) | 35.57(10.39) | 15 | 70 |
| 性别 | 男 | 51.37% | 0 | 1 |
| | 女 | 48.63% | | |
| 婚姻 | 有配偶 | 80.80% | 0 | 1 |
| | 无配偶 | 19.20% | | |
| 户口 | 农业户口 | 82.81% | 0 | 1 |
| | 非农户口 | 17.19% | | |
| 流出地所在区域 | 西部 | 37.02% | 0 | 3 |
| | 中部 | 33.17% | | |
| | 东部 | 21.46% | | |
| | 东北 | 8.35% | | |
| 本地健康档案 | 是 | 37.41% | 0 | 1 |
| | 否 | 62.59% | | |
| 累计流动次数 | 1次 | 80.62% | 0 | 2 |
| | 2次 | 12.90% | | |
| | 3次及以上 | 6.48% | | |
| 累计流动时间 | 5年以下 | 44.56% | 0 | 3 |
| | 5~9年 | 28.80% | | |
| | 10~14年 | 14.21% | | |
| | 15年及以上 | 12.43% | | |
| 本次流动方式 | 独自流动 | 32.63% | 0 | 1 |
| | 非独自流动 | 67.37% | | |
| 流入地行政级别 | 省会 | 27.11% | 0 | 1 |
| | 非省会 | 72.89% | | |

**续表**

| 变量 | 类别/指标 | 百分比/值 | 最小值 | 最大值 |
|---|---|---|---|---|
| 工具变量 | | | | |
| 受访者出生季度 | 前3季度出生 | 72.89% | 0 | 1 |
| | 第4季度出生 | 27.11% | | |
| 配偶受教育年限 | 12.90 | 5.53 | 6 | 19 |
| 城市最低工资标准 | 1 541.32 | 207.77 | 1 020 | 2 030 |
| 最低工资标准(对数) | 7.33 | 0.13 | 6.93 | 7.62 |
| 过去一年接受社区健康教育数 | 3.52 | 2.11 | 0 | 9 |
| 社区开展健康教育方式数 | 2.95 | 1.65 | 0 | 8 |

### 3. 模型

本文采用多元线性回归模型来考察社会经济地位对流动人口健康素养的影响;在估计流动人口社会经济地位和健康素养对健康结果的影响时,自评健康作为因变量,使用的是二分类 Probit 模型。其次,慢性病患病数作为因变量时主要采用零膨胀负二项模型,从本文用于估计的慢性病患病数样本分布可以看到样本中的 0 值远远超过了 50%,需要采用零膨胀模型,同时,统计发现方差大于均值(均值=0.063;方差=0.091),故不适用于零膨胀泊松模型,而是考虑零膨胀负二项模型为宜。在零膨胀计数模型中,由零计数和非零计数集建立的混合概率分布为:

$$y_i \sim \begin{cases} 0, p_i \\ g(y_i), 1-p_i \end{cases} \quad (1)$$

其中,$y_i$ 为因变量,$p_i$ 表示个体源于第一阶段的概率,$g(y_i)$ 表示个体源自第二个阶段,服从泊松分布或负二项分布,概率 $1-p_i$。当 $g(y_i)$ 满足如下条件时,称为零膨胀负二项模型:

$$g(y_i) = \frac{\Gamma(y_i + \alpha^{-1})}{y_i! \ \Gamma(\alpha^{-1})} \left(\frac{\alpha^{-1}}{\alpha^{-1}+\lambda_i}\right)^{\alpha^{-1}} \left(\frac{\lambda_i^{-1}i}{\alpha^{-1}+\lambda_i}\right)^{y_i} \qquad (2)$$

公式(2)中,$y_i$ 指的是慢性病疾病数量,$\alpha$ 是伽马(gamma)分布的方差,即个体异质性产生的方差。$\lambda_i$ 为个体被解释变量期望值,此时,$Y=y_i$ 的概率密度为:

$$\begin{cases} P(y_i=0|X_i,W_i) = p_i + (1-p_i)(1+\alpha\lambda_i)^{-\alpha^{-1}} \\ P(y_i|X_i) = (1-p_i)\frac{\Gamma(y_i+\alpha^{-1})}{y_i!\ \Gamma(\alpha^{-1})}\left(\frac{\alpha^{-1}}{\alpha^{-1}+\lambda_i}\right)^{\alpha^{-1}}\left(\frac{\lambda_i^{-1}}{\alpha^{-1}+\lambda_i}\right)^{y_i}, y_i>0 \end{cases}$$
$$\qquad (3)$$

公式(3)中,$X_i$ 表示个体特征的自变量和控制变量,$W_i$ 为零膨胀自变量向量,其余符号含义与公式(2)相同。

进一步地,本文根据因变量和内生变量特性,分别采用多元线性工具变量回归(IV-2SLS)进一步考察社会经济地位对流动人口以及流动人口中的农民工与流动白领的健康素养的影响,概率单位工具变量回归(IV-Probit)和零膨胀负二项工具变量回归(IV-ZINB)进一步检验社会经济地位和健康素养对流动人口健康结果的影响。模型设定如下:

$$y_i = \beta_0 + \beta_1 S_i + X_i'\beta_2 + \varepsilon_i \qquad (4)$$

$$S_i = \gamma_0 + Z_i'\gamma_1 + X_i'\gamma_2 + \xi_i \qquad (5)$$

其中,$y_i$ 是因变量,$S_i$ 是内生解释变量,$X_i$ 是一系列控制变量,$\varepsilon_i$ 是第二阶段随机误差项,$Z_i$ 是工具变量,$\xi_i$ 是第一阶段随机误差项。在方程(5)中,必须满足 $Cov(Z_i,\varepsilon_i)=0, Cov(\xi_i,\varepsilon_i)=0, Cov(Z_i,S_i)\neq 0$。因此,工具变量回归就是:在第一阶段对方程(5)进行回归,得到 $S_i$ 的预测值 $\hat{S}_i$;在第二阶段,将方程(4)里面的 $S_i$ 用 $\hat{S}_i$ 替代后进行回归,得到无偏估计量。

## 四、分析结果

### 1. 社会经济地位与流动人口的健康素养

分析发现,流动人口的整体健康素养标准化得分为 72.48 分(满分 100 分),按照历年《中国居民健康素养调查报告》,国家卫健委和中国健康教育中心将问卷得分达到总分的 80% 及以上判定为具备基本健康素养,根据这一标准来看,流动人口的整体健康素养并未达基本线。[①] 同时,在不同内涵维度上,健康知识理念素养的得分(75.02)明显高于健康生活方式(72.13)和健康技能(70.11)。本文首先来考察社会经济地位(操作化为受教育年限和个人经济状况)对流动人口健康素养的影响(表 2)。

表 2 流动人口健康素养的 MLR 模型、IV-2SLS 模型

|  | 模型 1 MLR | 模型 2 MLR | 模型 3 IV-2SLS |
|---|---|---|---|
| 受教育年限(年) | 1.331*** (0.080) | 1.192*** (0.091) | 2.022*** (0.204) |
| 经济状况(取对数) | 1.039** (0.323) | 0.832* (0.359) | −7.429* (3.421) |
| 年龄(岁) |  | −0.194 (0.146) | 0.593 (0.343) |
| 年龄平方 |  | 0.002 (0.002) | −0.007 (0.004) |
| 性别(0=女) |  | −0.296 (0.456) | 2.656 (1.393) |

---

① 本文使用的"健康素养"问卷由中国健康教育中心负责,与国家卫健委和中国健康教育中心组织的《中国居民健康素养问卷》题库基本一致,因此认为具可比性。

续表

| | 模型 1 | 模型 2 | 模型 3 |
|---|---|---|---|
| | MLR | MLR | IV-2SLS |
| 婚姻(0=无配偶) | | 1.643*<br>(0.679) | 1.887**<br>(0.711) |
| 户口(0=农业) | | 0.625<br>(0.563) | −0.081<br>(0.652) |
| 流出地所在区域(0=西部) | | | |
| 中部 | | 4.795***<br>(0.510) | 5.430***<br>(0.621) |
| 东部 | | 5.342***<br>(0.571) | 6.509***<br>(0.850) |
| 东北 | | 2.924**<br>(0.896) | 2.733**<br>(0.917) |
| 本地健康档案(0=否) | | 3.978***<br>(0.438) | 3.652***<br>(0.461) |
| 累计流动次数(0=1次) | | | |
| 2次 | | −1.361*<br>(0.634) | −0.717<br>(0.717) |
| 3次及以上 | | −2.167*<br>(0.905) | −0.858<br>(1.067) |
| 累计流动时间(0=5年以下) | | | |
| 5~9年 | | 1.009<br>(0.516) | 0.882<br>(0.537) |
| 10~14年 | | 0.0627<br>(0.688) | −0.521<br>(0.759) |
| 15年及以上 | | −0.267<br>(0.784) | −0.649<br>(0.859) |
| 本次流动方式(0=独自流动) | | −0.375<br>(0.493) | −0.905<br>(0.597) |

续表

|  | 模型 1 | 模型 2 | 模型 3 |
| --- | --- | --- | --- |
|  | MLR | MLR | IV-2SLS |
| 流入地行政级别（0=非省会） |  | 0.772<br>(0.480) | 1.680*<br>(0.684) |
| 截距 | 47.06***<br>(2.587) | 48.65***<br>(3.424) | 86.28***<br>(18.89) |
| N | 8 100 | 8 100 | 8 100 |
| $R^2$ | 0.037 | 0.064 | — |
| 过度识别检验 |  | $P=0.942$ | |
| 第一阶段相关性 |  | $P<0.000$ | |
| 第一阶段 F 值 |  | 785.58/52.53 | |
| 杜宾-吴-豪斯曼稳健（DWH）内生性检验 |  | $Chi^2=27.10, p=0.000$ | |

注：1. 括号内为稳健标准误；* $p<0.05$，** $p<0.01$，*** $p<0.001$。

模型 1 仅纳入了受教育年限和个人经济状况这两个核心变量，在未控制其他变量的情况下，流动人口的受教育年限越多，总体健康素养越好，个人经济状况越好，总体健康素养得分也越高。进一步地，模型 2 在模型 1 的基础上控制了年龄、年龄平方、性别、婚姻、户口、流动特征等变量，结果显示流动人口的受教育年限对健康素养依然有显著且稳定的影响效应。具体来说，在控制相关变量后，受教育年限每增加 1 年，流动人口的总体健康素养得分就提高 1.192 分（在 0.001 统计水平上显著），假设 1a 得到数据支持。流动人口的经济状况对总体健康素养影响在 0.05 统计水平上正向显著，假设 1b 也得到数据支持。

模型 3 的结果显示，第一，在 IV-2SLS 的第一阶段回归中，配偶教育年限、受访者出生季度与受访者的受教育年限，城市最低工资标准与受访者的经济状况都足够相关,且F值都远远大于经验标准值10。第二,过度识别检验显示,这三个工具变量是外生的,与扰动项不相关。第三,DWH内生性检验显示受访者的教育年限、经济状况确实是内生变量。这些统计量表明有必要放弃常规的MLR模型而采信IV-2SLS模型的结果。模型3的IV-2SLS回归结果显示受教育年限确实对总的健康素养有显著的正向影响,但个人经济状况对总体的健康素养却变成了显著的负向效应。这或间接印证了在流动人口中教育与收入可能出现变动趋势发生背离的情况。此外,我们还认为在流动人口群体中,尽管他们的受教育年限和经济状况总体不高,但同经济水平(控制经济状况变量)的个体其受教育年限越高健康素养越好;而同教育年限(控制教育年限变量)的个体其经济状况越好反而健康素养越差。这可能说明了对底层老百姓而言,经济状况的改善并不能有效提高其健康素养,而教育水平的提高对他们健康素养的提高尤为重要。恰如我们在日常生活中能见到的装修行业中的部分工种(如瓦工、木工等),其收入较高,但从业者的教育程度普遍偏低。因此,IV-2SLS回归结果依旧支持假设1a,说明流动人口的健康素养不仅受到个体特征因素的影响,以教育为特征的社会经济地位的影响效应也十分显著。这也间接说明在流动人口健康研究中,社会经济地位测量要么使用较为综合的测量指标,要么使用教育测量更为有效。

2. 健康素养是健康不平等的解释机制吗?

以自评健康来衡量流动人口的健康水平主要采用二分类Probit回归模型(见表3)。模型4、模型6、模型8是常规的Probit模型,这些均纳入了相同的控制变量。模型4是基准模型,即社会经济地位模型,着重分析社会经济地位对流动人口健康水平的影响。在控制相关变量的情况下,受教育水平和个人收入对自评健康有显著的正效应——受教育程度越高,其汇报"健康"的可能性就越高,假设2a得到验证;个人月收入越高,流动人口的自评健康状况也越好,证实了假设2c。模型6是健康素养模型,即单独估计流动人口的健康素养对其健康状况的效应。结果显示在控制其他变量的情况下,总体健康素养越高,流动人口"健康"的可能性也越高(在0.001的统计水平上显著),假设3a得到了支持。接下来,模型8同时纳入了衡量社会经济地位的受教育水平和个人月收入以及总体健康素养来共同分析对流动人口自评健康的影响。可以发现与模型4相比,受教育程度和个人月收入在回归系数和显著性上均发生了变化。"受教育年限"这一变量在模型8中的估计参数下降,且显著性降低(在0.01的统计水平上显著);"个人月收入"虽然在参数显著性上没有变化,但回归系数变小。也就是说,常规的Probit模型显示,社会经济地位部分通过健康素养影响了流动人口的健康状况。

表3　流动人口自评健康状况的Probit模型、IV-Probit模型

|  | 模型4 Probit | 模型5 IV-Probit | 模型6 Probit | 模型7 IV-Probit | 模型8 Probit | 模型9 IV-Probit |
|---|---|---|---|---|---|---|
| 受教育年限(年) | 0.051*** (0.012) | −0.001 (0.014) |  |  | 0.041** (0.012) | −0.021 (0.015) |
| 经济状况(取对数) | 0.116* (0.046) | 0.765*** (0.187) |  |  | 0.109* (0.046) | 0.817*** (0.166) |
| 健康素养总分(分) |  |  | 0.009*** (0.001) | 0.015*** (0.004) | 0.009*** (0.001) | 0.009* (0.005) |
| 年龄(岁) | −0.028 (0.018) | −0.076*** (0.019) | −0.021 (0.018) | −0.007 (0.010) | −0.026 (0.018) | −0.081*** (0.018) |
| 年龄平方 | −0.000 046 5 (0.000 220) | 0.000 777** (0.000 256) | −0.000 191 (0.000 216) | −0.000 148 (0.000 125) | −0.000 077 6 (0.000 220) | 0.000 823*** (0.000 235) |
| 性别(0=女) | 0.177** (0.061) | −0.184* (0.085) | 0.251*** (0.058) | 0.132*** (0.033) | 0.183** (0.061) | −0.204** (0.078) |
| 婚姻(0=无配偶) | −0.023 (0.093) | −0.026 (0.050) | −0.043 (0.092) | −0.041 (0.053) | −0.043 (0.092) | −0.047 (0.050) |

续表

| | 模型 4<br>Probit | 模型 5<br>IV-Probit | 模型 6<br>Probit | 模型 7<br>IV-Probit | 模型 8<br>Probit | 模型 9<br>IV-Probit |
|---|---|---|---|---|---|---|
| 户口(0=农业) | -0.283***<br>(0.080) | -0.179***<br>(0.047) | -0.192*<br>(0.075) | -0.142**<br>(0.045) | -0.293***<br>(0.080) | -0.175***<br>(0.047) |
| 流出地所在区域(0=西部) | | | | | | |
| 中部 | 0.156*<br>(0.068) | 0.011<br>(0.044) | 0.140*<br>(0.068) | 0.027<br>(0.045) | 0.116<br>(0.068) | -0.038<br>(0.045) |
| 东部 | 0.161*<br>(0.079) | -0.049<br>(0.058) | 0.165*<br>(0.079) | 0.027<br>(0.052) | 0.118<br>(0.079) | -0.106#<br>(0.056) |
| 东北 | 0.273*<br>(0.109) | 0.153*<br>(0.061) | 0.259*<br>(0.109) | 0.109<br>(0.065) | 0.251*<br>(0.109) | 0.121*<br>(0.061) |
| 累计流动次数(0=1次) | | | | | | |
| 2次 | -0.016<br>(0.088) | -0.069<br>(0.050) | 0.007<br>(0.088) | 0.017<br>(0.050) | -0.004<br>(0.088) | -0.060<br>(0.050) |
| 3次及以上 | -0.335**<br>(0.112) | -0.286***<br>(0.064) | -0.305**<br>(0.112) | -0.154*<br>(0.065) | -0.316**<br>(0.112) | -0.270***<br>(0.065) |
| 累计流动时间(0=5年以下) | | | | | | |
| 5~9年 | -0.060<br>(0.070) | -0.016<br>(0.039) | -0.071<br>(0.071) | -0.046<br>(0.040) | -0.069<br>(0.071) | -0.023<br>(0.039) |
| 10~14年 | -0.144<br>(0.088) | -0.017<br>(0.052) | -0.156<br>(0.088) | -0.083<br>(0.050) | -0.145<br>(0.088) | -0.011 3<br>(0.051) |
| 15年及以上 | -0.225*<br>(0.093) | -0.062<br>(0.056) | -0.252**<br>(0.093) | -0.134*<br>(0.054) | -0.225*<br>(0.093) | -0.056<br>(0.055) |
| 本次流动方式(0=独自流动) | 0.171*<br>(0.067) | 0.151***<br>(0.038) | 0.144*<br>(0.067) | 0.088*<br>(0.038) | 0.169*<br>(0.067) | 0.151***<br>(0.037) |

续表

| | 模型4 Probit | 模型5 IV-Probit | 模型6 Probit | 模型7 IV-Probit | 模型8 Probit | 模型9 IV-Probit |
|---|---|---|---|---|---|---|
| 流入地行政级别(0=非省会) | 0.232***<br>(0.069) | 0.016<br>(0.049) | 0.262***<br>(0.068) | 0.126**<br>(0.038) | 0.227***<br>(0.069) | 0.001<br>(0.046) |
| 截距 | 0.700<br>(0.465) | −3.475**<br>(1.098) | 1.514***<br>(0.346) | 0.127<br>(0.371) | 0.276<br>(0.470) | −4.198***<br>(0.935) |
| N | 8 100 | 8 100 | 8 100 | 81 000 | 8 100 | 8 100 |
| 过度识别检验 | | $P=0.649$ | | $P=0.837$ | | $P=0.774$ |
| 第一阶段相关性 | | $P<0.000$ | | $P<0.000$ | | $P<0.000$ |
| 第一阶段F统计量 | | 786.83/53.12 | | 159.56 | | 483.72/35.31/92.51 |
| 沃尔德内生性检验 | | $P=0.005$ | | $P=0.019$ | | $P=0.000$ |

注：1. 括号内为稳健标准误；2. * $p<0.05$，** $p<0.01$，*** $p<0.001$。

为了克服可能存在的内生性问题，我们在此处进一步采用了 Probit 工具变量法来检验社会经济地位和健康素养对自评健康的影响。模型5使用被访者的出生季度、配偶受教育年限作为本人受教育年限的工具变量，使用所在城市最低工资标准作为本人经济状况的工具变量，共同检验社会经济地位对流动人口健康水平的影响，模型7使用过去一年接受社区健康教育次数、当前社区开展健康教育方式数作为健康素养的工具变量来考察流动人口的健康素养对其健康状况的效应，模型9是同时纳入受教育水平、个人经济状况及总体健康素养，来共同分析对流动人口自评健康影响的工具变量模型。从工具变量检验的相关统计量来看，首先，工具变量和内生变量都在0.001统计水平上高度相关，第一阶段的F值也都远远超过经验值10；其次，过度识别检验表明，所有工具变量都是外生的；再次，沃尔德内生性检验表明,常规 Probit 模型和 IV-Probit 模型之间都存在系统差异,表明个人经济状况、总体健康素养确实是内生变量,应采信 IV-Probit 模型的结果。

表 3 表明,IV-Probit 模型估计量和 Probit 模型估计量有明显不同[①]。模型 5 显示社会经济地位对自评健康的影响中,个人经济状况对自评健康有显著影响的正向效应,但是受教育水平对自评健康没有显著正向效应;模型 7 显示总体健康素养对自评健康的影响仍然发挥显著的正向影响效应;模型 9 则显示在同时纳入受教育水平、个人经济状况和总体健康水平变量后,教育对自评健康的显著正向效应消失了,而经济状况对自评健康的正向效应"再一次"显著,总体健康素养对自评健康的正向显著影响仍然存在。总之,与模型 5 相比,"经济状况"这一变量在模型 9 中的估计参数上升,显著性提高(在 0.001 的统计水平上显著);"健康素养"虽然在参数显著性上有所下降,但回归系数变大,数据支持假设 2c 和假设 3a。由此可以认为 IV-Probit 模型表明经济状况和健康素养对健康结果(自评健康)有直接的影响,受教育年限通过健康素养影响流动人口的健康状况。

本文进一步以流动人口的"慢性病患病数"这一客观生理变量作为测量健康状况的变量。表 4 汇报了模型分析结果,根据其中的 Vuong 统计量和 alpha 值可知本文使用零膨胀负二项回归模型优于简单的负二项或泊松回归模型。另外,本文用年龄和流入地所在区域来预测过多零值的概率。模型 10、模型 13 和模型 15 是常规的零膨胀负二项模型。其中,模型 10 是仅含社会经济地位和控制变量的基准模型,在控制其他变量的情况下,流动人口的教育水平及经济收入与其患慢性疾病数不存在统计上的显著性,即慢性疾病数与受教育程度、经济收入无关,假设 2b 和 2d 在此未得到验证。根据模型

---

① 由于文章篇幅限制,我们将表 3 中的其他控制变量简称为"其他控制变量",并且在模型中以"是"表示这些变量得到了控制。若读者对详细的回归结果感兴趣,可以联系文章第一作者获取。

13，在控制其他变量的情况下，提高流动人口的总体健康素养，其患慢性病的风险比会显著下降，即流动人口健康素养的提高有利于减少慢性病患病的可能性，保持较好的生理健康状态，假设3b得到证实。模型15是进一步纳入社会经济地位和总体健康素养变量的联合模型，通过与模型13对照，发现流动人口健康素养于慢性病患病的可能性依旧负向显著。从常规的零膨胀负二项模型来看，可以认为健康素养在一定程度上解释了流动人口群体的社会地位对其健康差异的影响。

表4 流动人口慢性病患病情况的 ZINB 模型、IV-ZINB 模型

|  | 模型10 | 模型11 | 模型12 | 模型13 | 模型14 | 模型15 | 模型16 |
| --- | --- | --- | --- | --- | --- | --- | --- |
|  | ZINB | IV-ZINB | IV-ZINB | ZINB | IV-ZINB | ZINB | IV-ZINB |
| 受教育年限（年） | -0.019 -0.021 | -0.052 -0.032 | -0.033 -0.021 |  |  | 0.007 -0.021 | -0.009 -0.021 |
| 经济状况（取对数） | -0.129 -0.075 | -0.108 -0.077 | 0.240 -0.139 |  |  | -0.083 -0.076 | 0.296 -0.137 |
| 健康素养总分（分） |  |  |  | -0.019*** -0.002 | -0.005 -0.009 | -0.019*** -0.002 | -0.019*** -0.002 |
| 受教育年限_残差项 |  | 0.057 -0.041 |  |  |  |  |  |
| 经济状况_残差项 |  |  | -0.486** -0.159 |  |  |  | -0.492** -0.155 |
| 健康素养_残差项 |  |  |  |  | -0.015 -0.009 |  |  |
| 年龄（岁） | -0.014 -0.028 | -0.008 -0.029 | -0.124** -0.047 | -0.026 -0.019 | -0.059* -0.027 | -0.006 -0.027 | -0.117** -0.045 |
| 年龄平方 | 0.0004 0.0003 | 0.0003 0.0003 | 0.0015** -0.0005 | 0.0006* 0.0003 | 0.0009** 0.0003 | 0.0004 0.0003 | 0.0015** 0.0005 |
| 性别（0=女） | 0.015 -0.109 | 0.009 -0.109 | -0.134 -0.119 | -0.035 -0.103 | -0.045 -0.102 | -0.007 -0.108 | -0.158 -0.117 |

续表

| | 模型10 | 模型11 | 模型12 | 模型13 | 模型14 | 模型15 | 模型16 |
|---|---|---|---|---|---|---|---|
| | ZINB | IV-ZINB | IV-ZINB | ZINB | IV-ZINB | ZINB | IV-ZINB |
| 婚姻(0=无配偶) | -0.397*<br>-0.166 | -0.397*<br>-0.166 | -0.364*<br>-0.165 | -0.261<br>-0.164 | -0.252<br>-0.163 | -0.267<br>-0.164 | -0.221<br>-0.163 |
| 户口(0=农业) | 0.270<br>-0.139 | 0.349*<br>-0.150 | 0.228<br>-0.139 | 0.305*<br>-0.128 | 0.242<br>-0.133 | 0.296*<br>-0.137 | 0.263<br>-0.136 |
| 流出地所在区域(0=西部) | | | | | | | |
| 中部 | -0.264<br>-0.151 | -0.243<br>-0.152 | -0.353*<br>-0.151 | -0.256<br>-0.148 | -0.353*<br>-0.157 | -0.241<br>-0.150 | -0.322*<br>-0.149 |
| 东部 | -0.529**<br>-0.177 | -0.502**<br>-0.178 | -0.614***<br>-0.178 | -0.517**<br>-0.174 | -0.616***<br>-0.183 | -0.509**<br>-0.176 | -0.589***<br>-0.176 |
| 东北 | 0.387<br>-0.210 | 0.411<br>-0.212 | 0.383<br>-0.205 | 0.379<br>-0.205 | 0.333<br>-0.204 | 0.363<br>-0.207 | 0.376<br>-0.201 |
| 流动次数(0=1次) | | | | | | | |
| 2次 | 0.007<br>-0.166 | 0.018<br>-0.166 | -0.040<br>-0.167 | 0.003<br>-0.165 | 0.013<br>-0.165 | 0.008<br>-0.165 | -0.038<br>-0.165 |
| 3次及以上 | 0.504**<br>-0.182 | 0.501**<br>-0.182 | 0.451*<br>-0.181 | 0.404*<br>-0.180 | 0.424*<br>-0.178 | 0.418*<br>-0.180 | 0.355*<br>-0.177 |
| 累计流动时间(0=5年以下) | | | | | | | |
| 5~9年 | 0.210<br>-0.132 | 0.210<br>-0.132 | 0.199<br>-0.132 | 0.219<br>-0.131 | 0.197<br>-0.131 | 0.216<br>-0.131 | 0.205<br>-0.130 |
| 10~14年 | 0.360*<br>-0.157 | 0.355*<br>-0.157 | 0.406**<br>-0.157 | 0.352*<br>-0.155 | 0.369*<br>-0.155 | 0.342*<br>-0.156 | 0.395*<br>-0.155 |
| 15年及以上 | 0.404**<br>-0.153 | 0.381*<br>-0.155 | 0.461**<br>-0.154 | 0.394**<br>-0.152 | 0.420**<br>-0.152 | 0.385**<br>-0.153 | 0.442**<br>-0.152 |
| 本次流动方式(0=独自流动) | -0.254*<br>-0.123 | -0.260*<br>-0.123 | -0.231<br>-0.123 | -0.225<br>-0.123 | -0.215<br>-0.122 | -0.225<br>-0.122 | -0.201<br>-0.122 |

续表

| | 模型10 ZINB | 模型11 IV-ZINB | 模型12 IV-ZINB | 模型13 ZINB | 模型14 IV-ZINB | 模型15 ZINB | 模型16 IV-ZINB |
|---|---|---|---|---|---|---|---|
| 流入地行政级别(0=非省会) | 0.215 −0.116 | 0.228* −0.116 | 0.151 −0.118 | 0.269* −0.115 | 0.247* −0.116 | 0.274* −0.115 | 0.214 −0.117 |
| inflate | | | | | | | |
| 年龄(岁) | −0.075*** −0.011 | −0.073*** −0.011 | −0.091*** −0.012 | −0.069*** −0.010 | −0.076*** −0.011 | −0.067*** −0.011 | −0.083*** −0.012 |
| 流入地所在区域(0=西部) | | | | | | | |
| 中部 | −0.202 −0.276 | −0.205 −0.288 | −0.252 −0.257 | −0.399 −0.295 | −0.399 −0.269 | −0.396 −0.312 | −0.417 −0.270 |
| 东部 | 0.056 −0.202 | 0.069 −0.208 | 0.045 −0.191 | −0.005 −0.201 | −0.032 −0.192 | −0.019 −0.209 | −0.020 −0.193 |
| 东北 | 1.087** −0.351 | 1.112** −0.360 | 1.104** −0.343 | 0.963** −0.351 | 0.955** −0.336 | 0.967** −0.363 | 0.983** −0.343 |
| 截距 | 3.841*** −0.492 | 3.629*** −0.537 | 4.697*** −0.480 | 3.593*** −0.458 | 4.075*** −0.489 | 3.387*** −0.543 | 4.313*** −0.500 |
| Vuong test | 3.36*** | 3.02** | 2.91** | 3.67*** | 3.35*** | 3.01** | 2.62** |
| alpha值 | 0.44*** | 0.51** | 0.26** | 0.31** | 0.18*** | 0.38** | 0.16** |
| N | 8 100 | 8 100 | 8 100 | 8 100 | 8 100 | 8 100 | 8 100 |

注:1. 括号内为稳健标准误;* $p<0.05$,** $p<0.01$,*** $p<0.001$;

2. Vuong检验用来判断是否采用零膨胀模型。以上统计结果显示,其统计量均远远大于1.96,且对应的P值显著小于0.05,故认为零膨胀负二项模型的拟合优于负二项模型;

3. alpha值用于判断数据分布。统计结果显示,alpha在5%的显著性水平上拒绝了"alpha=0"(泊松回归)的原假设,即认为数据过度分散,使用负二项回归模型为宜。

表4模型11、模型12、模型14和模型16为零膨胀负二项工具变量模型(IV-ZINB)的回归结果。在使用工具变量法之前,需要检验模型是否存在内生解释变量。模型11、模型12和模型14分别检

验了受教育年限、经济状况和健康素养与慢性病患病数之间的内生性问题。从两步法回归的残差项系数来看,受教育年限和健康素养的残差项回归系数并不显著,表明受教育年限和健康素养变量的内生性问题并不严重,这可能的原因有:第一,慢性病病程时间长,对人的健康损害相对缓慢,因而不会对流动人口的受教育年限造成严重冲击,比如突然中断学业;第二,由于流动人口的慢性病患病数较少,其产生的压力不一定引起流动人口对健康素养的显著重视。因此,受教育年限和总体健康素养与慢性病患病数之间的关系应采信常规零膨胀负二项的回归结果。而经济状况的残差项回归系数通过了0.05统计水平的显著性检验,表明个人经济状况确实是内生变量,应采信工具变量的零膨胀负二项的回归结果。模型16是个人经济状况、总体健康素养与慢性病患病情况的工具变量回归全模型,由于经济状况是内生性变量,所以纳入经济状况估计残差以处理内生性问题。

总体来看,社会经济地位对慢性病患病数没有显著影响,也就是说慢性疾病数与受教育程度、经济收入无关,回归结果不支持假设2b和2d。而总体健康素养对慢性病患病数有显著的积极影响,即流动人口健康素养的提高确实会有利于减少慢性病患病的可能性,假设3b得到数据支持,即是健康素养而不是社会经济地位对流动人口群体的健康差异有显著影响,健康素养是健康不平等的重要介入因素。

3. 社会经济地位及政策维度下农民工与流动白领健康素养的影响机制

在确定了流动人口范畴中健康素养是健康不平等的重要介入因素后,我们就可以从细分的角度再观察当下社会经济地位及相关重要政策维度的因素对于流动人口中最主要的两个群体(农民工与流动白领)健康素养因果影响机制的差异化特征。在此,首先考察农民工与流动白领两个群体在社会经济地位、健康素养及政策维度的本地健康档案建立层面的描述特征与组间差异。从表5可以看到流动白领的受教育年限、健康素养及本地健康档案建立均显著高于农民工群体,而在经济收入层面,虽然流动白领的均值高于农民工的均值,但是其没有统计显著性。考虑到表5的刻画是没有控制其他变量的情况,那么,如果控制了其他因素,是否有不同?为此,我们需要进行进一步的回归处理。

表5 比较视野下的农民工与流动白领的社会经济地位及健康素养差异

| 变量 | 流动农民工<br>($N=6\,708$) | 流动白领<br>($N=956$) | $T$检验 |
| --- | --- | --- | --- |
| 受教育年限(年) | 12.57(2.49) | 16.41(1.62) | $-46.26^{***}$ |
| 经济状况(取对数) | 6.70(3.05) | 6.83(3.21) | $-1.21$ |
| 健康素养总分(标准化) | 71.86(19.96) | 76.59(16.68) | $-6.99^{***}$ |
| 本地健康档案 | 0.36(0.48) | 0.40(0.49) | $-2.08^{*}$ |

注:括号内为标准差;$^{*}\ p<0.05$,$^{**}\ p<0.01$,$^{***}\ p<0.001$。

表6的模型17与模型20仅纳入了受教育年限和个人经济状况这两个核心变量,在未控制其他变量的情况下,流动白领与农民工的受教育年限越多,其总体健康素养越好。个人经济状况只对农民工的健康素养有显著影响,个人经济状况越好,其总体健康素养得分也越高。进一步地,模型18与模型21在模型17与模型20的基础上控制了年龄、年龄平方、性别、婚姻、户口、流动特征等变量,结果显示受教育年限对流动白领与农民工的健康素养依然有显著且稳定的影响效应。具体来说,在控制相关变量后,流动白领受教育年限每增加1年,其总体健康素养得分就提高1.586分(在0.001统计水平上显著)。农民工受教育年限每增加1年,其总体健康素养得分就提高1.360分(在0.001统计水平上显著)。经济状况依旧只对农民工的总体健康素养有显著影响。

表6 比较视野下的农民工与流动白领的健康素养 MLR 模型、IV-2SLS 模型

|  | 流动白领 ||| 农民工 |||
| --- | --- | --- | --- | --- | --- | --- |
|  | 模型17 | 模型18 | 模型19 | 模型20 | 模型21 | 模型22 |
|  | MLR | MLR | IV-2SLS | MLR | MLR | IV-2SLS |
| 受教育年限(年) | 1.738***<br>(0.320) | 1.586***<br>(0.328) | 3.039***<br>(0.809) | 1.480***<br>(0.095) | 1.360***<br>(0.104) | 2.098***<br>(0.202) |
| 经济状况(取对数) | 0.003<br>(0.172) | 0.006<br>(0.219) | 0.006<br>(0.222) | 0.242**<br>(0.081) | 0.238**<br>(0.089) | 0.198*<br>(0.089) |
| 年龄(岁) |  | −0.300<br>(0.398) | −0.361<br>(0.397) |  | −0.092<br>(0.174) | −0.026<br>(0.176) |
| 年龄平方 |  | 0.003<br>(0.005) | 0.005<br>(0.005) |  | 0.001<br>(0.002) | 0.001<br>(0.002) |
| 性别(0＝女) |  | −1.457<br>(1.165) | −1.545<br>(1.171) |  | −0.260<br>(0.507) | −0.538<br>(0.513) |
| 婚姻(0＝无配偶) |  | 2.489<br>(1.657) | 2.168<br>(1.661) |  | 1.340<br>(0.774) | 1.405<br>(0.774) |
| 流出地所在区域(0＝西部) |  |  |  |  |  |  |
| 中部 |  | 8.048***<br>(1.294) | 7.915***<br>(1.305) |  | 4.104***<br>(0.567) | 3.818***<br>(0.572) |
| 东部 |  | 5.281***<br>(1.441) | 4.996***<br>(1.442) |  | 5.015***<br>(0.633) | 4.459***<br>(0.644) |
| 东北 |  | 4.853*<br>(2.008) | 5.251**<br>(2.023) |  | 1.630<br>(1.102) | 1.352<br>(1.099) |
| 本地健康档案(0＝否) |  | −0.027<br>(1.135) | −0.045<br>(1.137) |  | 4.254***<br>(0.491) | 4.055***<br>(0.494) |
| 累计流动次数(0＝1次) |  |  |  |  |  |  |
| 2次 |  | −0.155<br>(1.711) | −0.337<br>(1.708) |  | −1.533*<br>(0.695) | −1.611*<br>(0.699) |

续表

| | 流动白领 | | | 农民工 | | |
|---|---|---|---|---|---|---|
| | 模型17 | 模型18 | 模型19 | 模型20 | 模型21 | 模型22 |
| | MLR | MLR | IV-2SLS | MLR | MLR | IV-2SLS |
| 3次及以上 | | −2.836 (2.240) | −2.862 (2.237) | | −1.921 (0.981) | −1.757 (0.984) |
| 累计流动时间(0=5年以下) | | | | | | |
| 5~9年 | | 1.153 (1.266) | 1.199 (1.267) | | 0.866 (0.583) | 0.865 (0.585) |
| 10~14年 | | −2.171 (1.745) | −1.837 (1.766) | | 0.386 (0.768) | 0.503 (0.769) |
| 15年及以上 | | 0.227 (2.492) | 0.726 (2.482) | | −0.031 (0.861) | 0.248 (0.867) |
| 本次流动方式(0=独自流动) | | −1.686 (1.195) | −0.982 (1.225) | | −0.099 (0.556) | 0.153 (0.559) |
| 流入地行政级别(0=非省会) | | −0.370 (1.098) | −0.698 (1.104) | | 0.732 (0.550) | 0.358 (0.560) |
| 截距 | 48.053*** (5.260) | 52.271*** (8.101) | 29.144* (14.349) | 51.637*** (1.343) | 49.811*** (3.274) | 38.667*** (4.254) |
| $N$ | 956 | 956 | 956 | 6708 | 6708 | 6708 |
| $R^2$ | 0.028 | 0.077 | 0.058 | 0.037 | 0.061 | 0.054 |
| 过度识别检验 | | $P=0.549$ | | | $P=0.675$ | |
| 第一阶段相关性 | | $P<0.000$ | | | $P<0.000$ | |
| 第一阶段$F$值 | | 129.11 | | | 681.39 | |
| 杜宾-吴-豪斯曼稳健(DWH)内生性检验 | | $Chi2=4.32, p=0.04$ | | | $Chi2=15.45, p=0.00$ | |

注：括号内为标准差；* $p<0.05$，** $p<0.01$，*** $p<0.001$。

进一步，从模型19与模型22的结果可以发现：第一，在IV-2SLS的第一阶段回归中，配偶教育年限、受访者出生季度与受访者的受教育年限，城市最低工资标准与受访者的经济状况都足够相关，且F值都远远大于经验标准值10。第二，过度识别检验显示这三个工具变量是外生的，与扰动项不相关。第三，DWH内生性检验显示受访者的教育年限、经济状况确实是内生变量。这些统计量表明，有必要放弃常规的MLR模型而采信IV-2SLS模型的结果。模型19与模型22的IV-2SLS回归结果显示，受教育年限确实对流动白领与农民工总的健康素养都有显著的正向影响，但个人经济状况依旧只对农民工的健康素养有积极影响。由此，研究假设4a与4b得到验证。我们还认为在异质化的流动人口群体中，无论是流动白领还是农民工，同经济水平（控制经济状况变量）的个体其受教育年限越多，健康素养越好，可见，教育是健康素养最稳定的预测器。而同教育年限（控制教育年限变量）的流动白领其经济状况对健康素养并无显著影响，与之相对，同教育年限（控制教育年限变量）的农民工其经济状况对健康素养有着显著正向影响。结合回归分析中我们进一步发现政策维度的"本地健康建档"变量只对农民工的健康素养有积极的影响，研究假设4d得到验证。

## 五、结论与讨论

流动时代的中国，我们在"健康中国2030"的背景下探索在健康层面存在诸多不平等的流动人口的健康议题极具时代意义与政策含义。[①] 在健康主观自我感知的维度，本文基于工具变量（IV-Probit）回归得到的稳健结果显示经济状况和健康素养对健康结果（自评健

---

[①] 郭未、鲁佳莹：《性别视角下的"农转非"路径及其收入回报：基于CGSS2008－2013数据的实证研究》，《社会》，2018年第3期。

康)有直接的影响,受教育年限通过健康素养影响流动人口的健康状况;在以慢性病患病情况为健康客观表征刻画的情境下,我们的研究发现是健康素养而不是社会经济地位对流动人口群体的健康差异产生显著影响。这就相应地说明就大多数流动人口而言,较高的健康素养意味着掌握了一种有利于健康的优势资源,由此能够减少流动经历与流动环境所带来的健康损耗,维持或提高健康水平。本文契合于"健康中国2030"战略、流动人口健康服务均等化建设的社会大背景,在理论向度上验证了提高流动人口健康素养对减少他们流动经历中的健康损耗、维持或提高他们健康水平的重要性和关键性。我们发现流动人口自身所处的社会经济地位(主要是以其中的教育程度来呈现的社会经济地位)通过健康素养差异来进一步影响其健康水平,即健康素养是理解社会结构与健康不平等之间的一个重要因果机制。

流动时代的中国,作为其中重点人群的流动人口的健康问题(无论是生理健康还是心理健康)非常关键,而提升其健康福祉,强化其健康素养是最为有效的路径。我们的研究发现流动人口健康素养并未达到中国健康教育中心规定的基本线,这说明在国家倡导的"提升健康素养作为增进全民健康的前提"这一战略框架内,必须纳入对于流动人口的关照。总体看来,如我们的工具变量(IV-2SLS)回归得到的稳健结果显示以教育为特征的社会经济地位有着显著的正向效应。进一步,在结构的视角下,我们基于对流动人口中核心的流动白领与农民工群体的分析看来,教育对于两个群体的健康素养均有一致的积极影响,(教育)知识是一种重要的个人资源,高学历者在获取、使用和评判健康信息的能力上更加突出,能更为有效地使用卫生系统,从而在医学环境和社会生活中更好地做出健康决策。[①] 这一

---

① Baker D W. (2006). "The Meaning and the Measure of Health Literacy." *Journal of General Internal Medicine*, 21(8), 878-883.

点在一定程度上反映了"资源强化"效应,即拥有优势资源与机会的人们更有可能获得健康资源,拥有更好的健康素养。政府在介入政策设计与推行之时,理应更多关注于流动人口的教育提升的可能性,通过相应的专题教育或是培训(这样的教育或是培训可以嵌套于社区中进行),辅助他们提升其使用和评判健康信息的能力,有效地使用卫生系统,从而在医学环境和社会生活中更好地做出健康决策。而社会经济地位中的收入只对流动人口中的农民工有显著的积极影响,这说明,对于社会经济地位视角下的提升流动人口健康素养的介入途径,除了在教育维度入手,强化其对于健康信息与资源的触及,对流动人口中相对流动白领处于弱势地位的农民工群体而言,强化其收入保障也应是关切之道。考虑到回归分析中我们进一步发现政策维度的"本地健康建档"变量只对农民工的健康素养有积极的影响,我们认为政府在介入政策设计与推行之时,还应该更多关注流动人口中的农民工群体,在城市里进一步推动为作为常住人口的农民工建立个人健康档案的工作。

当然,本文也存在一些不足。其一,针对"健康素养"这一变量的测量,本文主要采用和官方一致的《中国居民健康素养问卷》。虽然这套本土问卷经由众多专家和学者们的多次讨论,可以认为其中的问题和量表设计是中国当前较为权威和合适的测量方式。但根据"健康素养"的内涵来看,这一测量显然存在缺陷,其更多偏向于健康认知和健康知识层面,而对实际的健康行为和能力的观测不足。其二,在数据层面上,由于使用的问卷未涉及相关的心理健康问题,针对流动人口健康状况中的心理健康维度不能进行考察,而这一点在流动人口的健康研究中却是非常关键的。其三,CMDS涉及健康素养的调查只针对了流动人口,并未纳入对于可作为参照群体的当地户籍人口的调查,这使得我们不能开展流动人口与户籍人口比较视野下的健康研究。我们在未来获取新的更全面的适宜数据时,会对这些问题进行进一步的思考和改进,并相应地开展更深入的研究。

# 大变革背景下中国社会政策的发展方向与基本策略

熊跃根[*]

## 一、问题的提出

### (一) 作为开放社会科学的社会政策

在英美国家,传统意义上,社会政策被视作一门应用的社会科学,或规范社会学分离出来的应用学科。自 20 世纪中期以来,社会政策发展与广义的政治经济议程紧密结合在一起。社会政策既是社会福利分工和社会服务配置体系,也是国家推动公民权发展的核心内容。[①] 而在欧洲大陆尤其是在德国,社会政策的起源与发展一直处自然科学与文化科学之间,既受到经济学的强大影响,也受到历史学和社会学等人文社会科学的影响,关注的问题显然比狭隘的政策科学要广泛。西方(以欧洲和英联邦国家为主)自建立福利国家制度以来,围绕充分就业为核心的经济发展战略与注重再分配的社会

---

[*] 本文原载于《社会政策研究》,2019 年第 3 期。
熊跃根,北京大学社会学系教授
本文是作者主持的国家社科基金一般项目"大变革背景下中国社会政策的主要议题与基本方向"(课题号:19BSH156)的阶段性成果。
[①] 参见 Titmuss, R. (1974). *Social Policy: An Introduction*. London: Unwin Hyman; Marshall, T. H., Bottomore, T. (1950). *Citizenship and Social Class*. New York: Cambridge.

政策在战后环境下得到长足发展，逐步建立了一整套社会福利与社会服务资源配置体系，在很大程度上缓和并平抑了社会冲突与矛盾，公民生活质量得到大幅提升，进入富裕社会阶段。而自20世纪70年代以后，西方福利国家逐渐进入变动、危机与调整阶段，直至最近多数福利国家面临人口老龄化、移民或难民问题和扩大的不平等等社会问题，对福利体制和社会政策实施都产生了一系列影响，如何从政策和制度机制上应对新问题引起了研究者的广泛关注。[1][2][3]

自21世纪以来，全球资本主义进入了一个新自由主义和社会运动多发的时期，资本与技术的结合削弱了传统的制造业基础，互联网、高科技及新交易模式的广泛应用使后工业社会普遍来临，而后工业经济的一个显著特点就是个体化生存方式和就业形式的弹性（或不确定性），非正规就业日益普遍，伴随着生育率水平不断下降，家庭规模日益缩小，加之人均预期寿命不断提高，从而加剧了人口老龄化的发展趋势。对民族国家而言，如何有效应对经济转型和管理劳动力市场，应对老龄化问题是保持经济持续增长的重要前提。而对家庭而言，如何减少失业风险和保证养家糊口模式以维持婚姻稳定性变得异常重要。[4] 因此，一个国家在变革的背景下，需要透过有效的政策实施处理好以下三方面的关系：第一，激活劳动力市场；第二，确保社会保障体制的稳定性和可持续性；第三，维护家庭制度的基本功能。基于此，有效的国家干预与国家能力的提升应在效率与平等二者平衡的基础上得以实现。社会政策的实施和发展既不能弱化经济

---

[1] Merilee, G. (2010). "Social Policy in Development: Coherence and Cooperation in the Real World," *SSRN Electronic Journal*, 1-37.

[2] Lupu, N., Pontusson, J. (2011). "The Structure of Inequality and the Politics of Redistribution," *American Political Science Review*, 105(2), 316-336.

[3] 参见 Walker, A. (2018) *The Future of Ageing in Europe: Making an Asset of Longevity*. Singapore: Springer.

[4] 参见 Esping-Andersen, G. (1999) *Social Foundations of Postindustrial Economies*. Oxford: Oxford University Press.

发展的效率，也不能无视社会不平等的扩张进而损害到社会秩序的稳定。在发达工业社会，人口老龄化普遍出现得比较早，有效的家庭和相关社会政策在应对老龄化过程中发挥了重要作用。因此，在人口老龄化和人均预期寿命普遍提高的背景下，制定和实施一个有利于人口再生产和维系一个有效的规模劳动力市场的社会政策也是至关重要的。[1] 而在过去30多年里，面对人口老龄化、经济增长放缓和社会变迁，不同国家做出了不同的政策选择和制度调整。以自由主义为导向的发达国家选择进行建立资本投资型的福利体制，而侧重公正与平等的发达国家则普遍采取了社会投资型的福利体制。[2][3][4][5]

自进入全球化时代以来，尤其自中国加入国际贸易组织（WTO）以来，社会保障制度发生了重大变革，一方面是适应新的全球化经济体系，另一方面也是国内经济改革和社会变迁的主动变革需要。[6][7] 经过近20年的经济发展和社会变革，中国目前已初步建立了基本的社会保障制度全覆盖和基本的公共社会服务的可及性，而最显著的挑战和困难则是不均衡、不充分和区域及人群之间福利和服务的不

---

[1] Uhlenberg, P. (1992). "Population Aging and Social Policy," *Annual Review of Sociology*, 18(1), 449-474.

[2] Midgley, J. (1999). "Growth, Redistribution, and Welfare: Toward Social Investment," *Social Service Review*, 73(1), 3-21.

[3] Quadagno, J. (1999). "Creating a Capital Investment Welfare State: The New American Exceptionalism: 1998 Presidential Address," *American Sociological Review*, 64(1), 1-11.

[4] Ferrera, M. (2009). "From the Welfare State to the Social Investment State," *Rivista Intemazionale Di Scienze Sociali*, 117(3-4), 513-528.

[5] 参见 Hemerijck, A. (2017). *The Uses of Social Investment*. Oxford: Oxford University Press.

[6] Guan, X. P. (2001). "Globalization, Inequality and Social Policy: China on the Threshold of Entry into the World Trade Organization," *Social Policy & Administration*, 35(3), 242-257.

[7] 参见 Chan, C. K., Ngok, K., Phillips, D. (2008). *Social Policy in China: Development and Well-being*. Bristol: Policy Press.

平等。中国不同于西方国家,有自身的文化传统、政治经济制度和社会结构基础(尤其是家庭制度),因此在变革背景下思考未来中国社会政策的主要方向与议题,也需要更多参考和借鉴在文化与社会结构上相似的国家及地区的政策发展与改革经验。[1][2] 基于上述考虑,中国的社会政策基本方向与主要议题应考虑到经济支撑的必要性、可行性和社会结构的稳定性,在经济发展与社会稳定之间做出平衡的政策选择,处理好国家与社会的关系,平衡长期与短期之间的矛盾,通过科技创新带动并不断创新国家的能力建设,建立新的商业模式和社会服务方式,同时激发并增强潜在的社会活力,将以民生保障为核心的社会政策作为维系社会稳定与有序和谐的重要支撑与载体。[3]

### (二) 社会政策的学科属性与应用价值

迄今为止,我们尚未在理论上就如何看待国家的自主性与社会政策之间的关系达成共识。有必要就如何推进建立社会政策制定与实施的长效机制进行深入的理论探讨。在理论上,深入思考像中国这样快速发展的发展中国家的社会保障与社会政策机制,如何从理论与政策层面考虑人口老龄化与家庭制度的发展性和照顾体制之间的衔接,如何弥合非正规就业与可持续的社会保险参合。这些都需要从理论与经验上对社会政策的主要方向与重大议题进行通盘与深入的探究。

2019年是中国实施"十三五"规划和脱贫攻坚的关键之年,也是在新形势下促进经济发展模式转变和加快民生建设的关键时期,在

---

[1] Chow, N. (2007). "Aging and the Family in Hong Kong," *International Journal of Sociology of the Family*, 33(1), 145–155.

[2] Peng, L. (2004). "Postindustrial Pressures, Political Regime Shifts, and Social Policy Reform in Japan and South Korea," *Journal of East Asian Studies*, 4(3), 389–425.

[3] 洪大用:《强化社会政策兜底保障功能》,《社会政策研究》,2019年第1期。在

面临城乡社会保障体制分割、城乡及区域收入差距显著、就业者流动性加剧和家庭照顾不稳定等诸多问题的情形下,国家在未来要建构和发展同新的社会结构与经济发展模式相匹配的民生保障体制。因此,社会政策的核心考虑应涵盖在就业激活机制、家庭照顾的替代机制和脱贫攻坚的长效机制的社会政策安排,并在地区层面上思考政策实施的先行先试和制度推进,从而将实现稳经济增长的战略目标与制定并有效实施相应的社会政策紧密结合在一起。

## 二、中国社会政策在制度与实践上的特殊性及其意义

### (一) 中国社会政策在制度与实践上的特殊性

作为开放的社会科学中的一员,社会政策与社会学、政治学、经济学与管理学等学科保持了持久的联系。社会政策的主要研究对象是从理论与实践层面上探究在大变革背景下中国社会政策的基本方向与主要议题。主要包括:探索新时代背景下中国的社会变迁、新社会风险与社会政策的基本方向与回应机制;思考外部环境大转变背景下中国经济结构调整后变化的劳动力市场与非正规就业者的社会保障机制及其可持续性的基础;在人口老龄化不断加剧和家庭制度变迁的背景下,研究家庭照顾机制的替代性选择及其实践路径,从国家与社会互补的关系基础上考虑正规与非正规照顾的社会服务发展基本方向。

在今天这样一个世界经济和政治风起云涌的变革时代,出于民族—国家自身发展与维护全球政治经济均衡发展的考虑,社会政策研究者应侧重对下列问题进行研究:第一,从历史—比较分析的视角出发,比较发达工业化国家(欧洲)在后工业经济时代里,主要实施的劳动力市场政策、家庭照顾体制改革和反贫困或社会救助为基础的社会保护政策经验,从理论上总结防范新社会风险与实现稳定的社

会预期所依赖的社会政策体系。第二,分析大变革和大调整背景下中国不同地区在促进经济增长与实现社会有序和谐进程中实施的社会政策经验。第三,阐释促进经济发展与社会公平进程中的国家—社会关系,认识政府与社会组织的新职能。第四,从理论上尝试总结中国的社会政策经验对全球社会经济发展与社会治理的意义,即通过对社会政策的社会学和政治科学研究建立社会科学领域的"中国话语"。这一目标的实现虽然很艰难,但是中国社会科学的研究者仍应做出积极的努力。

社会政策作为转变经济发展方式和改善民生的支撑机制,对未来我国社会经济的协调发展与公民生活水平的普遍提高具有重要的战略意义。本文将从理论与实践层面深入探究和分析在大变革时代和我国面对新的经济与社会风险背景下,作为自主性的国家这一核心行动者,如何综合采取经济刺激政策(稳增长与稳就业)、发展型的社会政策(稳固托底和提供惠及民众的社会服务投入)与风险管控型的社会控制机制(社会风险防范),并与社会之间建立紧密的勾连与合作关系,从而实现社会的均衡发展与有序和谐。依照认识与分析国际经验(欧洲),展开社会政策比较,结合中国的国情与经验进行理论探索;从中国新时代社会转型与新时期社会政策(扶贫攻坚、促就业和扩大社会公共服务三大领域)的改革实践,探索从理论上总结中国促进经济增长和社会融合双向目标的社会政策理论,深刻认识全球化背景下"增长"与"发展"的政策路径之间的内在协调与联系。在现阶段,中国的社会政策发展要辅佐经济发展,同时又要有利于提升公民的生活水平,从而有效促进经济与社会的协调发展,在政府的各项政策实施上赢得进一步的社会认受性,减少不必要的社会成本。总体而言,发展我国社会政策的一个核心重点是在新的大变革与大调整并充满新社会风险的历史时期,加强经济与社会的稳定性与社会政策实施之间的内在联系。而在理论上,社会科学家要着力解释和分析下列问题:第一,对国际上促进社会包容和经济发展的社会政策经验的比较,及概念和方法的统一性如何确立。第二,认识中国在实施包容性增长和相关社会政策过程中的中央—地方关系。分析政策与对策的联系如何鉴别。第三,对中国促进包容性增长和实施社会政策的本土经验进行理论阐发。

从理论和经验认识上进一步深化新时代大变革和大调整背景下中国社会政策实践经验,推进社会政策研究的中国话语的发展。作为一个发展中国家,中国通过改革开放在经济与社会发展等诸多领域都取得了举世瞩目的成就,人民生活水平得到了显著提高,公民权的改善日益得到彰显。毫无疑问,作为一种重要的政治、经济和文化力量,全球化对中国这样的转型经济国家产生了无比深远的影响。与此同时,近些年出现的以贸易保护主义为代表的逆全球化势力和以民粹主义思潮为基础的社会运动,也对全球体系中民族国家的政治经济进程产生了不可忽视的影响。[1] 党的十九大已明确提出,要"在幼有所育、学有所教、劳有所得、病有所医、老有所养、住有所居、弱有所扶上不断取得新进展",并指出"我们要在继续推动发展的基础上,着力解决好发展不平衡不充分问题,大力提升发展质量和效益,更好满足人民在经济、政治、文化、社会、生态等方面日益增长的需要,更好推动人的全面发展、社会全面进步"。因此,可以预见的是,为促进发展的大局与任务,未来中国的经济与社会发展,仍将伴随着新时期的"社会政策时代"。[2] 在现代工业社会里,市场经济和社会的繁荣及进步与社会政策干预息息相关。卡尔·波兰尼指出,管理市场经济的风险与社会需求,面对市场自由放任运动与保护性反向运动"双重运动"导致的后果,国家应在促进社会整合的基础上

---

[1] Kauder, B., Potrafke, N. (2015). "Globalization and Social Justice in OECD Countries," *Review of World Economics*, 151(2), 353-376.

[2] 王思斌:《社会政策时代》,《中国社会科学》,2014年第6期。

保障公民自由与权利的增长。[1]

## (二) 中国社会政策在制度与实践上的意义

在全球范围内,社会科学发展的一个重要目标就是推动社会正义,而社会学作为一门关注社会价值与目标的学科,其推动社会发展与关注社会正义的取向十分突出。[2][3] 世界体系论的创建者伊曼纽尔·沃勒斯坦更是直接提出,围绕决定主义与自由意志、结构与能动性的论辩,实质上是就社会科学如何寻求建立一个正义的社会来展开讨论。[4] 20 世纪以降严复先生翻译《群学肄言》以及燕京大学、清华大学等开展社会学教学与研究,中国的社会学发展也经历了百年历史,社会学家对社会问题和社会政策的关注由来已久。[5][6] 经过 40 多年改革开放的历史进程,既得益于中国独有的政治经济制度,也受益于全球化开放的经济体系与技术进步,中国经过卓越的努力已经成为世界第二大经济体,人均国内生产总值已经突破 1 万美元,进入中等收入国家行列。然而,由于历史原因、制度限制和客观条件等因素,中国经济与社会发展仍面临不平衡与不充分的局面,它和人民日益增长的期望与需要之间的矛盾日益凸显,这使得促进社会发展和推进社会正义的社会政策变得更加重要。在社会科学尤其社会学领域,在一个复杂多变的历史时期,尤其是中国从工业经济迈向后

---

[1] 参见卡尔·波兰尼:《巨变:当代政治与经济的起源》,黄树民译,北京:社会科学文献出版社,2017 年。

[2] Shils, E. A. (1949). "Social Science and Social Policy," *Philosophy of Science*, 16(3), 219-242.

[3] Miller, J. A. (2011). "Presidential Address: Social Justice Work: Purpose-Driven Social Science," *Social Problems*, 58(1), 1-20.

[4] Wallerstein, L. (1997). "Social Science and the Quest for a Just Society," *American Journal of Sociology*, 102(5), 1241-1257.

[5] 参见 Fei, H. T. (1939). *Peasant Life in China*. London: Routledge.

[6] Chen, T. (1947). "The Foundations of a Sound Social Policy for China," *Social Forces*, 26(2): 139-145.

工业经济时代,在经济与产业结构出现重大调整,社会结构出现重大变迁,以及技术与人的观念发生重大变化的背景下,中国社会既有新的发展机遇,也将面临新的社会风险,这给经济发展和社会治理带来了重大挑战。[①] 因此,注重对社会政策基本方向和主要议题的研究,尤其是从理论和经验两方面探讨一条符合中国本土现实和历史方向的社会政策道路显得十分关键。基于此,笔者提出,鉴于中国当前及未来经济发展和社会转型出现重大转变这一背景,社会科学研究者应更深入地从理论和实践两方面,来探究中国社会政策的基本方向(保持经济发展与社会稳定和谐一致)与主要议题(就业、脱贫救助与家庭制度的发展)。在不同的时代里,阶级或阶层关系的组合方式,将在很大程度上影响着社会制度的稳定性以及经济发展的可持续性,而作为弥合阶级关系的社会政策以及福利制度,过去几十年来一直在先进的工业化国家里扮演了积极的角色,对促进阶级团结起到了重要的作用。过去 70 年来,中国通过实施改革开放等一系列经济发展政策,极大促进了经济的高速增长,并通过集中化的方式强化了国家的财政能力,进而在社会变迁与企业转型的背景下逐步实施社会救助、养老保险与医疗保险制度的改革,逐步建立比较稳定的社会安全网和基本的公共卫生服务体系、与收入挂钩的职工养老保险体制和最低限度的居民养老保险金制度。在社会政策实施的模式上,中国主要采取了渐进主义为基础的改革试点,通过成功的地方经验来逐步探索符合全国的政策与制度模式,并经历了从中央到地方与从地方到中央的双重实践模式。回顾过去 70 年,当代中国社会政策的变迁经历了从计划经济时期的城镇单位福利制和农村集体经济为基础的社会福利制度的低度渐进发展,随着改革开放和市场经济进程的加快,社会政策逐步过渡到国家注重经济增长与

---

① 岳经纶、颜学勇:《走向新社会政策:社会变迁、新社会风险与社会政策转型》,《社会科学研究》,2014 年第 2 期。

社会发展相协调的新时期政策范式,政策决策与实施过程日益从被动的回应型转向了发展型与预防型,一些地方在养老服务、社区服务与治理领域开展的社会政策的试点体现出了一定的创新意义。

### 三、大变革时代中国社会政策的发展方向与基本策略

#### (一) 中国社会政策的发展脉络

如果说1949年社会主义新中国的建立,标志着人类解放事业与意识形态领域的一次重大胜利,那么从多种意义上说,肇始于20世纪70年代末、以经济建设为中心的改革开放更是一个世界性的—历史性的事件。中国的改革开放和随后进行的一系列影响深远的经济改革措施,在很大程度上奠定了中国在21世纪经济与社会发展的总体基调与方向。与前苏东国家的转型不同,中国的渐进主义的改革是以经济改革为先导,并从农村土地制度的变革开始,在大大解放农村土地生产力的同时释放了大批农村剩余劳动力。在地方政府持续稳定农业生产规模与效益和农村大多数家庭基本解决温饱问题的基础上,国家开始逐步改革国营经济部门,从国有企业体制改革入手,逐步进行劳动用工制度和分配制度的改革,不断提高企业的生产经营积极性和生产效率,同时鼓励发展私营经济,促进商品经济发展进而增强地方政府的财政能力,这又为以后的企业职工的社会保障制度改革奠定了基础。从20世纪80年代中期到21世纪初,总体而言,中国的社会政策基本上体现为辅佐经济发展的次要手段,主要是为促进经济发展减少震荡和摩擦,通过社会救助和社会服务消除可能的不利影响,同时通过养老保险制度的社会化改革(国家、企业和个人三方共担责任)长远地解决企业的社会负担问题。1994年税收制度的改革在很大程度上刺激了经济发展和政府的财力增长,而随

后的住房制度改革和城市化进程的加快无疑又使得城市成为土地经济发展的主要空间，也成为日后城市治理与社会政策改革的重大挑战。自2003年"非典"事件以来，中国的社会政策加快了变革进程，集中体现在社会救助与医疗卫生领域的基本制度变革与政策发展，更为重要的是，国家把针对农村的社会政策逐步提上议事日程。农村居民最低生活保障制度和新型农村社会养老保险制度的实施，彻底改变了农民社会保障基本权益的空白面貌，在一定意义上促进了农村居民公民权的发展，解决了制度覆盖的问题，因此是一个值得肯定的重要进步。

2009年以来席卷西方世界的金融危机对欧美发达国家的经济增长产生了长期和持续的影响，许多国家在财政能力与社会开支规模的维系上面临显著的压力。而得益于一个不太发达和尚未彻底市场化的经济体系，中国显然没有受到这次金融危机的太大影响，反而因为担心经济衰退的波及以及应对灾害重建的任务需要，政府在2009年进行了大规模基础建设投资和刺激性的经济发展政策，并在同年4月实施了史上最大规模的医疗卫生改革（新医改）以及渐进推进新型农村社会养老保险制度（新农保）。经过多年持续在民生保障的社会政策领域的大力投入，截至2018年中国基本上建立了涵盖所有居民的以最低生活保障、基本医疗服务、义务教育、基础养老金和基本公共住房等为核心内容的制度与政策，从资金、实物和服务三个方面确保了有需要的公民获得政府帮助的基本权利，实际上已经成为一个中国版的、发展型的现代福利国家。

### （二）中国社会政策未来的发展方向

在全球化时代，随着经济发展范式的改变、家庭制度的变动以及社会转型的变化，传统的以工业主义为基础的、以充分就业为前提的福利体制已经不合时宜，而是要发展多元的福利供给，进而与一个在后工业经济时代里更具弹性的劳动力市场有效整合在一起。在世界经济衰退和工业化国家面临诸多政治与经济的困境前提下,中国的经济增长也在产能调整、工业升级和社会转型加快的基础上出现了新的挑战。然而,作为一个发展中大国,基于人口规模和区域发展差异的现实考虑,中国在经济与社会发展上还有一定的空间与机遇,因此在社会制度和社会政策的改革与实施上中国应该采取更为进取的方式来与经济发展相协调,对国家的战略发展与政府能力的提升起到促能(Enabling)的作用。

社会政策的重要意义与功能在于认定一种社会理想,并通过实施积极的社会政策来实现经济发展与社会整合的目标,进而总体上提高所有人民的生活质量,塑造自由而健全的公民,建立有效而精简的政府,使社会充满生机活力。作为一个发展中大国,中国目前尚不具备仿效西方福利国家的福利制度模式,在政治上也绝不会走福利资本主义的道路。但是,中国在当前以及未来面临的社会问题(如人口老龄化)与重大挑战(经济发展转型与不确定性),必将使国家在战略考虑与经济—社会发展长期的目标相符合,因此,社会政策的基本方向应着重聚焦在以下三方面,即建立劳动力市场的就业激活机制、寻求老年人家庭照顾的替代机制和发展脱贫攻坚(牢固的社会安全网)的长效机制。第一个机制是促进经济可持续发展和社会和谐有序的前提,第二个机制是平衡家庭—社会和保障老年基本权益的核心内容,第三个机制则是促使社会长期稳定的基石。上述三个机制的建立与发展都需要通过积极的社会政策实施来实现。在策略上,中国政府应该通过更为进取和有效的政策学习,加强政策制定与实施中的信息透明、政策辩论及公民参与,来减少不必要的政策扭曲和实施低效的混乱局面,从总体上减少社会政策实施的社会成本,以提升社会政治的合法性与认受性。

### (三) 社会科学研究在社会政策发展中的重要性

作为社会科学研究者,我们还必须清醒意识到,无论政治进步,还是经济—社会发展,在一个开放的年代里,中国的发展进程毫无疑问地已经成为世界体系的一部分。作为一位具有深刻洞察力的社会科学家,伊曼纽尔·沃勒斯坦早在20世纪80年代就已指出,自第二次世界大战结束以来,各个民族—国家的变革(Transformation)已经在很大程度上重塑了世界体系。30年后,他本人再次重申了这样的观点,即不断出现的混乱与事件使得世界体系变迁进程将可能持续数十年。[①] 在今天这样一个急剧变迁的全球化时代里,经济发展与政治思潮出现相互矛盾的现象已经在诸多民族—国家里显现。在新的历史时期,要推动建立与发展开放的社会科学,促进历史性的社会科学的发展,通过社会科学知识的有效转化与利用,促进政府决策的理性与科学性的发展,进而实现经济与社会的平衡发展。在全球化时代里,技术进步(尤其是通信技术)、环境变迁、人口转变这些都对新时代的社会科学和社会政策发展提出了新的挑战,传统的以科学主义为基础的、分离式的社会科学与一个日益错综复杂的变迁世界之间产生了越来越大的隔阂,日益精细化的专业与学科将研究者锁定在一个狭小的牢笼里,很多人忽视了更为广阔的外部世界可能对自身知识领域所产生的深刻影响。回顾17世纪以来人类科学史的发展,我们无法忽视欧洲启蒙运动的影响及其文明的发展。在很大程度上,如果没有社会土壤对新事物和新观念所培植的宽容、鼓励与支持,很难出现自第一次工业革命以来频繁涌现的新技术与新发明,也很难见证科学自身的不断进步。因此,认识到全球化时代里人的自由思想的创造性和思维开放性的重要性,一个现代国家才可能保持劳动力群体的高素质,并借此通过不断提升的教育与科学研究,来促进技术改进和知识的应用,使经济发展进入高水平阶段,摆脱在技术和制度上依赖他国的被动状态,而这一切都不可忽视地与积极

---

[①] Wallerstein, I., Miszlivetz, F. (2010). "'We Are in the Situation of Relative Free Will': An Interview with Immanuel Wallerstein," *Society and Economy*, 32(1), 137–148.

的社会政策实施紧密联系在一起。同很多民族—国家不同的是,作为拥有漫长帝国体制历史的国家,中国政治制度长期以来呈现出庞大的官僚体系要承担一个多民族的复杂社会的特点,同时由于疆域广阔,地域差异显著,文化与民族的多样性使得治理地方社会的难度极高,进而使得政策实施也呈现明显的多样性和差异。长期以来,中国的经济发展与社会稳定得益于强有力的政府干预与坚实的家庭自我照顾的基础,然而在经济发展风险增多和世界经济形势日益不确定的背景下,政府干预的能力受到财政状况的制约,而低生育率和低结婚率的背景下,家庭自身的变迁和人口流动性的加强已经动摇了家庭照顾机制的有效性和持久性。因此,从根本上转变社会政策决策与实施的价值理念、知识观与策略,集中在就业激活、家庭维系和老年照顾三方面促进社会政策的发展,中国才有可能在 21 世纪中期突破经济—社会发展的瓶颈,进而跨入先进国家行列。在全球化的大变革时代,随着中国经济实力和国际影响力的不断提升,中国的社会与公共政策和国家治理经验的国际影响也将会日益增加。作为塑造国家形象和增强国家软实力的核心策略,社会政策的实施将在很大程度改变中国的世界印象。从这个意义上说,社会政策学科的发展与实践进展,将在建设一个富强文明的中国过程中发挥举足轻重的作用。

# "幼弱""老弱"及其社会政策

严新明[*]

"人之初,性本善"的古训广为人知。当然,历史上人们也讨论过性善论和性恶论问题。本文的议论无关善恶,而是要讨论人之初其本弱、人之老其亦弱的问题。

《现代汉语词典》对"弱"的解释:(1)气力小;势力差(跟"强"相对);软弱、衰弱。(2)年幼:老弱。(3)差;不如。

## 一、"幼弱"和"老弱"

人之初其本弱。每个人的成长都要经过幼小阶段,等他们长大了,就成为成年人、劳动者,做着体力或脑力劳动,成为有收入的人,也就不弱了。按照学术界的观点,人类经过漫长的进化,由于直立行走,母体怀孕的生理机制发生了很大的变化,新生婴儿不能像一些动物的幼崽出生时那样可以行走、吃固态食物,人类的婴儿出生后必须依靠母乳喂养一阶段之后才能逐步摄入固态食物,并学会站立、行走,学会语言等。此后,在身体成长的过程中,还要经过幼儿园、小学、中学及大学的教育,帮助儿童在心智等方面成长为青少年,进而成长为成年人、劳动者,从而开始了人生由"弱"变"强"的时段。

---

[*] 本文原载于《中国社会保障》,2020年第5期。
严新明,南京大学政府管理学院教授。

人之老其亦弱。当人们由活力四射的青年步入身心沉稳的中年,随着时光的进一步流逝,人们自然会进入老年阶段。按照国际标准,一般将60岁或65岁定义为老年人的界限。一个国家或地区如果60岁及以上老年人口的比例在10%以上,或65岁及以上老年人口的比例在7%以上,就可以认为这个国家或地区进入了老龄社会。

进入老龄阶段的人会在很多方面表现出"弱"的特点,首先是体力弱,人的体质在达到高峰之后,体力自然会衰退;其次是精力弱,表现在听力、视力、嗅觉等多方面;再次是记忆弱,随着年龄的增长,记忆力下降是必然的,包括智力都会下降;最后是反应慢,随着年龄的增长,体力精力的衰弱,必然带来老人的反应和动作慢的问题。

## 二、成年人对自己"幼弱"和"老弱"的认知

笔者用两个小故事来说明成年人对自己"幼弱"和"老弱"的认知不足。

第一则故事是笔者亲身经历的。10年前,我回到家乡看父母,正好遇到村里邻居家吵架。那户人家的儿子想让母亲给他带孩子,但母亲因为不能务农了,又没有养老金,就想到县城去做保姆,这样能挣一点钱,为此事母子争执不下。母亲对自己的儿子说了一句:"我把你养大,我还要给你带儿子吗?"儿子反驳说:"你养过我吗?"母亲大哭说:"我没养你,你怎么长大的?"儿子继续同她吵。后来在邻居们的劝解下才结束了争吵。

"清官难断家务事",奶奶带不带孙子,是一个可以讨论的问题:无非是奶奶帮着带孙子,儿子和儿媳可以外出打工,多挣些钱;奶奶不带孙子、外出挣点钱,儿媳必须在家、影响了挣钱。但当我听到儿子讲"你养过我吗?"那句话时,很难理解已为人父的他竟能说出如此大不敬的话。俗话说"养儿方知父母恩",这句话道出了每个人对自

己"幼弱"的不知。这是因为在婴幼儿期,人是没有记忆的,直至儿童的后期才开始有记忆。但是,人身为父母之后,当自己的小孩有个头疼脑热,不顾风雨都要把小孩抱到医院去看医生。每个人的"幼弱"都是自然的,我们自己没有感觉到,那是因为父母为我们做了很多。我们可以没有清晰的"记忆",但绝不能否定父母的养育之恩!好在人类社会还有传承机制,让我们在育儿中体验父母将自己由"幼弱"一步一步培养成人的不易。

第二则故事是我母亲经历的小事。我母亲20世纪30年代出生在皖南农村,她们家是大家庭,吃饭的有几十人。那时候,家里的男性老人、中青年都坐在饭桌位子上,女眷、小孩则夹点菜端着碗在一边吃。故事的主角是我母亲的三叔,当时他年轻力壮,是家里干活的主要劳动力。有一天,一位长辈吃饭时呛着了,一个劲儿咳咳咳,三叔大声训斥老人:"吃不下去就不要吃了,看着你吃饭就难受!"他发火的样子,把旁边的小孩子们都吓着了。时光流转,转眼50年过去了,我母亲已经是年过花甲的老人。有一天,她的三叔也就是我的三外公到我们家做客,母亲烧了好饭好菜招待他,父亲陪他喝酒。席间,三外公呛着了咳个不停,我父母说:"三叔不着急,慢慢吃、慢慢喝"。三外公走后,我母亲对我们说:"我当时真想问他,你当年对我爷爷的样子,还记得吗?"当然,我母亲是生在旧社会的人,孝心决定了她绝不会当面问三外公这句话的!

这里我们可以看出,年轻人、中年人可能不会预测出自己年老时的样子,总以为自己二三十岁、四五十岁的状态会一直延续到老年。但是,这是不可能的,当我们在公园看到走路很慢的老人、当我们看到上下公交车不方便的老人,你可曾想过他们二三十岁时生龙活虎的样子?

## 三、社会对"幼弱"和"老弱"的认知

现在我们再来看看社会看待"幼弱"和"老弱"的情况。

社会看待"幼弱"。"幼弱"是因为新生儿弱小，需要父母的照顾，母亲首先要哺乳几个月，其后在小孩幼小阶段，父母还要在食物、防疫、户外活动等多方面付出很多。当前，在家庭政策中，食物等补贴或津贴还没有建立。在儿童的防疫保健方面，国家已经建立了比较全面的防疫保健体系。在户外活动公共场所，如母婴室、"第三卫生间"、方便婴儿车出行的无障碍通道等还须加大设计、建设力度。

社会对"幼弱"的认知还存在比较大的不足，比如前两年一男青年在地铁上看到一位年轻的妈妈给小孩哺乳，就拍下照片发到网上，引起了轩然大波，网民们一边倒地骂男青年：哪一位妈妈不希望在家或母婴室给孩子哺乳？但是妈妈和婴儿总要外出，在没有母婴室的情况下，孩子要吃奶就得喂啊！这个现象凸显了人们对儿童及其父母因"幼弱"而带来的不便重视不够。

社会看待"老弱"。老年人退出劳动领域之后，收入便成了大问题。目前，我国的养老金包括党政机关事业单位养老金、城镇职工养老金、城乡居民养老金等。但是，城镇居民、农村居民的养老金还是太低了，不足以养老。

在自然规律面前，他们成为"老弱"者，他们本来应该享受生活、颐养天年的，但是，当前全社会对"老弱"的问题重视不够，主要表现为很多场所、设施的适老化不足，原来的住房以及公共场所建设中较少考虑无障碍问题，当人们逐步变老之后，出行变得越来越难。还有，很多老旧住宅楼没有电梯，现在想加装电梯遇到不少问题，很难推行。

## 四、加强"幼弱""老弱"的社会政策应对

进入新时代,我国在社会政策方面会有很多建树,其中对"幼弱"和"老弱"的社会政策应该是重点,因为其不仅关系到全面建成小康社会,还关系到整个社会物质文明和精神文明的提升。

对"幼弱"的社会政策应对。当前我国开始了全面二孩政策,"幼弱"给父母带来的影响突显,国家亟须出台完备的家庭政策,比如小孩的营养费、年轻母亲的生育津贴、照顾小孩期间的合理收入以及养老保险视同缴费年限等等。德国1986年开始在养老保险中认可家长育儿的年限,我国可以借鉴,比如:脱产养育两个孩子的女性,可以计算4~6年的养老保险"视同缴费"年限,可以为生育的母亲带来多方面的好处,也肯定了家庭生育的社会贡献。还有防疫保健、入托入学、适合幼儿的场所设施等,这些都是针对儿童的重要政策,将对儿童未来的生活和成长产生重要影响。

对"老弱"的社会政策应对。当前,针对"老弱"的社会政策,最重要的是为每一位老年人提供足以养老的基本养老金。近年,国家在养老保险全民覆盖方面做了不少工作,但是还要在保基本、促公平方面加大力度,还要在"健康老龄化"等方面出台、实施相关政策。

在老年人的居住、出行方面,适老化、无障碍设施建设需要加大力度。笔者曾到发达国家做访问学者,看到他们的公交车与站台设计较好,公交车到站就调节气囊平顺对接站台,坐轮椅者自己也可以方便地上下车。在我国老龄化越来越严重的当前,场所、设施的适老化应是下一步建设的重点。当前,一些国家推行了长期照护政策,我国也开始试点,在老龄化日益加重的形势下,长期照护应是社会政策的重点。

年幼、年老时"弱"的问题,处于青年、中年年龄段的人可能还没感觉到,针对"幼弱"和"老弱"的社会政策还存在较大的不足和提升

空间,这应该是政府和社会今后一个阶段出台社会政策的重点。当然,还有一些人先天或后天成为残障人士,他们的不平常状态带来了长时间甚至终身在某些方面的"弱",他们在视力、听力、智力、行动能力、学习能力、就业能力等方面处于"弱"的状态。残障人士与虽"幼弱"但很快会成长的青少年、虽"老弱"但经历了青壮年的老年人不一样,他们更需要国家和社会多方面的关心和帮助。我们解决好残障人士的"弱"以及平常人的"幼弱"和"老弱"问题,包括津贴收入、场所设施、便利服务等,社会的物质文明和精神文明程度自然会更高,社会公众的面貌也会更加有风采。

# 少儿家庭支持，何以可为？
## ——严峻的人口形势下少儿家庭政策建设再探讨

高传胜　王雅楠[*]

少年儿童是国家的未来与希望。在国家全面推进高质量发展和治理现代化的新时代，生育、养育、教育好子女，不仅可以促进人口长期均衡发展，还是实现国家富强、民族复兴的重要支撑。但生养、教育子女等通常由家庭承担，一方面，社会保障体系的建立健全、养儿防老等社会功能的不断减弱，传宗接代等传统观念的日渐淡化，直接影响生养子女为家庭带来的效用；另一方面，托幼、教育、医疗、住房、就业等民生领域存在的短板与弱项，使生养子女的成本日益攀升。效用与成本两方面的变化，导致生育意愿与生育水平持续走低，少子老龄化问题日益凸显；劳动人口连续减少、女性劳动参与率一直居于较高水平等现实状况使我国人口结构变化形势越发严峻。在新发展阶段，要进一步加强家庭支持政策体系建设，有效降低家庭生养子女成本，进而帮助家庭作出有利于国家繁荣昌盛且激励相容的理性决策。为此，一是直面问题，加快补短板、强弱项进程，不断完善家庭支

---

[*] 本文发表于《新疆师范大学学报》，2022年第5期。

高传胜，南京大学政府管理学院教授，国家高端智库建设培育单位"长江产业经济研究院"特约研究员；王雅楠，南京大学政府管理学院博士研究生。

基金项目：本文系国家社会科学基金重点项目"民生服务领域实施供给侧结构性改革研究"（22AZD037）、国家自然科学基金重点项目"全球价值链视角下的国内区域分工与市场一体化研究"（71733003）、江苏省社会科学基金重大项目"江苏实施积极应对人口老龄化战略与基于老龄服务业高质量发展的对策研究"（21ZD010）的阶段性成果。

持政策体系,二是优化政策支持方式,提升支持水平,积极应对新发展阶段复杂严峻的国内外发展环境与人口结构变化所带来的挑战。

## 一、严峻的人口形势,要求新发展阶段加强少儿家庭支持政策建设

第一,受人口出生水平持续走低和人均预期寿命不断延长等因素的综合作用,我国正面临日益凸显的少子老龄化形势。如图1所示,我国人口出生水平呈现明显的下降趋势。第七次全国人口普查数据显示,2020年我国总和生育率和人口出生率分别为1.3、8.52‰,分别低于1.5、11‰,属于国际标准的"超少子化"水平[1]。国家统计局负责人进一步指出,2021年这两项指标又有下降[2],其中人口出生率已经降至7.52‰。如图2所示,我国0~14岁少儿占总人口的比重已经降至历史较低水平,2020年、2021年分别为17.90%、17.47%,均处于15%~18%的"严重少子化"水平[3]。而自2000年我国65岁及以上人口占总人口的比重超过7%、步入"老龄化社会"(Ageing Society)以来,我国人口老龄化程度持续上升,到2021年已经达到14.2%,正式进入"老龄社会"(Aged Society)。人口老龄化程度的加深、超少子化现象的出现,客观上要求我国加强对少儿家庭的政策支持,一方面,要切实保障幼有所育、幼有优育;另一方面,要提增生育意愿,促进我国人口长期均衡发展。

---

[1] 王晓峰,全龙杰:《少子化与经济增长:日本难题与中国镜鉴》,《当代经济研究》,2020年第5期。
[2] 国务院新闻办公室:《国新办举行2021年国民经济运行情况新闻发布会图文实录》,2022年1月17日,http://www.scio.gov.cn/xwfbh/xwbfbh/wqfbh/47673/47722/wz47724/Document/1718964/1718964.htm。
[3] 王晓峰,全龙杰:《少子化与经济增长:日本难题与中国镜鉴》,《当代经济研究》,2020年第5期。

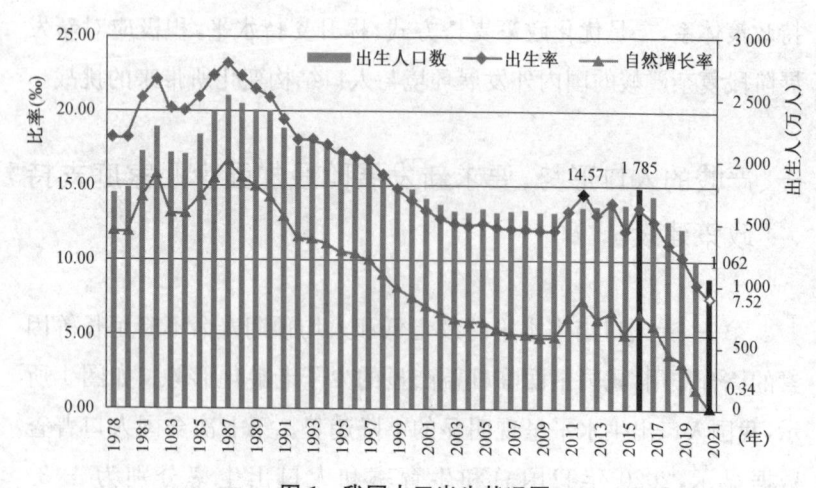

图 1　我国人口出生状况图

数据来源:《中国统计年鉴 2021》《2021 年国民经济和社会发展统计公报》

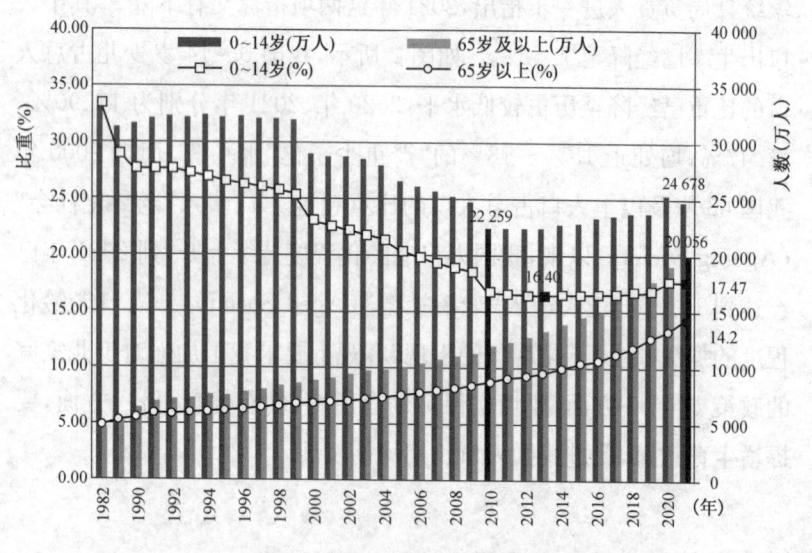

图 2　我国少子老龄化趋势图

数据来源:《中国统计年鉴 2021》《2021 年国民经济和社会发展统计公报》

第二,我国劳动人口、就业人员连续下降的动向,使我国少子老龄化问题越发凸显,直接影响抚育养老的人力资源供给与社会抚养负担水平。如图 3 所示,我国 15~64 岁劳动年龄人口的绝对数在 2013 年达到波峰 101 041 万人,此后持续减少,2021 年已经降至

96 526万人,减少4 515万人;15~64岁劳动年龄人口在总人口中的占比由2010年的74.50%下降至2021年的68.33%,下降幅度超过6个百分点。此外,我国就业人口在2014年达到波峰76 349万人,到2021年降至74 652万人,减少1 697万人。

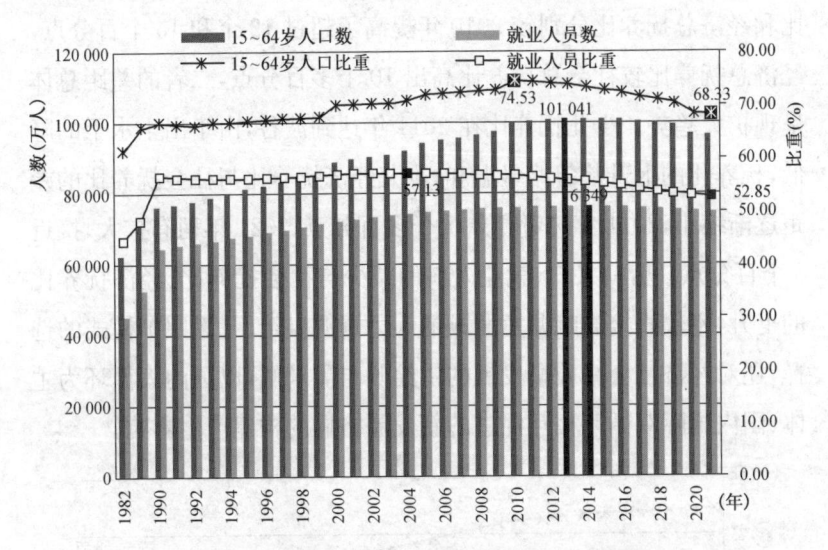

**图3 我国劳动人口、就业人员的变化趋势图**
数据来源:《中国统计年鉴2021》《2021年国民经济和社会发展统计公报》和国家统计局网站"国家数据National data"库

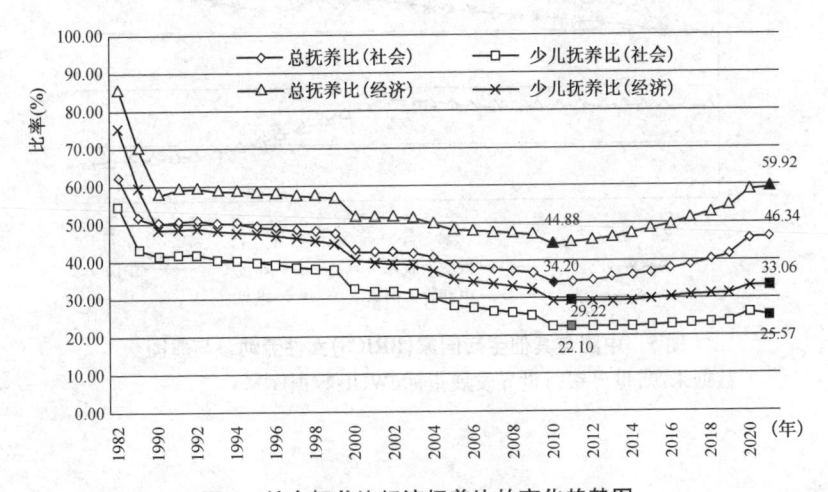

**图4 社会抚养比经济抚养比的变化趋势图**
数据来源:《中国统计年鉴2021》《2021年国民经济和社会发展统计公报》

劳动年龄人口数量与占比下降,意味着社会抚养比的上升,而就业人口减少将直接提高经济抚养比。如图4所示,按15~64岁劳动年龄人口计算的社会总抚养比在2010年达到波谷后呈较快增长态势,按就业人口计算的经济抚养比同样如此。2021年,社会总抚养比和经济总抚养比分别较2010年提高了超过12个和15个百分点,经济总抚养比较社会总抚养比高出10个多百分点,二者的差距总体呈现扩大趋势。少儿抚养比在2011年达到波谷,由于出生水平的降低,抚养比的上升趋势略显温和,少儿经济抚养比与社会抚养比的差距逐渐缩小,2011年二者相差7个多百分点,2021年稍有扩大,接近8个百分点。劳动人口、就业人口的减少与社会抚养比、经济抚养比的上升,不仅直接影响儿童照顾的人力资源供给、儿童照护模式的选择,还对经济社会高质量发展的供给侧与需求侧,以国内大循环为主体、国内国际双循环相互促进的新发展格局的构建产生影响。

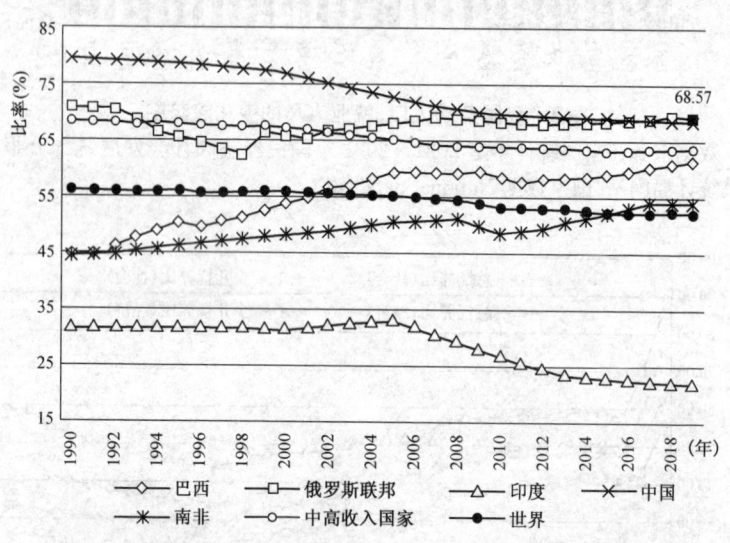

图5 中国与其他金砖国家(BRICS)女性劳动参与率图
数据来源:世界银行世界发展指标(WDI)数据库

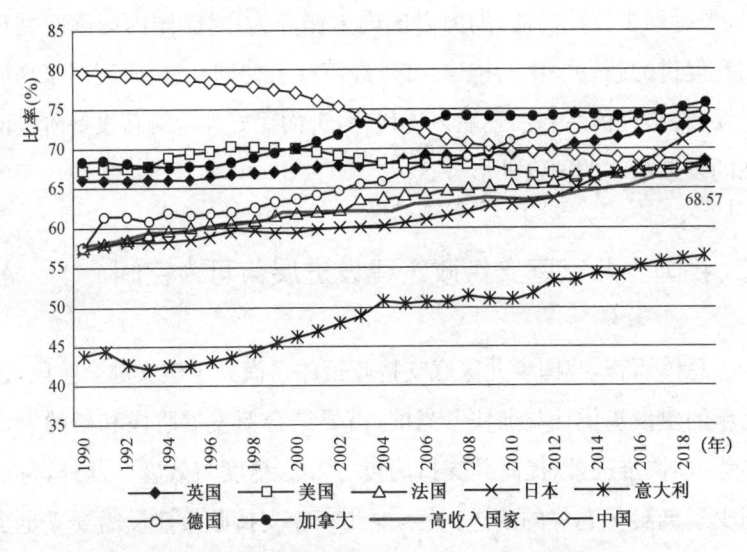

**图 6 中国与七国集团(G7)女性劳动参与率图**
数据来源：世界银行世界发展指标(WDI)数据库

第三，在国际视野下，我国女性劳动参与率一直处于较高水平，客观上要求加强对少儿家庭的政策支持。相较于其他金砖国家(BRICS)和七国集团(G7)等发达国家，我国女性劳动参与率总体处于较高水平。2019年，我国女性劳动参与率高于世界银行划分的中高收入国家、高收入国家的平均水平(见图5、图6)在此背景下，完善少儿家庭支持政策体系，切实增强家庭发展能力，有效降低家庭照顾负担和生养孩子的成本，不仅有助于女性更好地平衡"工作—家庭"关系，促进女性职业发展与自我价值的实现，充分释放生育政策潜能，还可以促进儿童健康发展，积极投资中国"未来"，并在更长时期、更大范围实现经济资源合理高效配置，进而更加有力地支撑经济社会高质量发展和国家治理现代化。

鉴于此，在国家积极践行以人民为中心的发展思想、全面建设社会主义现代化国家的新发展阶段，建立健全少儿家庭支持政策体系，有效提升家庭发展能力，不仅是切实保障"幼有所育"的客观需要，也是积极应对少子老龄化、促进我国人口长期均衡发展的战略要求；同时,还有助于拉动内需,助力以国内大循环为主体、国内国际双循环相互促进的新发展格局构建,推进经济社会协同共进,实现国家高质量发展、治理体系和治理能力现代化,进而更好地应对新发展阶段面临的复杂严峻的国内外形势。

## 二、我国少儿家庭支持政策建设进展与可为空间

总体而言,我国少儿家庭支持政策体系尚处于建立健全阶段,近几年的建设步伐日益加快。当前,需要结合新发展阶段和新的人口形势,加快推进,以提高其支持力度、广度、精度与效度。此外,考虑到少子老龄化态势的演进惯性,少儿家庭支持政策建设需要立足当下、面向未来,注意与老年家庭支持政策的协同性,加强整体性与基础性政策建设。

目前,我国对少儿家庭的支持政策,主要包括经济支持、服务支持和时间支持,等等。经济支持政策方面,主要包括生育保险、儿童福利等社会保障政策;服务支持政策方面,主要包括促进婴幼儿照护、托育服务发展的相关政策;时间支持政策方面,主要包括产假、陪产假(护理假)、哺乳假和育儿假等政策。

### (一) 经济支持政策建设

目前,对少儿家庭的经济支持政策涉及较广、支持力度相对较大的主要是生育保险制度。现行的生育保险制度,起源于1994年劳动部发布的《企业职工生育保险试行办法》(劳部发〔1994〕504号),参保对象是城镇企业及其职工,实行的是社会统筹模式,根据"以支定收,收支基本平衡"原则筹集资金。2010年颁布的《中华人民共和国社会保险法》,进一步明确保险费由企业按照工资总额的一定比例缴纳,企业缴纳的生育保险费作为期间费用处理,列入企业管理费用,职工个人不缴纳生育保险费。用人单位已经缴纳生育保险费的,其

职工享受生育保险待遇,具体包括生育医疗费用和生育津贴。职工未就业的配偶按照国家规定享受生育医疗费用待遇。生育医疗费用主要包括生育时的医疗费用、计划生育的医疗费用,等等。生育津贴按照职工所在单位上一年度职工月平均工资计发,是女性职工享受生育产假或计划生育手术休假期间的主要经济收入,免征个人所得税。全面二孩政策实施之后,生育需求集中释放,2016、2017 年生育保险基金连续两年出现收不抵支。2017 年,国务院办公厅印发《生育保险和职工基本医疗保险合并实施试点方案》,并在河北省邯郸市等 12 个试点城市实施。2018 年,我国生育保险基金当年结存 19 亿元。在此基础上,2019 年 3 月,国务院办公厅印发《关于全面推进生育保险和职工基本医疗保险合并实施的意见》,按照"保留险种、保障待遇、统一管理、降低成本"原则,全面推进两险合并实施。

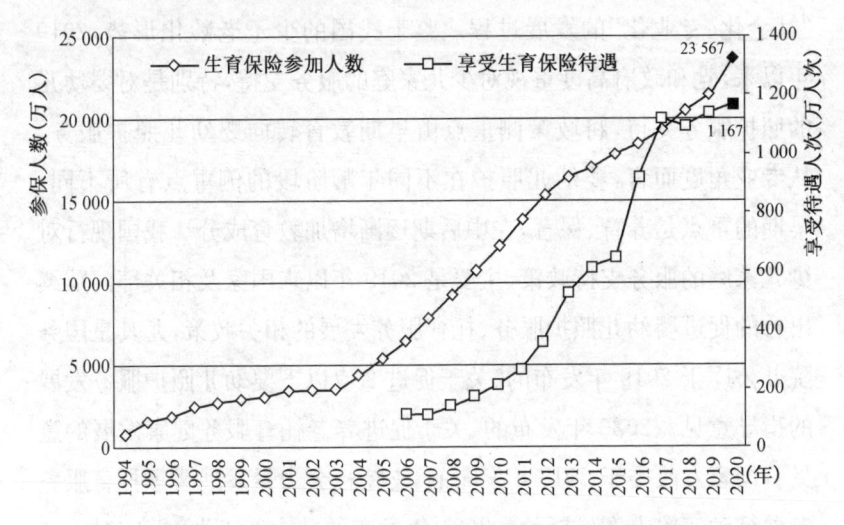

**图 7 生育保险参加人数与享受待遇人数增长状况图**

数据来源:国家统计局"国家数据"库和《2020 年全国医疗保障事业发展统计公报》。

图 7 反映了我国生育保险实施以来的历年参保人数与部分年份待遇享受人数的增长状况,由此可知,生育保险参保人数在 2004 年之后增长较快,近几年增速持续上升。尽管 2011—2016 年的参保人

数快速增长,但实际享受生育保险待遇的人数远低于参保人数。此外,如果与职工基本医疗保险的参保人数相比,可以发现生育保险的参保人数仍较少。尽管国家已经全面实施两险合并,但 2020 年生育保险参保人数较职工基本医疗保险参保人数仍少了 1 亿多人。根据国家医保局发布的《2021 年医疗保障事业发展统计快报》显示,截至 2021 年底,生育保险参保人数为 23 851 万人,较 2020 年年底增加 283 万人,增长 1.2%,但与同年职工基本医疗保险参保人数(35 422 万人)相比,少了约 1.16 亿人(而我国规模庞大的城乡居民尚无专门的生育保险制度)。

### (二) 服务支持政策建设

我国的婴幼儿照护服务总体经历了"去家庭化"—"再家庭化"—"社会化、专业化"的发展过程。鉴于我国的少子老龄化形势,2019 年以来,党和政府高度重视对少儿家庭的服务支持,特别是对婴幼儿的照护服务支持,将政策侧重点由早期教育转向婴幼儿照护服务。从专业角度而言,婴幼儿照护在不同年龄阶段的侧重点有所不同。早期的重点是养育、保育,在中后期逐渐增加教育成分。我国现行对少儿家庭的服务支持政策,主要是 2019 年以来国家及相关部门陆续出台的促进婴幼儿照护服务、托育服务发展的相关政策,尤其是国务院办公厅于 2019 年发布的《关于促进 3 岁以下婴幼儿照护服务发展的指导意见》、2020 年发布的《关于促进养老托育服务健康发展的意见》,国家发改委于 2019 年发布的《支持社会力量发展普惠托育服务专项行动实施方案(试行)》、2021 年发布的《"十四五"积极应对人口老龄化工程和托育建设实施方案》,以及 2021 年发布的《中共中央国务院关于优化生育政策促进人口长期均衡发展的决定》和新修订的《中华人民共和国人口与计划生育法》(以下简称《人口与计划生育法》)。从影响我国生育的主要因素看,有效释放生育潜能、实现我国人口长期均衡发展,需要从经济、服务、时间、就业、住房支持等方面协同发力。目前,最为紧迫的还是服务支持,尤其是对0~3岁的婴幼儿照护。

从国际范围看,我国女性劳动参与率处于较高水平,而且随着受教育程度不断提高,女性越来越重视职业发展与自我价值的实现。因此,如果不能解决好女性在婴幼儿照护方面的后顾之忧,平衡家庭与工作之间的关系,将直接影响女性的生育意愿。此外,很多新组建的家庭收入水平不高,能够负担的托育服务价格也不高,只有解决好普惠性托育服务有效供给问题,才有可能激发越来越多女性的生育意愿,充分释放生育政策潜能。这也是近几年我国密集出台促进婴幼儿照护服务、托育服务发展政策的重要意图,其中,包括全面调动各级政府、企事业单位和社会组织等力量,通过多种途径与方式,增加普惠性托育服务有效供给。

### (三) 时间支持政策建设

少儿家庭的时间支持政策主要是指产假、护理假(陪产假)、哺乳假以及育儿假等方面的政策。从国家层面看,目前,我国只有产假和哺乳假方面的规定,还未形成统一的护理假(陪产假)和育儿假。2012年出台的《女性职工劳动保护特别规定》(以下简称《规定》),结合我国国情并参照《国际劳工组织公约》规定的14周产假标准,将原来90天的女性职工产假调整为98天,其中,产前可以休假15天;出现难产情况的,应增加产假15天;生育多胞胎的,每多生育1个婴儿,可增加产假15天。女性职工怀孕未满4个月流产的,享受产假15天;怀孕满4个月流产的,享受产假42天。

对于哺乳期的时间支持,《规定》的第九条明确指出,对哺乳未满1周岁婴儿的女性职工,用人单位不得延长劳动时间或者安排夜班劳动。用人单位应当在每天的劳动时间内为哺乳期女性职工安排1小时哺乳时间;女性职工生育多胞胎的,每多哺乳1个婴儿每天增加1小时哺乳时间。

除国家统一规定的产假、哺乳假之外,我国部分地区在《人口与计划生育法》的授权下规定,符合计划生育政策的生育女性职工还享受 30~90 天的奖励假,配偶享有 7~30 天的护理假,即男性陪产假。部分地区还规定,符合计划生育政策的生育女性职工享受 30 天至婴儿一周岁止的哺乳假。此外,2008 年,人事部发布的《机关事业单位工作人员带薪年休假实施办法》与人力资源和社会保障部发布的《企业职工带薪年休假实施办法》均明确规定,产假不计入带薪年休假。职工可根据工作年限享受 5~15 天的带薪年休假与上述生育类假期合并使用。这些政策都增加了职工生育类休假时间,为职工家庭更好地照顾婴幼儿提供了较为宽裕的时间支持政策保障。

随着社会的发展进步,女性职业观念与生育意愿在不断变化,社会对延长女性职工产假、哺乳假,设立男性陪产假、增设父母育儿假以减轻女性职工育儿负担的诉求还会有所增加。因此,需要在合理分担假期用工成本的基础上,结合人口少子化形势,进一步完善相关时间支持政策,促进我国少儿家庭时间支持政策在与国情、经济社会发展水平相匹配的前提下更好地满足人民需要。2021 年修订的《人口与计划生育法》明确提出探索设立独生子女父母护理假制度,支持有条件的地区率先开展父母育儿假试点。

## 三、我国少儿家庭支持政策建设面临的突出问题

尽管我国在经济支持、服务支持和时间支持等少儿家庭支持政策建设方面取得了一些进展,但上述的每个维度都存在可为空间,应进一步拓展到影响生育、养育和教育成本的更多维度。此外,少儿家庭支持政策与老年家庭支持政策方面,尚缺乏整体性考虑,统筹协同不够有力,既不利于充分发挥家庭支持政策的功能与效应,影响家庭发展能力的提升,也难以更好地满足人民群众对美好生活的需要,影响广大人民群众的幸福感、获得感。鉴于少儿家庭支持政策体系建

设并不仅仅是上述几个维度的问题,还涉及更加广泛的内容,因此,笔者主要针对政策建设过程中面临的突出问题作进一步剖析。

(一) 少儿家庭支持政策涉及面较宽,空间广阔

要构建少儿家庭支持政策体系,充分释放生育政策潜能,进而积极应对日益凸显的人口老龄化形势,必须在全面系统分析生育影响因素的基础上,找准短板与弱项,加快补短板、强弱项进程。家庭是生育决策的基本单位,女性生育意愿持续走低、家庭生养子女需求低位徘徊,除受个人主义、家庭主义等不同程度的影响外,还受生养子女效用与成本等因素的影响。

首先从生养孩子可能带来的效用角度看,我国社会保障体系日益健全、养儿防老等社会功能不断减弱、传宗接代等传统观念日渐淡化等因素对家庭生养子女的主观需求与效用产生直接影响。其次,从生养孩子的综合成本角度看,社会竞争日趋激烈,生活成本和压力越来越大,客观上造成生育、养育和教育孩子的成本日益增加,具体体现在城市住房价格节节攀升,相关服务业发展不平衡不充分导致子女照顾、教育成本日渐高涨,"三医"联动改革效应尚未充分释放,等等。以婴幼儿照护为例,根据国家卫生健康委员会人口监测与家庭发展司司长杨文庄在2021年7月的新闻发布会上提供的数据,全国现有4200万左右0~3岁的婴幼儿,其中1/3有比较强烈的托育服务需求,但实际供给只有5.5%左右,托育服务供需缺口非常大[①]。与发达国家相比,我国的托育服务发展相对滞后。2016年,经济合作与发展组织(OECD)成员国的3岁及以下儿童入托率平均值为33.2%,其中,有10个国家的入托率超过50%,丹麦的入托率最高,为61.8%,比利时、冰岛、法国、以色列、荷兰、挪威等国家的入托率

---

① 国务院新闻办公室:《国新办举行优化生育政策促进人口长期均衡发展新闻发布会图文实录》,2021年7月21日,http://www.scio.gov.cn/xwfbh/xwfbh/wqfbh/44687/46355/wz46357/Document/1709111/1709111.htm。

接近60%[①]。此外,随着我国教育普及率和女性受教育程度不断提高,女性的独立自主性日益增强,劳动参与率将继续保持高位,追求职业发展与自我价值实现的需求越来越强烈,生养子女会给女性带来较高的机会成本,在此背景下,对托育服务的需求更为强烈。

效用低、直接成本、机会成本高,势必影响家庭生养子女的需求与决策。为此,需要综合施策,从提升效用、降低成本等方面协同发力。当前,要推进受发展不平衡不充分与改革效应未能充分释放影响,导致生养子女成本高的婴幼儿照护、学前教育、基础教育和医疗卫生等服务的改革与发展。上述社会性服务,不仅是我国社会服务领域的短板和弱项,还是难解的社会系统工程,可为空间较大。因此,少儿家庭支持政策体系建设,首先要从服务支持方面着力,通过政策放开、积极引导与有效激励,全面调动各级政府部门、企事业单位、社会组织、社会成员参与发展的积极性,进而提供多层次、多样化的社会性服务,切实降低家庭的照顾负担与压力,有效平衡女性的生活与工作关系。其次,要顺应人口城市化趋势,积极推进土地城市化步伐,增加住房有效供给,抑制住房投机炒作,有效缓解城市住房压力。此外,还可以从完善时间支持政策、就业支持政策以及住房支持政策等方面着力,努力降低女性生育成本。具体可以通过男女育儿假期平等政策在不同单位的全面实施平衡男女生养子女责任,通过税收优惠政策、社会保障制度完善等措施,鼓励弹性就业、灵活就业,支持新业态创业就业,等等。

## (二) 仍需调动社会力量积极性,促进托育服务包容性发展

对少儿家庭而言,无论是提供经济支持、服务支持,还是时间支持、就业支持等,都不能完全依靠政府,应充分发挥全社会各方面力

---

[①] 洪秀敏、刘倩倩:《三种典型福利国家婴幼儿照护家庭友好政策的国际经验与启示》,《中国教育学刊》,2021年第2期。

量的积极参与功能和作用,走包容性发展与治理之路。例如,针对少儿家庭的生育类假期等时间支持政策,如果缺少用人单位的积极配合与支持,政策将无法有效实施,目前,假期政策造成的用工成本主要由用人单位承担。如果女性与男性育儿假期平等政策不能全面实施,女性的职业发展将受到一定程度的影响。目前,我国职工生育保险的覆盖面较低,需要用人单位的积极配合与支持。一些基于网络平台的灵活就业人员,例如,快递员、共享司机等灵活就业人员,不仅需要相应的网络平台为其提供职业安全与保障,还要为其参加生育保险等社会保险提供支持。

当然,在少子化、老龄化趋势叠加,劳动人口持续减少的严峻形势下,更为迫切的是要充分发挥社会力量的积极作用,促进儿童照顾服务的有效供给。面向少儿的社会照顾服务属于民生保障性服务,不仅服务对象本身具有特殊性,服务内容也有其独特性。这类社会性服务,既不能完全依靠营利性市场组织,也不能完全依赖重在提供兜底性公共服务的政府组织或公立机构,应充分发挥多种性质与类型供给主体的比较优势及分工协作的互补互动作用。

第一,营利性市场组织(即一般意义上的企业)以追求经济利益为主要目标,对缺乏营利性的领域往往积极性不足,国家正在推进的普惠托育专项行动要充分考虑这一因素,否则将难以产生积极且影响广泛的政策效果。经济社会运行的价值导向应该是多元的,对于面向少儿的社会照顾服务,不应完全以经济利益为导向。但也要注意到,营利性市场组织的市场化运行机制有助于调动供给方为有支付能力的家庭提供适销对路产品与服务的积极性。

第二,政府组织或公立机构(包括事业单位)适合提供兜底保障性公共服务,承担保证底线公平的职责,但其运行机制具有较强的行政化色彩。因此,在学理上通常主张将政府组织、公立机构的生产功能与服务作用限制在保障底线公平的有限范围内,可以通过政府购买服务、财政补贴(例如,补贴生产者和消费者)等方式实现其兜底保障职责。当然,前提是这些产品与服务的供给主体发展充分、竞争有序,其中,也包括非营利性供给主体。

实质上,旨在解决社会问题、主要追求社会价值的社会组织较适合为中低收入的少儿家庭持续提供适合其需求水平与层次的社会照顾服务。其中,主要依靠外部捐赠或资助的传统非营利组织(NPO)可以为低收入家庭甚至经济困难家庭提供公益性慈善服务;而主要实行市场化运营、保持一定非营利特征的新兴社会企业(欧美范式的Social Enterprise,尤努斯范式的Social Business),则有助于为中低收入家庭持续提供其能够负担得起的普惠性服务[①]。尽管北京、成都、佛山、上海浦东新区等地区已经率先展开积极探索,但目前我国婴幼儿照护、托育服务等领域仍缺少足够的社会组织的积极参与,社会企业尚未得到国家层面政策的正式承认。因此,少儿家庭支持政策的导向在于充分发挥社会组织尤其是社会企业面向中低收入群体提供普惠性、专业化托育服务的积极功用。只有专业化才能提供高水平服务,只有专业化才能节省人力资源。

### (三)"一老一小"统筹考虑、发挥政策协同作用尚存空间

由于我国人口老龄化、少子化凸显的时间不同,因此,应对政策建设的起步不同,政策建设的进度与成效存在一定差异,导致"一老一小"政策建设统筹考虑不足,难以充分发挥政策协同作用。2020年年底出台的《国务院办公厅关于促进养老托育服务健康发展的意见》(国办发〔2020〕52号)开启了将"一老一小"问题统筹考虑的政策探索先河。随着我国人均预期寿命不断延长,"一老一小"照顾将成为众多家庭必须同时面对的重要社会问题,因此,"一老一小"家庭支持政策体系建设进入必须统筹协调考虑、通盘系统谋划,进而更好地

---

① 高传胜:《社会企业的包容性治理功用及其发挥条件探讨》,《中国行政管理》,2015年第3期。

发挥政策协同效应的新时期。国家发展和改革委员会、财政部等部门应充分发挥其统筹协调、宏观指导与支持保障作用。

进而言之，一是在经济支持政策方面可以统筹考虑。例如，在最低生活保障等社会救助、个人所得税专项附加扣除政策的设计上，可以借鉴国际经验。一方面，考虑需要照顾的家庭因成员数量不同而可能产生的规模经济、范围经济以及不经济性；另一方面，考虑政策是否应体现鼓励性、激励性，优化政策设计，增加更加科学合理的政策有效供给。二是在服务支持政策方面统筹考虑。例如，通过政策优惠与保障措施，支持社区统筹建设托育养老机构与设施。将类似托育养老服务的社区照顾服务供给及配套基础设施建设纳入整体考虑，无论是人员配备与培养，还是照顾服务的具体供给，均可实现统筹。实现少儿和老人整合照顾的机构，既可以让服务人员面向不同年龄的照顾对象，缓解工作的单调性、枯燥感，又可以激发部分老年人的自愿精神，充分发挥老有所为的积极作用。三是在时间支持政策方面可以通盘考虑。例如，既可以设置生育支持方面的假期，也可以考虑设置照顾老年人方面的假期。目前，居家社区照顾模式仍然是国内外的主流托育养老模式，在机构托育养老模式尚未成为主流模式前，可以从国家政策层面统筹考虑设置相应的家庭成员照顾假期，在全社会范围内实施的同时做好政策实施成本的合理安排与制度设计。四是住房支持政策和就业支持政策等方面的通盘考虑。例如，现行的住房保障政策、住房税费政策、住房贷款政策等未统筹考虑家庭照顾少儿和老人的双重压力，就业支持政策仅考虑女性生育对就业带来的不利影响，未充分考虑照顾老年人对女性就业可能带来的不利影响。

**（四）治理体制机制尚待进一步完善，以增强其包容审慎性**

尽管国家已经出台了一系列支持政策与措施，托育服务也得到一定程度的发展，但与人民群众日益增长的美好生活需要相比，仍存在较大差距。一个至关重要的原因在于既鼓励创新探索、又实现有效监管的包容审慎性治理体制机制尚未完善,直接影响托育服务的多元化供给、专业化发展、社会创新和实践探索。这也是我国家庭照顾负担与压力尚未得到有效缓解的重要原因之一。在劳动人口持续减少、少子老龄化形势日益凸显的情况下,托育养老只有充分调动社会力量的积极性,走专业化发展道路,才能有效化解人力资源日益紧张、社会照顾依然稀缺的状况。因此,家庭支持政策体系建设必须包含鼓励基层探索创新、实行包容审慎监管的治理体制机制建设等方面的内容。如果制定的政策规范不切合基层实际,不仅政策得不到有效贯彻实施,还将影响微观主体的发展与探索创新,因此,只有结合现实状况进行探索创新,才能更好地满足群众多层次多样化的需求。

以托育服务机构备案"繁与难"为例。根据国家卫生健康委员会提供的数据,截至2021年6月30日,已经有超过4 000家机构在全国托育机构备案系统通过备案,但仍然有10 000余家机构处于申请过程中[①],备案通过率有待提高。我国的托育机构管理汲取我国养老机构管理由行政许可制向登记备案制改革的经验,采取登记备案制。目前试行的《托育机构设置标准》和《托育机构管理规范》对托育机构的要求细致且全面,托育服务作为亟需发展的新兴行业,需处理好鼓励创新探索与有效监管之间的关系,营造包容性环境与政策生态,推进包容性发展与治理。只有鼓励创新探索,才有可能找到更好地满足多层次多样化需求的有效途径与方式。

少儿家庭支持政策体系构建,不能忽视托育服务管理体制机制的理顺与优化问题。目前,国家层次是由国家卫生健康委员会主管托育,教育部主管学前教育,而上海等地则是由教育部主管托育及学

---

① 国务院新闻办公室:《国新办举行优化生育政策促进人口长期均衡发展新闻发布会图文实录》,2021年7月21日,http://www.scio.gov.cn/xwfbh/xwbfbh/wqfbh/44687/46355/wz46357/Document/1709111/1709111.htm。

前教育。体制机制不合理,缺乏包容审慎性,将直接影响行业发展,其后果必然是家庭发展能力受到限制,家庭照顾压力与负担得不到有效缓解。

## 四、少儿家庭支持政策建设的国内外经验

生育率下降、少子老龄化日益深化,已经成为很多国家和地区面临的共性问题。因此,部分国家和地区制定、出台了相应的家庭支持政策,以期增强家庭发展能力,在解决好"一老一小"照顾问题的同时,减缓生育率持续下降的趋势,尽可能提增生育意愿与水平。在实践中,有的国家采取明确型(Explicit)政策,例如,日本;有的国家实施含蓄型(Implicit)政策,例如,美国[1]。由于不同国家和地区在少子老龄化水平与形势方面存在差异,经济社会发展水平、国家治理理念与方式、社会福利体制、民众意识形态(例如,个人主义、家庭主义、国家主义,等等)、文化传统等诸多方面也各有不同,因此,不同国家和地区采取的做法亦不尽相同。鉴于此,应结合我国在少儿家庭支持政策体系建设过程中面临的突出问题,探寻国内外先进经验,以期为我国少儿家庭支持政策建设提供借鉴。

### (一) 多方位支持少儿家庭发展,尤其重视托育服务有效供给

纵观国际上生育率水平较低、正面临少子化形势的国家和地区,大多通过经济支持、服务支持、时间支持以及就业支持等方面的政策措施,为少儿家庭提供多样化的综合支持,但因各国的国情和少子化形势的程度有所不同,家庭支持政策的支持力度与具体做法也有差异,例如,有的国家和地区提供住房支持政策。值得注意的是,各国

---

[1] 江夏:《OECD国家儿童早期照顾政策取向差异及其对我国的启示》,《学前教育研究》,2021年第5期。

和地区都较为重视促进托育服务有效供给的支持政策，只有社会化、科学化和专业化的儿童照顾服务有效供给才是对少儿家庭，特别是对生育女性，最为重要也是最为直接的支持。日本被低生育率困扰多年，如今总和生育率仍徘徊在1.4，其国内的托育服务支持政策建设经验值得借鉴。

自20世纪70年代起，日本的生育率开始下降，但早在1947年，日本政府就制定了《儿童福祉法》，明确规定：为确保儿童身心健康，国家和地方公共团体有义务向儿童监护人提供必要的育儿支持服务。此后，以这一法律为依据，日本政府在全国范围内广泛设立保育所提供托育服务。随着生育率持续走低和经济社会发展，人们对托育服务的质量要求不断提升，日本政府于2015年颁布《儿童及育儿援助新制度》，进一步明确托育服务不仅要扩充数量，还要提升质量。为此，日本政府实施了一系列改革措施，包括按照市场化原则改革托育服务市场，将此前政府向托育机构提供一揽子运营资金改为支付"给付费"，并打破以往只有保育所才能获得政府运营费的限制，民间团体、营利性企业等均可进入托育服务市场；构建缜密的托育必要性认定体系，根据婴幼儿监护人实际情况扩充托育服务申请事由的覆盖范围，为更多有需求的家庭提供托育服务，并为有实际需求的家庭延长每日可获得的托育服务时长；增设多种类型的托育服务机构，提高市町村地方政府结合当地实际情况提供育儿支援服务的独立性和自主权，充分调动民营企业、社会福利法人、非营利组织和民间志愿者等多种社会力量参与育儿支援体系建设；强化政府对托育服务的监管与调剂能力。为落实上述改革措施，日本政府曾多次提高消费税税率，在2019年将其增收部分的5%用于儿童及育儿援助经费，包括对相关托育机构给予财政补贴，并根据儿童数量和困难程度，对家庭实行弹性保育费用减免①。

## (二) 充分发挥社会力量的作用,破解少儿照顾服务短缺难题

在托育养老等社会性服务领域,要充分发挥市场组织和社会组织的积极功能与作用,政府主要承担兜底保障职能,不仅符合包容性发展与治理的客观趋势,也是大多数国家和地区的普遍做法。

充分发挥社会力量提供托育服务是部分国家和地区的通行做法。实质上,市场组织、社会组织的充分发展,可以为更多的家庭提供其所需要的托育服务,同时,政府积极发挥兜底保障作用,促进托育服务的全面发展。市场组织和社会组织发展充分、竞争有序的供给结构,还有助于政府通过购买服务或者直接补贴经济困难家庭等方式更加高效地承担兜底保障责任。

## (三) 以包容审慎性监管方式,支持儿童照顾服务包容性发展

少儿是社会照顾的重要对象,这一对象本身的特殊性决定了托育服务行业必须得到有效监管,无论是公立机构还是私立机构,无论是营利机构还是非营利机构,只有通过有效监管,才能保证服务的质量与安全。大多数国家注重调动社会力量参与发展的积极性,进而为少儿家庭提供多层次、多样化的社会照顾服务。第一,要保证服务质量与安全,增进服务供需双方的信任,有效的监管必不可少。但要注意,监管既能产生收益,也要付出成本,因此,监管需要考虑程度高低,即适度性问题。第二,监管涉及事前、事中和事后等不同环节。在行业发展的不同时期,监管的重点环节会有所不同。第三,监管存在不同模式、方式和方法的选择问题。在行业发展早期阶段,由于服务供给不足,对于新兴行业可能缺乏足够的了解,可以采取包容审慎

---

① 肖子华:《日本托育情况及育儿支持制度的启示》,《人口与健康》,2020 年第 9 期;和建花:《部分发达国家 0~3 岁托幼公共服务经验及启示》,《中华女子学院学报》,2018 年第 5 期。

的监管方式与方法,在支持发展的同时,加强事中和事后监管。

有国家和地区采取前端宽进、中后端严管的监管模式,有助于充分发挥社会力量在包容性发展和实现行业自律等社会治理功能方面的积极性。例如,在英国,开办幼儿园的门槛较低,只要创办人具备政府要求的教师资质,通过管理人员的资格考试,提交本人及所有雇佣员工包括清洁工、园丁、厨师等有可能被儿童接触到的人员的无犯罪记录证明和信用记录,具备一定资金,即可在教育部和地方政府注册。正因为准入门槛不高,英国除公立幼儿园、连锁幼儿园之外,还存在大量家庭幼儿园,有助于增加婴幼儿照顾服务的有效供给。但宽松的行业准入是与有效的监管相配套的。英国对幼儿园的监管依靠教育标准办公室的不定期视察和评定进行。此外,还有行业自律、服务对象和社会监督。例如,家长每天都会收到幼儿园的照顾记录,包括孩子"每天吃了些什么、吃了多少、有没有摔倒、情绪发生了怎样的变化等日常生活记录",即服务提供者的自主作为与接受监督[1]。在丹麦,开办幼儿园是公民的权利,任何家长都可以办幼儿园,其普惠性幼儿园以家庭和社区为依托,不是由大企业和资本主导。在丹麦,只要幼儿园招满 18 个学生,持续办学 1 年以上,就可以合法化,申请成为正式的幼儿园。申请成功便可获得政府提供的占办学成本 70% 以上的财政支持[2]。这种包容性发展与审慎性监管相结合的包容性治理思路,为我国儿童照顾服务发展提供了思路。

---

[1] 张倩:《英国幼儿园没有监控设备,家长们为何还能如此放心》,《财经》,2017 年第 36 期。

[2] 马瑜骏:《发展高质量家庭式托育服务:国际经验及启示》,《社会建设》,2021 年第 6 期。

## 五、加强少儿家庭支持政策体系建设的思路与建议

近年来,我国在构建少儿家庭支持政策方面作出许多努力,也取得了一定成绩,但在完善政策体系、优化支持方式、提升支持水平等领域,仍存在进步的空间。结合我国面临的少子老龄化和劳动人口减少等人口结构变化的严峻形势,必须直面政策建设过程中的突出问题,借鉴国内外先进经验与有益做法,选择科学合理、切实可行的政策建设思路,确定近期建设的重点与着力方向,探寻有效的政策措施。

### (一) 加强少儿家庭支持政策建设的总体思路与近期重点

少儿家庭支持政策体系建设的维度、力度等选择受个人主义、家庭主义等影响。鉴于我国的人口少子化形势,应站在国家富强、民族复兴的战略高度看待少儿家庭支持政策体系建设。为此,需要紧密结合影响我国女性生育意愿和家庭生育决策的主要因素,直面少儿家庭支持政策体系建设中存在的短板与弱项,并在广泛参考国内外先进经验与有益做法的基础上,从经济支持、服务支持、时间支持、就业支持以及住房支持等多个维度,全面推进我国少儿家庭支持政策体系建设。只有综合施策,形成政策合力,发挥政策效力,才能通过降低生养子女成本影响家庭生育决策,提高我国生育水平。

考虑到少儿家庭支持政策体系各个维度建设的难易程度以及政策成本分担等诸多因素,近期政策建设的重点应在服务支持政策上,尤其要通过政策引导、鼓励、支持和保障等多种方式,加快以需求为导向的托育服务高质量、包容性和专业化发展,有效缓解儿童照顾服务的供需矛盾,在切实减轻少儿家庭照顾负担与压力的同时,更好地平衡女性工作与家庭的关系,降低生养子女的成本,进而提增生育意愿与水平,充分释放生育政策的潜能,促进我国人口长期均衡发展。

高质量发展就是面向需求的发展。托育服务需求是多层次、多样化的,供给必须适应需求。《人民日报》指出,"高质量发展,就是能够很好满足人民日益增长的美好生活需要的发展"[①],不注重供需匹配,供给通常是无效的,也不利于解决儿童照顾服务供给严重不足的现实状况。包容性发展强调要充分调动社会各方面力量的积极性,实现托育服务的多元化、多途径供给,这样才能更好地满足多层次、多样化需求。专业化发展强调要重视专业性托育机构发展和专业性托育服务有效供给,而不是主要依靠家庭照护、家庭式托育等零星分散式、非专业性照护与托育,这是提供高水平托育服务、更好地满足需求的重要保障,也是顺应劳动人口减少、抚育养老服务需求不断增长的客观需要。只有走专业化发展之路,才能更加充分地发挥专用设施、场地和人员的规模经济、范围经济效应,减少对照护人员的需求。

### (二) 加强少儿家庭支持政策建设的着力方向与政策建议

结合影响我国女性生育意愿和家庭生育决策的重要因素以及目前政策存在的短板弱项,建设少儿家庭支持政策体系需要从经济支持、服务支持、时间支持、就业支持和住房支持等多个维度全面推进。

#### 1. 经济支持政策建设

受不同哲学理念影响,少儿家庭的经济支持政策有多种路径可以选择。丹麦社会福利学家艾斯平-安德森认为,儿童是100%的国家未来,投资儿童就是投资国家未来。不同国家和地区提供了多种经济支持路径,例如,以色列对具有生育困难的适龄生育人群提供免费辅助生殖服务,并为少儿提供一周6天、每天都有较长时间的免费托幼服务;芬兰等福利国家为婴幼儿养育提供可靠的免费日用品;我国四川省攀枝花市为生育二、三孩的户籍家庭提供数年育儿补贴金。

---

① 《牢牢把握高质量发展这个根本要求》,《人民日报》,2017年12月21日第01版。

上述经济支持政策需要强有力的公共财政实力做支撑。如果财政实力有限,也可以选择其他政策,例如,在积极推动职工全面参加生育保险的同时,通过财政补贴、税收优惠等政策,激励城乡居民积极参加可以融合生育保险功能的基本医疗保险;对于具有生育困难的适龄人群的治疗与辅助生殖服务等合理费用,可以将其纳入生育保险或医疗保险的报销范围,等等。

2. 服务支持政策建设

鉴于我国普惠性托育机构不足、婴幼儿入托率较低的客观现实,一方面,需要加大公共财政投入,完善土地、财税、金融、人才等支持政策;另一方面,应深化"放管服"改革,在进一步扩大公立托育机构发展的同时,引导更多的社会力量积极参与托育服务有效供给,让企事业单位、社会组织、社会成员等有更多机会、更好条件、更加便捷地投身于普惠性托育服务供给,进而为婴幼儿提供更长时间的专业化照护服务。只有走专业化发展之路,才能有效降低家庭照顾压力,节省人力资源,进而更好地顺应劳动人口减少、托育养老等对人力资源需求日益增长的客观趋势。

考虑到我国托育机构发展的现状,可以借鉴"托幼一体化"发展思路,通过具有吸引力的支持政策与保障措施,鼓励幼儿园拓展服务内容,提供普惠性托育服务。为此,迫切需要调整托育服务机构的主管部门,由教育部门主管,发挥卫生健康等部门在职责范围内负责相应的配套支持与管理职能。这样,不仅可以充分发挥教育部门主管学前教育的经验与优势,还能节省行政力量与成本,通过一体化管理助推托幼一体化健康发展。

3. 时间支持政策建设

时间支持政策主要指生育休假等相关制度安排。2012年,国务院出台《女性职工劳动保护特别规定》,对产假和哺乳假作了统一规定。北京市为了鼓励生育二孩、三孩,对产假和陪产假做了相关探索。2021年修订的《人口与计划生育法》明确提出要探索设立独生子女父母护理假,支持有条件的地区开展父母育儿假试点。但因假期政策的成本目前主要由用人单位承担,全面落实产假、陪产假(护理假)、哺乳假和育儿假等时间支持政策,必须健全假期用工成本公平合理分担机制,改变完全由用人单位承担政策成本的做法。

对于机关事业单位等公立机构,目前主要由公共财政承担假期用工成本,而企业、社会组织等用人单位,则要自我消化用工成本。为了便于全面严格落实统一的时间支持政策,促进公平竞争,一方面,可以通过税收减免、增加税费抵扣额度等优惠方式,分担时间支持政策的成本,以减小男女之间因政策差异带来的就业歧视;另一方面,对于与生育、哺乳等关系不太紧密的育儿假的时间支持政策,应坚持男女统一原则,既有利于平衡男女生养子女的责任,也可以避免因政策带来的男女就业不平等。

4. 就业支持政策建设

我国女性劳动参与率在国际上处于较高水平。随着义务教育的全面普及、高等教育的日益大众化,女性受教育水平不断提高,自主独立性也随之增强,就业创业、实现自我价值是现代女性的重要需求。生养子女势必影响女性的职业发展和自我价值的实现,并由此带来不可忽视的机会成本。因此,要想增强女性生育意愿、提升社会生育水平、有效平衡家庭与工作之间的关系,必须建立健全女性就业支持方面的政策,让充分照顾生育女性的就业支持政策成为现代文明社会家庭支持政策体系的标配。

为此,要进一步完善政策法规,规范用人单位的招录、选聘行为,防范性别歧视等行为的发生,促进女性平等就业,并通过加强行政监管、社会监督等多种方式,保证其得到有效实施。通过社会舆论引导等综合措施,营造生育友好型社会环境,鼓励用人单位实行有利于照顾生育女性的弹性工作方式。此外,通过切实的"放管服"改革、财税优惠和社会保障政策的完善,鼓励支持灵活就业新方式、社会创业新业态,让生育女性有更多的就业、创业和发展机会。

5. 住房支持政策建设

尽管国家正在着力构建以公租房、保障性租赁住房和共有产权住房为主体的住房保障体系,但住房问题仍是当前我国的重要社会问题,房价高、房租贵,买房压力大,是目前年轻人遇到的最现实的问题。社会竞争激烈,住房成本居高不下,也是影响城市年轻家庭生育决策的重要因素。因此,从降低生养子女成本角度鼓励生育、释放生育潜能,必须完善少儿家庭住房支持政策。

具体而言,可以从宏观、中观和微观等不同层面着力。在宏观层面,应顺应人口城市化的客观趋势,积极推进土地城市化进程,为城市住房建设提供更加充足的土地保障。在中观层面,要彻底改变城市政府依赖"土地财政"的现实状况,拓宽地方政府的收入来源,并在此基础上改革住宅用地的出让方式,降低住宅建设用地成本,真正让利于百姓。在微观层面,既要通过税费政策、学区房政策改革等综合措施,抑制住房炒作投机行为,还可以通过财政补贴、税费优惠、公租房和保障性租赁住房配租中的优先选择权、共有产权等经济适用房供给中的适当倾斜,以及政策性住房金融、差异化租售价格等方式,为养育未成年子女的家庭提供适当的政策支持与保障。

# 在灵活性与保障性之间：
# 平台劳动者的社会政策保护

于 萌[*]

近年来，科技进步与产业结构的不断升级，催生了以数字平台为媒介进行产品和服务的生产与销售的新型经济形态，越来越多的劳动者服务于平台经济和共享经济。据中国国家信息中心数据显示：截至2020年，我国平台劳动者已突破1亿人。相比传统的工作形式，平台经济在时间和空间上的自由度和灵活性给劳动者提供了充分的选择空间，在稳定就业、提升就业效率、提高劳动者收入、推动产业升级等方面发挥了积极的作用。

伴随着平台经济的蓬勃发展，平台劳动者权益缺失和保障困难等问题在全社会不断发酵。自2020年起，我国政府开始积极介入并推动解决多渠道灵活就业者的保障问题，学界也围绕如何保障平台劳动者权益展开了诸多研究。一部分研究集中在明确平台经济用工性质，打破现有劳动关系判定标准，重构劳动关系，以解决平台劳动者享受劳动权益保障的制度缺位问题[1][2]；另一部分研究集中在社会

---

[*] 本文发表于《南京社会科学》，2021年第8期。
于萌，南京大学政府管理学院助理研究员。
[1] 娄宇：《平台经济灵活就业人员劳动权益保障的法理探析与制度建构》，《福建师范大学学报》(哲学社会科学版)，2021年第2期。
[2] 王天玉：《超越"劳动二分法"：平台用工法律调整的基本立场》，《中国劳动关系学院学报》，2020年第4期。

保险制度改革,以应对社会保险制度在数字经济时代的制度失灵问题[1][2]。平台经济的发展,深刻重构了我国的劳动关系和劳动实践,为我国劳动者权益保障政策体系的转型升级带来了诸多机遇和挑战。在数字经济和服务经济时代,与传统的标准化雇佣制度下的稳定就业相比,劳动力市场的不稳定性、灵活性和流动性成为常态。因此,一方面,劳动力市场的不确定性需要更为复杂的治理手段,强化多层次社会保护(Social Protection)[3]政策手段的运用;另一方面,还要顺应劳动力市场的变化趋势,防止劳动权益保障成为经济形态和社会保障制度转型的"阿喀琉斯之踵"。为此,在现有强化"保障性"的逻辑上,还应顺应劳动力市场的灵活性变化趋势,在灵活性和保障性的"双向运动"中,寻求维持劳动力市场弹性和活力,有效实施平台劳动者不稳定就业的制度安排,推动在灵活性和保障性之间维持平衡且最终实现"正和博弈"。

## 一、灵活性与保障性:平台劳动者社会保护政策的双重逻辑

### (一) 劳动的质变与社会保险制度困境

在传统工业时代,以分工和专业化生产为基础的福特主义生产

---

[1] 席恒:《融入与共享:新业态从业人员社会保险实现路径》,《社会科学》,2021年第6期。

[2] 匡亚林、梁晓林、张帆:《新业态灵活就业人员社会保障制度健全研究》,《学习与实践》,2021年第1期。

[3] 社会保护(Social Protection)是从20世纪90年代起被国际劳动组织广泛使用的概念。根据国际职业安全与卫生信息中心发布的《提供全面保护,促进社会对话》报告,社会保护是指通过不断的政府行动和社会对话而实现的一系列政策措施,其目的是确保所有的男人和女人都能享有尽可能安全的工作环境,获得充分的社会服务和医疗服务;并且在因疾病、失业、生育、伤残、丧失家庭主要劳动力或年老而造成收入丧失或减少时,能够得到足以维持生计的保障待遇。在对于劳动者的保障上,相较于社会保障强调收入保障,社会保护这一概念的外延更广,容纳社会服务、职业培训、就业服务等多项内容,因此本文使用社会保护,以构建更全面的劳动者权益保障政策体系。

模式催生了雇主和雇员一对一的标准化雇佣关系。但随着服务经济的发展,劳动力市场流动性和灵活性的增强,这种标准化雇佣关系逐渐"断裂"。进入21世纪,技术进步给经济发展带来了新活力,推动了传统产业模式向以大数据为基础的平台商业模式转型[1],产生了平台劳动这种新的就业形态。在平台劳动中,劳动者在平台上按照既定规则进行商品和服务交易,平台提供的网络空间承担着调节供需关系的市场角色。同时平台又通过算法来布置工作流程、安排劳动时间,并下达命令以实现对劳动者的控制,这使得平台又具备了类似企业的面貌[2]。作为企业和市场的混合体,平台的出现改变了劳动市场的生态环境。与传统标准化就业相比,平台对劳动者的控制趋于碎片化和多元化,平台劳动者工作自主性增强,呈现出"去空间化"和"去雇主化"的特征[3]。

在工业社会早期,社会保护的主要对象是标准化雇佣关系下的劳动者,其制度设计的逻辑基础为"劳动关系—社会保险关系—社会保险制度"。在这种政策模式下,劳动合同基于雇主与雇员一对一的劳动关系而成立,具有较强的稳定性和单一指向性。雇员的劳动关系被认定后,可以享受劳动权益保护,以及劳动权衍生出来的社会保险权;享受社会保险的基本条件为有明确的雇主,且有清晰而稳定的劳动关系,并通过共同缴费机制来强化其权利与义务[4]。与传统正规就业和非正规就业相比,平台经济最大的特征就是摆脱了传统工业社会的标准化雇佣关系,但同时也导致了劳动者权益保障的制度

---

[1] Srnicek, N. (2017). "Platform capitalism." New York: John Wiley & Sons, pp. 21-24.

[2] European Commission. (2018). "Labour Market and Wage Developments in Europe: Annual Review 2018." Luxembourg: Publications Office of the European Union, p. 56.

[3] ILO. (2018). "Digital labour platforms and the future of work: Towards decent work in the online world." Geneva, p. 23-26.

[4] 鲁全:《生产方式、就业形态与社会保险制度创新》,《社会科学》,2021年第6期。

困境。劳动者与平台的关系趋向于 1 对 N 的多雇主化,模糊的雇佣关系使得平台劳动者的身份变得模糊,导致了平台就业关系难以被嵌入正式的劳动关系规制及与劳动关系捆绑的社会保险中,其相应的劳动权益保障缺失[1]。

### (二) 平台劳动者社会保护政策的双重逻辑

在数字经济时代,劳动力市场的变化与现有制度的局限性,使得实践于北欧的"灵活保障"(Flexicurity)模式再次受到瞩目。所谓灵活保障,是指同时兼具劳动力市场灵活性(flexibility)与保障性(security)的政策方案。20 世纪 90 年代以前,劳动力市场大致可分为灵活性高,但就业不稳定的英美型劳动力市场和就业保护程度高,但劳动力市场较为僵化的欧洲大陆劳动力市场。在这两类劳动力市场下,人们普遍认为灵活与保障之间具有不可兼容性,提高灵活性必然伴随着就业不稳定性的增加。20 世纪 90 年代后,为解决高劳动力成本和就业保护刚性引发的企业用工负担与失业激增问题[2],丹麦和荷兰等北欧国家试图通过提升劳动力市场弹性,激活劳动力市场活力,来应对新的经济形式变化。进入 21 世纪,丹麦和荷兰等国在稳就业、降低失业率和贫困率等方面取得了显著成效,使得灵活性与保障性这对看似相互冲突的特性,实则可以相辅相成[3]。

灵活保障政策模式具有灵活性和保障性两重逻辑。灵活性逻辑要求增加雇佣、工资和劳动时间等层面的灵活性。通过去规制化增加非标准就业合同的使用,控制内部人力成本,增强劳动力市场、工作组织以及劳动关系上的灵活性,使得劳动力市场参与者能够及时

---

[1] 孟现玉:《互联网平台经济从业者的失业保险:制度困局与建构逻辑》,《兰州学刊》,2020 年第 11 期。
[2] Eurofound. (2018). "Employment and working conditions of selected types of platform work." Luxembourg: Publications Office of the European Union, p. 35.
[3] 杨伟国、唐鑫:《欧洲灵活保障模式:起源、实践与绩效》,《欧洲研究》,2008 年第 3 期。

根据环境变化来调整自身的行动,增强竞争力和生产力[1]。其一,企业通过灵活的组织架构来适应外部环境的变化。其二,劳动者可以在求职、就业之间转换,也可以在不同的工作岗位流动。因此,灵活性的内涵意指雇佣和解雇之间的灵活,还包括灵活应对劳动力市场变化的能力。其概念外延包括了雇主雇佣、解雇和使用期限劳动合同上的外部数量灵活;劳动者在不改变雇佣关系的情况下,分配具体劳动时间与工作强度的内部数量灵活;员工在不同部门、岗位和任务之间进行调配的功能性灵活,以及企业根据经济环境和劳动力市场状况来调整员工工作薪酬与福利的工资灵活[2]。

保障性逻辑要求就业、收入等层面的保障性。即从增能的角度提升劳动者维持稳定就业和收入的能力,促进劳动力市场上弱势群体的职业发展,保障长期且高质量的劳动市场参与。因此保障性不仅包括了维持同一岗位就业稳定的工作保障,同时也包括培养劳动者具备改善劳动条件、更换工作岗位的就业能力,维持收入不中断的收入保障,以及通过各项社会保障政策提升劳动者应对社会风险能力的综合保障[3]。

促使劳动力市场灵活性与保障性均衡的策略被称为"金三角模型",包括灵活的劳动合同规制、积极的劳动力市场政策、完善的社会保障体系(如图1所示)。即通过现代劳动法、集体协商和工作结构调整等,实现灵活可行的合同规定,以扩大弹性劳动合同的适用范围和雇佣关系的多元化;通过职业培训和终身学习等,提升劳动者的适应能力和就业能力;通过完善社会保障制度,提供充分的收入保障、

---

[1] European Commission. (2010). "European employment observatory review: Self-employment in Europe 2010." European Commission.

[2] Heyes, J., Hastings, T. (2016). "Where now for flexicurity? Comparing post-crisis labour market policy changes in the European Union." *SPERI Global Political Economy Brief No.* 3, p. 23.

[3] Atkinson J. (1985). "Flexibility: Planning for an uncertain future." *Manpower Policy and Practice*, pp. 26-29.

就业保障,提升劳动者抵抗社会风险的能力①。北欧国家"灵活保障"劳动力市场改革的初衷是消除僵化且高成本的劳动力市场痼疾,其策略是从刚性走向灵活,保持灵活与保障均衡的过程。当前在平台劳动等非标准雇佣关系扩大的背景下,对平台劳动者的保护是在已经充分柔软化的劳动力市场中,从"灵活"走向"保障",于灵活性与保障性两个政策维度之间探索最优的政策组合的过程。两种改革过程看似发展路径不尽相同,但主要政策对象均为非正规就业者和灵活就业者等劳动力市场的弱势群体。因此,"灵活保障模式"对强化我国平台劳动者社会保护,探索灵活性与保障性之间最优社会保护政策组合具有重要的指导和借鉴意义。

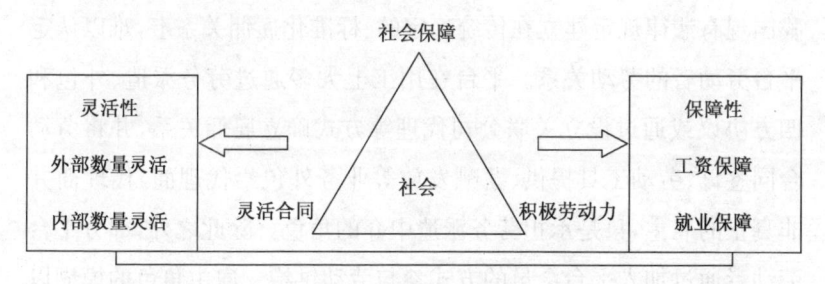

图1 平台劳动者社会保护政策"灵活性"与"保障性"分析框架

## 二、我国平台劳动者社会保护的"灵活性"与"保障性"程度分析

### (一)我国平台劳动者社会保护政策的灵活性分析

平台经济作为数字经济时代的新生事物,给国民经济发展和劳动就业带来了新的活力,当前政府在促进平台经济发展上也呈现出

---

① Wilthagen, T., Tros F. (2004). "The Concept of 'Flexicurity': A New Approach to Regulating. Employment and Labour Markets", *Transfer*, vol. 2, pp. 166-186.

积极的鼓励态势。国务院办公厅《关于促进平台经济规范健康发展的指导意见》(国办〔2019〕38号)、国务院办公厅《关于支持多渠道灵活就业的意见》(国办发〔2020〕27号)等主要从完善市场准入条件、降低企业合规成本、创新监管理念和方式等方面,为促进平台经济规范健康发展提供更多的政策支持,而对于平台企业责任界定、平台用工和平台劳动者权益保障并没有明确规制,这就造成了平台劳动"失衡"的灵活。

第一,雇佣—解雇高度灵活。我国现有的劳动法和劳动合同法等有关法律规范对劳动关系的判断框架,基本采取了全有或全无的劳动关系认定框架,并依此来施加或豁免劳动关系中的所有责任。[①] 我国现有法律规定建立在传统稳定的、标准化雇佣关系上,难以认定平台劳动者的劳动关系。平台在用工上大多通过劳务派遣、外包和四方协议或通过设立关联公司代理等方式确立雇佣关系,并将劳动合同签订、劳动工具提供、薪酬发放等业务外包给代理商,代理商并非真正的雇主,只是承担劳务派遣中介的角色。除此之外,部分平台劳动者通过加入平台会员的方式参与劳动供给。雇主角色的模糊以及相关制度的滞后,使得平台用工几乎不受劳动法等相关法律的制约,同时也不承担保障劳动者权益的责任,在雇佣与解雇上都具有充分的灵活性,极大降低了企业的成本,提升了平台的活力。

第二,工作时间与工资的灵活性失衡。区别于传统企业的用工管理方式,平台对劳动者的工作时间、地点以及日程安排等规定较为宽泛,劳动者具有一定自主安排的权利。然而在实际劳动过程中,一方面,平台通过算法控制整个劳动过程,加之平台设定的奖惩机制和多劳多得的计件工资制度,直接以影响劳动者收入的方式掌控着劳

---

① 丁晓东:《平台革命、零工经济与劳动法的新思维》,《环球法律评论》,2018年第4期。

动者的工作时间和工作量[1]。另一方面,劳动者为了获得可观的收入,就要接受平台的劳动时间和工作量安排。由于缺乏相关法律保护以及平等对话的权利,平台劳动者往往难以与平台抗衡,只能被动地接受平台关于工资和劳动规则的安排。由此可见,以工作时间自由灵活而吸引了大批劳动者的平台劳动实则是"虚假的灵活",所谓的工作时间和工资灵活,主动权则更多地掌握在平台手中。劳动者虽然可灵活调整工作时间、休假和收入,但这种自由是建立在牺牲劳动权益、独自承担收入受损和失业的风险之上。因此平台实际上掌握了一定程度的内部数量和工资灵活,平台劳动者由于对平台的经济依赖性较强,在工作时间和工资安排上是一种无保障的灵活。

第三,岗位流动的灵活性受限。平台劳动看似是数字经济发展下诞生的新型就业形态,实则依然是披着高科技外衣的劳动密集型产业。平台通过劳动的去技能化,降低了平台劳动的准入门槛和可替代性,由此吸引了大量劳动技能水平相对较低的劳动者。平台构建的包括等级、评价、接单量和投诉率等"信誉评价"体系直接影响着劳动者的收入[2]。因此已在一个平台投入大量时间和精力,并构筑信誉体系的劳动者,会谨慎选择转移到另外一个岗位或平台,这使得平台劳动者在岗位之间,以及在平台之间的流动都是相对谨慎且受限的。在平台评分机制作用下,劳动者并不拥有有效的岗位和雇主选择自由。

### (二) 我国平台劳动者社会保护政策的保障性分析

我国对劳动者的社会保护制度起源于新中国建立初期的劳动保险和计划经济时期的国有企业劳动保险,对劳动者权益的保护建立

---

[1] 陈龙:《"数字控制"下的劳动秩序——外卖骑手的劳动控制研究》,《社会学究》,2020年第6期。

[2] 常凯、郑小静:《雇佣关系还是合作关系?——互联网经济中用工关系性质辨析》,《中国人民大学学报》,2019年第2期。

在标准化雇佣关系下用人单位和职工双边劳动关系上,与当前平台就业灵活化、劳动参与方式多元化的劳动力市场变化趋势并不相适应,导致平台劳动者很难被纳入现行的劳动权益保障范围内。

第一,收入与就业保障的缺失。我国现实行"居民—职工"二元化的社会保险制度设计,社会保险与劳动关系完全捆绑,职工社会保险的缴费主体为"职工",即建立在传统标准化雇佣关系基础之上的劳动者。当前平台劳动者普遍无法与平台企业确定劳动关系,因此不能以职工身份参加职工社会保险。平台劳动者或以灵活就业人员的身份参加职工养老保险和医疗保险,或以居民身份参加养老保险和医疗保险,不论以哪种身份都不能参加失业保险、工伤保险和生育保险[1]。这就造成了平台劳动者参与职工社会保险的成本高且受限、居民社会保险又难以满足其实际需求的现实困境。当前我国平台经济从业者的参保率远低于城镇职工,且远低于城乡居民[2]。平台劳动者工作灵活性和流动性较强,大部分平台劳动者陷入"短期就业—失业—短期就业—再失业"的循环困境之中,使其对收入中断和工作贫困的抗风险能力较弱。

第二,职业安全保障缺位。平台劳动者普遍面临着较高的职业伤害的风险,但由于劳动关系未被认定而被工伤保险拒之门外。随着平台劳动者职业伤害问题凸显,政府和平台企业也开始积极寻求解决方案,目前主要有政府主导的职业伤害保险模式和企业主导的平台劳动者职业伤害保障模式两种类型。政府主导模式以"政府主导、商业保险公司承办"的运作方式覆盖了包括平台就业者在内的灵活就业群体,打破雇佣关系和户籍限制,为劳动者设立保费专户,采用个人缴费与财政补贴相结合,按年度结算,赔偿标准约为现行工伤

---

[1] 何文炯:《数字化、非正规就业与社会保障制度改革》,《社会保障评论》,2020年第3期。

[2] 张成刚:《就业变革:数字商业与中国新就业形态》,《中国工人出版社》,2020年版。

保险补偿标准的50%。平台主导模式目前主要是大部分城市的大型外卖运营团队,为从业人员购买意外伤害保险,每天在骑手接单时收取3元或以上的商业保险费,包含保额60万的身故伤残险,以及5万元的医疗保险[1]。目前政府主导的职业伤害保险模式覆盖面广,并且政府兜底加商业保险公司的下沉优势,可以实现保障措施的迅速实施;而企业主导的商业保险模式保护成本较高,既不稳定也不持续。因此整体而言,平台劳动者职业伤害的保障力度仍然较低,具有较强的不确定性和不稳定性。

第三,职业发展保障缺失。现有的劳动者职业技术培训服务与津贴等相关政策主要覆盖于标准化用工劳动者。例如,职业指导、职业介绍等公共服务主要帮助劳动者进入传统行业,忽视了引导劳动者进入灵活化、网络化、低门槛的新就业形态。公共就业政策性补贴仍主要覆盖传统就业群体,中央财政、各地方财政的职业培训补贴资金也很难覆盖到平台劳动者,与平台运营公司合作进行职业技能培训的案例更少[2]。平台提供的所谓职业技能培训仅限于帮助熟悉平台规则,更好地服务顾客,对劳动者的职业技能发展几乎没有帮助。平台没有对劳动者就业技能、实现新任务和差异化工作环境等职业发展进行保障,相反劳动者维持稳定就业和收入的能力在很大程度上受到抑制。

综上所述,目前我国平台劳动者处于"灵活失衡"和"保障不足"的不利局面。究其原因,主要有以下三个方面。第一,在数字控制下劳资权利关系不断向平台倾斜,劳动的去技术化使得劳动者的权利弱势地位愈加凸显。同时个体化、分散化的劳动方式使得劳动者难以整合形成平台劳动者集体,削弱了平台劳动者与平台平等对话和谈判的权利地位,造成了名义上灵活自由、实则失衡的状态。第二,

---

[1] 腾讯网:https://new.qq.com/rain/a/20210530A01RPX00。
[2] 张成刚:《问题与对策:我国新就业形态发展中的公共政策研究》,《中国人力资源开发》,2019年第2期。

当前我国劳动关系与社会保险等制度的发展滞后于劳动力市场的变化,平台劳动者劳动关系不被认定,导致了其劳动权益与社会保险权缺失,极大削弱了平台劳动者抵御社会风险的能力。第三,我国目前对于劳动者的保护政策相对"消极",仍以事后补救型为主,对于人力资本投资、维持稳定就业能力的培养和劳动者终身教育等方面的政策支持相对欠缺,尤其不利于低熟练劳动程度的劳动者维持收入与就业的稳定性。

## 三、平台劳动者社会保护政策创新与实践

为化解平台劳动者社会保护问题,近年来世界各国在劳动合同规制、完善社会保险体系以及提升劳动者的劳动技能和再就业能力上进行了诸多有益尝试。

### (一) 重构雇佣关系

与缓解劳动力市场僵化而增强劳动力合同弹性不同,平台经济的灵活合同规制,主要通过劳动者地位的再分类,强化对劳动关系的判定,使得平台劳动者可以获得劳动权益保障。例如,自2020年起,美国加利福尼亚州开始实行 AB5 法案(Assembly Bill No. 5),通过 ABC 测试来判断劳动者是正式雇员还是独立合同工。AB5 法令中 ABC 测试标准为:A 为履行服务合同和在事实上,不受企业的控制和指导;B 为服务超出雇主规定的通常业务范围;C 为个人经常从事与所提供的服务相同性质的独立行业、职业或业务。企业若将劳动者定性为独立合同工,需举证证明从业人员全部满足上述"三个条件",否则就是有雇佣关系的正式雇员,享受最低工资、带薪休假和健康保险等保障。荷兰为保障虚假自雇者(false self-employed)的劳动权益,废除了原有的雇佣关系相关法律,颁布了《雇佣关系评价法》,以自由职业者和自雇者在提供服务时是否存在雇主和雇员之间

的事实雇佣关系来判断劳动关系是否成立。若劳动关系成立,则雇主和雇员共同承担税金和保险费,并接受税务部门的监督[①]。

除政府颁布法律重新界定劳动关系外,企业也通过不同的雇佣形态和认定方式,保障部分平台劳动者的雇佣关系。丹麦的保洁平台"哈弗瑞"(Hilfr)将在平台工作的劳动者区分为"超级哈弗瑞"(Super Hilfrs)和"自由哈弗瑞"(Freelance Hilfrs)两种类型,根据不同的雇佣关系来区分劳动条件。"超级哈弗瑞"可以被认定为雇佣劳动者,享受集体协商与平台为其提供的最低工资、病假工资和养老保险等劳动保障,并被保障其在签订合同期间的雇佣稳定性。"自由哈弗瑞"作为自由职业者不能享受企业缴纳的社会保险,但可以获得企业支付的现金型福利金,用于支付社会保险费用[②]。同时企业开通了两种不同雇佣类型之间的转换渠道,增强了功能灵活性。

## (二) 社会保险的改革与创新

为了应对数字经济时代劳动力市场流动性对社会保险的冲击,各国从参保方式、经费来源、待遇确定方式和账户设置等多层面改革社会保险制度。奥地利为将自雇者纳入到工伤保险中,将社会保险分为一般社会保险和自雇者社会保险。自雇者社会保险除失业保险自愿参保外,医疗、养老和工伤保险都是义务参保,自雇者每月定额缴费。丹麦从2018年起,将其他非标准雇佣劳动者纳入失业保险中,以缴纳收入税的方式确定参保资格和缴费率。同时为保障制度的灵活性,赋予以企业为单位参保的权利,由工会选择保险公司并组织非标准雇佣劳动者参保商业化工伤保险,以此来扩大工伤保险的

---

① Williams, C., Lapeyre, F. (2017). "Dependent self-employment: trends, challenges and policy responses in the EU." *ILO Employment Working Paper*. Geneva: International Labour Office, pp. 36–41.

② Vandaele, K. (2018). "Will trade unions survive in the platform economy? Emerging patterns of platform workers' collective voice and representation in Europe." *ETUI Research Paper-Working Paper*, (228), pp. 45–46.

覆盖范围。

除在原有社会保障制度基础之上的改革,强化数字经济时代社会保险的移动性是回应劳动力市场灵活性增强的重要政策手段。便携式社会保障(portable benefits)就是为摆脱传统雇佣关系束缚,保障劳动者流动性和社会保险连续性的社会保障项目创新。2018年,美国国家家政服务员联盟(The national domestic workers alliance)为改善劳动者的劳动条件,实验性提供在线福利平台"艾立亚"(Alia),供不能享受社会保险优惠的平台劳动者和自由职业者使用。顾客支付给劳动者的费用,部分累积在电子账户中,积累起来的基金可用于购买残疾保险、伤害保险、重病等保险。该账户不受雇佣关系的限制,以劳动收入为基础确保保费来源。

### (三) 劳动技能和维持就业能力的提升

法国马克龙(Macron)政府在数字经济时代进行了较为全面的社会保险改革,其改革主要包括以下四个方面:第一,将自雇者纳入失业保险,建立了普惠性失业津贴制度;第二,自主性失业人群也可以领取失业津贴,但仅限于五年领取一次;第三,废除了工资比例2.4%的失业保险费,改以社会保障税的方式充当失业保险基金;第四,将失业保险与最低生活保障和积极劳动力市场政策相衔接,确保长期失业的劳动者享受最低生活保障制度的权利;同时失业津贴配合积极劳动力市场政策,确保领取失业津贴的劳动者参加职业培训和工作搜救计划,尽快摆脱失业状态。法国政府同时采取国家大规模投资集体职业培训方式,为所有劳动者建立个人培训账户,优先资助非标准化雇佣劳动者。此外,进一步强化法国就业中心的职业咨询服务功能,特别向有需要的劳动者倾斜。

综上所述,为填补平台劳动者社会保护的制度漏洞,各国从国家立法到技术性改革进行了诸多尝试。归结起来主要有三点经验启示:第一,各国普遍积极调整、改革和细化劳动关系认定方式,以保证部分劳动者获得相应的劳动权益保障;第二,尽量确保劳动者与平台集体协商和平等对话的权利,通过劳资之间的利益调节来完善平台劳动规则,缓解内部矛盾;第三,增强社会保障制度的包容性和灵活性,通过分层分类的参保机制和费改税,消除与收入和雇主责任相关联的参保机制,通过社会保险与社会就业、积极劳动力市场政策的灵活衔接,改善社会保障制度与已变化的劳动力市场的不适应性,寻求灵活性与保障性的均衡。

## 四、平台劳动者的社会保护政策改革思路

平台经济在吸引平台劳动者大量就业的同时,所面临的社会风险也与日俱增。以社会保险为主的社会风险集体应对策略,建立在工业社会标准化雇佣关系基础之上,在进入平台劳动时代之后其局限性逐渐显现。为顺应数字经济时代劳动力市场的变化趋势,提升我国平台劳动者社会保护政策的保障能力至关重要。为此,面对平台劳动力市场"灵活有限"而"保障不足"这一造成当下平台劳动者权益保障困境的现实症结,理应从以下三个方面完善我国平台劳动者的社会保护。

### (一)规范平台灵活用工与平等对话协商机制

首先,平台劳动者的权益得不到合法保障,与我国对于劳动关系的界定长期滞后于劳动力市场变化有较大关联。为确保平台经济的顺利发展和平台劳动者的权益保障,可借鉴国际经验,从以下两条路径对平台劳动进行合理规范。首先,制定明确的规则以界定劳动关系,如借鉴美国的 AB5 法案,通过 ABC 检测对劳动者的劳动关系进行界定。其次,基于实际劳动的特征界定劳动关系,可借鉴荷兰"时

间比例原则"(pro rata temporis-principle)[①]。据此,平台可根据工作年限和工作任务完成情况,保障长期从业的全职平台劳动者通过"认定劳动关系—有劳动标准—有劳动保障"传统道路,向建立了劳动关系的从业人员提供法律保障,保障其劳动权益和职工福利待遇。在平台企业保障劳动者权益的同时,政府可建立明确的奖惩机制,通过保费减免和税收优惠等政策,避免平台企业负担过度增加,为平台从业者劳动权益保障保驾护航。

其次,赋予劳动者对涉及自身权益事项的参与权和发言权,改变由平台企业完全主导的局面,形成一种相对均衡的劳资权力关系格局。督促平台企业在完善制定抽成比例、工作规则、奖惩机制、解除工作关系、利益分享以及劳动者组织等方面时,积极听取劳动者的合理意见,保护劳动者的集体协商权,确保对话渠道的通畅。同时,依法构建政府对平台的常态化监管机制,集中监管平台的薪酬发放、规则制定、考核指标、劳动争议仲裁等环节,避免平台将过多的风险转嫁给劳动者,赋予劳动者在就业上更多的灵活性和权益保障。

## (二) 重视积极的职业技能培训与人力资本投资

后工业革命时代,劳动力市场的流动性和不稳定性将成为常态,而平台劳动群体的迅速扩张也表明了偏离标准化雇佣关系的就业形态正成为一种新的发展趋势。因此,劳动者的社会保护政策理应从"事后修复"转为"事前预防",扩大积极社会政策的介入,提升人力资本适应劳动力市场变化的能力。政府需要重新规划职业技能培训,推动就业公共服务有效覆盖平台劳动者,提高平台劳动者介入平台等生态系统的能力,提升其劳动技能。鼓励平台企业提供具有示范效应的技能培训和案例培训等,构建终身培训、全员覆盖的公共培训

---

[①] Wielers, R. (2013). "The Economy of Part-time Employment in Netherlands." *International Labor Brief*, p. 13.

网络,提升技能培训服务的可及性和可得性,同时完善职业搜寻和重返劳动力市场公共服务,保障平台劳动者劳动技能的不断提升和职业生涯的持续发展。

(三) 提升社会保障制度的包容性与创新性

首先,不断提升社会保障制度对平台劳动者的可及性,通过缴费方式的差异化和数字化等手段创新,逐渐打破社会保险二元的"福利身份"限制,增强社会保险对自雇者和平台劳动者等灵活就业群体的吸纳性。目前,部分国家采用费改税、费税混合等多种方式,积极推动平台劳动者参与社会保险。例如,法国和比利时政府要求平台与税务部门共享平台劳动者的收入信息,将部分税费转移到社会保险部门,从技术手段上解决平台劳动者参保的现实困境。同时还应强化社会保险、社会救助和职业公共服务等政策之间的相互衔接,确保劳动者在职业生涯收入、就业和职业伤害等保障方面的连续性和可持续性。

其次,强化数字经济时代的社会保障制度创新,以顺应劳动力市场的流动性。可借鉴"数字社会保障理念",在政府主导下,由劳动者、顾客和保险公司达成协议,形成数字社会保障模式,平台从业者在完成工作后,将报酬的一部分转移到电子账号中,基金积累到一定程度后再次转移到国家的社会保障系统中,以用于支付平台从业者的病假、产假、失业津贴、残疾津贴、健康保险、责任保险等[1]。同时借助市场力量,提升社会保险的可得性,拓展政府主导、商业保险公司运营的混合模式,通过政府—平台—劳动者—顾客责任共担机制,分散平台劳动者的职业伤害、失业和疾病等风险。

---

[1] Weber, E. (2019). "Digital social security." Working paper No. 138, Hans Bockler-Stiftung.

# 农村家庭慢性贫困的生成机制及跨代弱势累积研究

霍 萱[*]

## 一、问题的提出

20世纪80年代以来,以亨廷顿(M. Harrington)、雷恩沃特(L. Rainwater)、威尔逊(W. J. Wilson)等为代表的学者发现,贫困开始以新的形式呈现出来,贫困者的特征由基本生活难以满足转变为无法达到当时所在社会的平均生活水平。[②] 与此同时,贫困开始逐渐固化于一些特定群体,呈现出时间上的持续性,由此构成丰裕社会下的一个"底层阶级"(underclass)。20世纪90年代,全球对贫困问题的关注从发达国家延伸到发展中国家,发展中国家贫困呈现出长期的绝对性物质匮乏被广泛关注,由此提出慢性贫困概念。更重要的是,在全球极端贫困人口大幅度减少的背景下,2000年处于慢性贫困的人口,如今他们还有大量依旧贫困。现有的反贫困经济社会政策被指责只帮助了"容易救助的人",[③]而慢性贫困者成为"剩余的另

---

[*] 本文发表于《社会政策研究》,2021年第3期。
霍萱,南京大学社会保障研究中心、华智全球治理研究院助理研究员。
[②] Townsend, P. (2010). "The Meaning of Poverty." *The British Journal of Sociology*, 61(S1), 85–102.
[③] Hulme, D., Shepherd, A. (2003). "Conceptualizing Chronic Poverty." *World Development*, 31(3), 403–423.

一半"。① 目前,慢性贫困困扰着全球上亿人口,他们自身的脆弱性和遭受的多重剥夺,使贫困如"癌症"一样顽固。

我国贫困问题主要集中在农村,20世纪80年代伴随非农就业机会在相对发达的农村地区出现,以及其后开始的大规模工业化、城市化进程,打破了长期以来仅能维持温饱的小农经济状态,具有"益贫"性质的经济增长和经济结构调整促进农村家庭劳动力实现产业流动,通过从农业部门向生产率和工资水平都更高的非农部门转移,从而打破了小农经济的低水平发展陷阱并实现向上流动。与此同时,有一部分农村家庭由于难以利用工业化、城市化发展提供的机会,变为这一进程中的落后者,并逐渐形成一个具有较高脆弱性的农村社会底层,农村社会由此走向分化。这构成了本文的研究对象——农村慢性贫困家庭。对于这部分家庭来说,长期经济状况低下带来的影响在目前工业化、城市化加速发展与调整的背景下尤为突出。

在这样的背景下,本文将对农村慢性贫困家庭的分析置于中国快速的工业化、城市化发展背景中,关注这一发展过程对农村家庭生命历程变迁的影响,以及在此基础上导致的家庭贫困状态的打断、维持和跨代累积,由此揭示农村家庭慢性贫困背后的生成机制,有助于通过系统干预帮助慢性贫困群体走出贫困陷阱。

## 二、慢性贫困的理论解释

目前,国外关于"慢性贫困"问题的解释被置于多重研究脉络下,并形成了慢性贫困解释的资源视角、关系视角与文化视角。

资源视角是解释慢性贫困最传统的视角,强调慢性贫困是由于

---

① Lenhardt, A., Shepherd, A. (2013). "What has Happened to the Poorest 50%?" Brooks World Poverty Institute Working Paper 184.

资源和资产匮乏引起的福利水平长时间低下，由此陷入了一种低水平均衡的"陷阱"，最近的研究进一步将慢性贫困者的实际生活情景和贫困带来的反馈效应纳入分析，从而将"脆弱性"概念引入了传统资源视角的解释中。

慢性贫困的关系视角强调贫困具有关系属性，是通过优势者和劣势者之间以及经济上安全者和不安全者之间的不对等联系产生的。该视角认为对贫困的理解无法通过对于贫困者的孤立研究而获得，因而同样反对简单将贫困视为社会排斥和边缘化的后果，将社会分为排斥者和被排斥者的静态的、相对的观点应让位于动态的、基于关系的分析。[1]通过将慢性贫困置于社会结构和社会过程中进行考察，关系视角将贫困对象视为社会整体的一部分。

文化视角常常认为贫困者乃至贫困者生活的社区都存在一种不同于主流价值的亚文化，这种文化会体现为具有偏差的态度、价值和行为，并且会代代相传。目前，关于贫困文化与慢性贫困的关系产生了两种解释的路径和方向，一种路径沿袭了刘易斯（O. Lewis）传统的贫困文化视角，认为穷人之所以难以摆脱贫困是因为他们被这种与主流文化相对脱离的贫困亚文化所束缚，并表现为一种对贫困的适应状态。而目前越来越得到认同的是另一种路径，即从穷人的心理角度去探讨穷人安于现状或陷入"贫困文化"而消极行动的原因。[2]

本文认为，以上三种理论视角为开展我国农村慢性贫困研究奠定了基础，但在用于分析我国农村慢性贫困问题时存在不足。中国的农村慢性贫困问题产生于特殊的社会经济背景和制度条件中，并不断被快速的宏观变迁所形塑。为此，本文将对农村家庭慢性贫困

---

[1] Kandylis, G. (2015). "Levels of Segregation, Lines of Closure: the Spatiality of Immigrants' Social Exclusion in Aathens." *Local Economy*, 30(7), 818-837.

[2] 吴高辉、岳经纶：《面向2020年后的中国贫困治理：一个基于国际贫困理论与中国扶贫实践的分析框架》，《中国公共政策评论》，2020年上卷。

的分析嵌入工业化、城市化快速发展的宏观背景下,通过考察农村家庭在这一背景下的生命历程变迁,由此带来对家庭贫困状态的持续性影响,形成研究农村慢性贫困问题的多层次分析框架。

## 三、生命历程理论与农村家庭变迁

### (一) 生命历程理论的视角与整合

传统的社会学研究将宏观社会结构及其变化与微观生活模式割裂研究。20世纪60年代,以社会学家埃尔德(G. H. Elder)为代表的研究者们在年龄分层理论和世代(cohort)等概念研究的基础上提出生命历程理论,由此打破了以往宏观与微观分离的研究路径,开创了把宏观社会变迁与个体生活联系起来的研究传统,并设立了通过研究社会变迁对个体生活经历的影响来研究变迁的一套方法。[1] 此后,在埃尔德提出的传统生命历程理论视角基础上,在欧洲发展出了生命历程的制度化视角,并由欧兰德(A. M. O'Rand)和丹尼佛(D. Dannefer)实现了不同视角间的整合,在这种整合性发展中提出了"生命历程的分层化"(stratification of the life course)和"生命历程过程中的分层化"(stratification over the life course)。[2] 由于生命历程理论将个体的生命历程看成是更大社会力量和社会结构的产物,超越了社会生活研究中宏观分析与微观分析的长期隔离状态而具有动态视角。这一理论后来用于贫困研究,进而对以往以社会阶级、出生和社会化等对于贫困的静态决定论解释提出质疑。

---

[1] 埃尔德:《大萧条的孩子们》,田禾、马春华译,南京:译林出版社,2002年版,第420—469页;Elder, G. H. (1994). "Time, Human Agency, and Social Change: Perspectives on the Life Course." *Social Psychology Quarterly*, 57(1), 4-15.

[2] Dewilde, C. (2010). "A Life-course Perspective on Social Exclusion and Poverty." *British Journal of Sociology*, 54(1), 109-128.

## (二）农村家庭生命历程变迁

### 1. 生命历程"第一次打断"与农村社会分化

长期以来,农村家庭作为一个小型经济单元受限于土地,通过小规模的农业生产,以自给自足的形式维持着基本生存意义上的温饱。20世纪90年代中期,全国范围内工业化、城市化的起步与发展产生的"时期效应"对小农经济的生产生活形态带来冲击。一方面,在宏观层面,经济结构的调整和国家对于劳动力流动限制的放开,工业化、城市化通过创造有利的机会结构而为农村劳动力提供非农就业机会,这些新产生的就业机会主要分布于对技能水平要求较低的劳动密集型加工制造业,并由此带动相关建筑业和服务业的发展,因具有较低的进入门槛而容易为农村劳动力获得,经济发展与经济结构呈现出"益贫性";另一方面,新产生的机会结构对农村家庭生产和生活产生影响,宏观变迁与农村家庭拥有的资源禀赋、结构特征以及所生活的社会条件相互作用,使许多农村家庭通过充分发挥能动性而对家庭内部生计策略进行调整,通过将主要劳动力转移到生产率和工资水平都更高的非农部门,摆脱了小农经济的低水平发展状态,农村家庭也被日益卷入一个"小农经济+市场经济"的混合体系中,"半工半耕"成为主要的生产生活形态,其中传统的农业生产继续保持着维持家庭基本温饱和风险分担功能,收入的提高和资本积累则依赖于非农就业。

然而,工业化、城市化的快速发展在帮助大多数农村家庭实现向上发展的同时,也分化出一部分家庭,他们由于个体因素和所处社会条件等限制难以利用这一机会,仍然保持了原本的生产生活形态。可见,工业化、城市化对农村家庭生命历程带来的结果是:农村家庭生命历程由较为统一的结构形态形成差异,带来的后果是农村社会内部家庭经济状况的分化,一方面是大部分家庭实现了低水平贫困陷阱的打破,另一方面则是少部分家庭贫困状态维持。

2. "第二次打断"的出现与贫困状态维持

经过 20 多年的稳定发展,进入 2010 年以来,我国工业化、城市化开始进入加速发展与调整时期,表现为城市化进程加快和城乡融合。基于现代职业分工的城乡统一劳动力市场逐步形成,"半工半耕"的生产生活形态在这一变化下加速消解。与此同时,工业化发展开始进入后期,经济结构调整使经济发展的"益贫"性质削弱。

第一次打断的后果及过往经历,通过影响分化后农村家庭在新背景下采取适应性的家庭策略,进一步改变农村家庭已经形成的差异化生命历程。这对家庭贫困状态的影响在于:不但通过进一步影响农村家庭生计策略的调整导致分化基础上的贫困/非贫困状态维持,更通过家庭内部包括资源使用和分配等在内的生活关联机制影响子代个体生命历程的发展,并在劳动力市场变化、教育制度等共同作用下对子代未来的竞争力产生重要影响,造成跨代优势累积和弱势累积,从更长的时间段导致家庭贫困/非贫困状态的延续(参见图 1)。

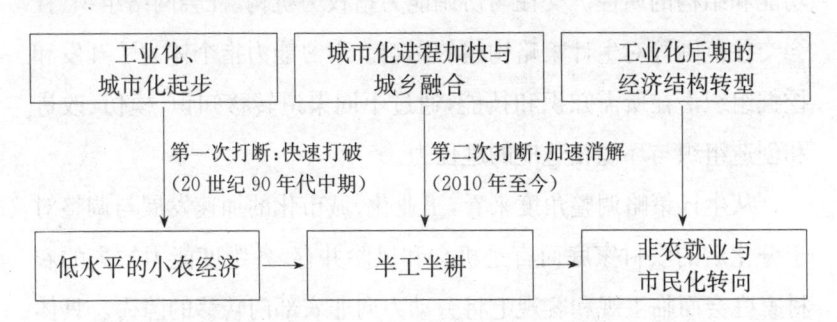

图 1 工业化、城市化发展和农村家庭生命历程的两次打断

## 四、生命历程变迁下农村家庭慢性贫困的生成机制

### (一)农村家庭慢性贫困生成机制的研究框架及假设

在农村家庭生命历程经历"第一次打断"后,农村有一部分家庭仍陷入慢性贫困陷阱中,农村社会由于已经产生分化,新的宏观变化

将对分化后的农村家庭产生不同影响。本文通过实证考察农村家庭在面对工业化与城市化加速发展与调整中，如何进一步对家庭生计策略进行调整，以及这种调整对贫困结果的影响，从而形成生命历程变迁背景下慢性贫困生成机制的研究框架。由于关于宏观变迁背景下个体的行动过程选择与结果分析涉及多方面影响因素，包括个体因素和实际生活条件的限制，这都影响了农村家庭在改变的机会结构中能动性的发挥。本文引入生计资本作为一个整体性的分析框架，该框架关注在特定的情境下，个体的能力和资源禀赋（概念化为生计资本）如何能够转化为特定的生计策略并导致积极或消极的结果。[1]

为使分析可操作化，本文借鉴生计恢复力（livelihood resilience）概念，识别出具有三种不同属性和功能的能力（capacity）——抗风险能力、交往与协调能力、学习能力，并将每个能力分解为若干指标。抗风险能力指系统（这里指家庭）可承受的变化或扰动，并保持原有功能和结构的属性。交往与协调能力指权力机构、社会网络组织、社会交往范围等对生计策略构建的影响。学习能力指个体为了开发和挖掘组织潜在所需知识和技能，通过不同渠道转移知识，模仿、改进和创造组织与环境相适应的胜任力。[2]

从生计策略调整角度来看，工业化、城市化的加速发展与调整对于分化后的农村家庭而言是机会和风险并存，各维度能力缺失的农村家庭会面临主观和客观上将劳动力向非农部门转移的障碍。具体来看，对于农村家庭来说，抗风险能力是生计策略进行调整的基础性条件，抗风险能力意味着如果实现从农业部门向非农部门转移，农村人口能够有效利用自身的各类资本和资源禀赋应对传统风险和流动

---

[1] Chambers, R., Gordon R. C. (1992). "Sustainable Rural Livelihoods: Practical Concepts for the 21st Century." IDS Discussion Paper 296.

[2] 杜巍、牛静坤、车蕾：《农业转移人口市民化意愿：生计恢复力与土地政策的双重影响》，《公共管理学报》，2018年第3期；胡汉辉、潘安成：《组织知识转移与学习能力的系统研究》，《管理科学学报》，2006年第3期。

中产生的新风险。如果没有足够的抗风险能力,一般来说,家庭很难做出流动性决策。交往与协调能力是实现生计策略调整的前提,基于农村生活条件,该能力依赖于农村家庭内部系统的分工和家庭整体与外部行为主体之间的交往,强调家庭与所处环境和家庭成员的内部互动,由此实现资源的整合、配置与共享,以及实现信息交流和交易成本的降低,在劳动力从农业部门向非农部门转移中发挥链接和桥梁作用。学习能力是工业化、城市化新背景下实现更高质量流动和融入城市的关键,指知识和技能的交流、具有较高知识储备的人力资本并从以往经历中获取的经验等。[①]

农村家庭进一步依赖所拥有的三种能力及差异,采取三种不同类型、具有递进关系的生计策略:维持性策略、调整性策略和转化性策略。在中国农村中,采取维持性策略的家庭以农业生产为主,采取调整性策略主要维持"半工半耕"的生计模式,转化性策略主要包括制度性迁移的"农民市民化"和行为性迁移,前者指举家进城并获得城市居民户口,后者指举家迁移者,但保留原户籍,这部分家庭具有较强的、适应非农劳动力市场竞争的能力,总体上能够较为体面地依靠非农就业维持全家生活。

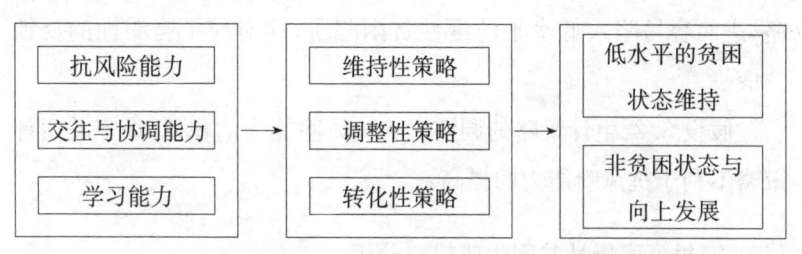

图 2 生计恢复力的三个维度、生计策略类型与贫困结果

---

[①] Speranza, I., Wiesmann, U., Rist, S. (2014). "An Indicator Framework for Assessing Livelihood Resilience in the Context of Social-ecological Dynamics." *Global Environmental Change*, 28, 109–119; Nee, V. (1989). "A Theory of Market Transition: From Redistribution to Markets in State Socialism." *American Sociological Review*, 54(5), 663–681;程名望、盖庆恩、Jin Yanhong:《人力资本积累与农户收入增长》,《经济研究》,2016 年第 1 期。

根据图 2 研究框架和以上分析,本文形成如下研究假设:

假设 1:抗风险能力越强的农村家庭,陷入贫困,尤其是慢性贫困的可能性越低;反之,抗风险能力越弱,陷入贫困,尤其是慢性贫困的可能性越高。

假设 2:交往与协调能力、学习能力的强弱影响生计策略的调整,进而影响到贫困结果。

假设 2.1:交往与协调能力越强的农村家庭,越倾向于选择调整性策略或转化性策略,进而陷入贫困尤其是慢性贫困的可能性越低。

假设 2.2:交往与协调能力较强,而学习能力较弱的农村家庭,倾向于选择调整性策略;学习能力越强的农村家庭,越倾向于选择转化性策略,进而陷入贫困尤其是慢性贫困的可能性越低。

假设 2.3:交往与协调能力和学习能力都较弱的农户,倾向于选择维持性策略,进而陷入慢性贫困的可能性越高。

假设 3:农村家庭劳动力非农就业决策会受到预期收入和潜在风险的双重影响,因而抗风险能力、交往与协调能力、学习能力之间存在相关性。

假设 3.1:抗风险能力弱的家庭,更倾向于选择保守的维持性策略,进而容易陷入低水平的慢性贫困陷阱,这对应了脆弱性的反馈效应。

假设 3.2:生计策略的调整影响抗风险能力的积累,保守的生计策略不利于抗风险能力的提高。

### (二)农村家庭慢性贫困生成机制分析

1. 数据来源与研究步骤

本文利用中国家庭追踪调查(CFPS)2010 年到 2018 年、每间隔一年收集的、跨越 8 年的五期面板数据,本部分的分析对象是每一轮都参加CFPS调查的所有4860户农村家庭。[①] 其中,关键变量包括三类:核心自变量为生计恢复力的三个维度——抗风险能力、交往与协调能力、学习能力;中介变量为家庭生计策略调整类型——维持性策略、调整性策略和转化性策略;因变量为观测期内的贫困结果,包括从不贫困、暂时性贫困和慢性贫困家庭三类,贫困线采用调查省份在各年度的农村低保标准。从不贫困指五期调查家庭人均收入均高于低保标准,暂时贫困包括短暂贫困和偶然性贫困,慢性贫困包括总是贫困、持续性贫困和复发性贫困,其中慢性贫困家庭样本为334。[②]

本文按照顺序对以上三组研究假设进行验证。第一,运用多元logit模型,在控制相关变量的基础上,验证抗风险能力对不同贫困结果的直接影响,以对假设1进行验证;第二,通过中介分析法,验证交往与协调能力和学习能力、三种生计策略类型和贫困结果之间的关系,以对假设2进行回答;[③]第三,在前两步分析的基础上进行整合,通过交互效应验证三种能力之间的关系及对生计策略和贫困结果的影响,以形成工业化、城市化发展背景下,家庭层面慢性贫困陷阱何以产生的完整链条。

---

[①] CFPS调查由北京大学中国社会科学调查中心执行,样本覆盖25个省/市/自治区,能够代表中国除香港、澳门和台湾外总人口的95%,调查对象包括样本家户及其中的所有家庭成员。从调查时间来看,CFPS在2008年和2009年于北京、上海、广东三地分别展开了初访和追访工作,并于2010年开展正式访问,追访工作每两年进行一次。

[②] 除了5期都为贫困的农村家庭作为"总是贫困"被划定为农村慢性贫困家庭,其他贫困类型的划定中参考了三个标准:贫困时段的多少、每一个贫困时段的时长以及非贫困时段的时长,由此形成了五种贫困类型,其中单一时段有三种类型:一是短暂贫困,即只有一个短暂的贫困时段,并且仅持续1到2个调查期,考虑到CFPS的调查周期,即基本能在3年内脱离贫困的家庭;二是持续性贫困,持续3个及以上调查期的贫困,但在调查期间总有1年不贫困,即至少在5年内都较为贫困,符合慢性贫困研究中心最基本的5年定义;三是总是贫困,即在调查期限内一直贫困。多贫困时段被分为两种类型:一是偶然性贫困,反复的贫困经历,但每一次仅持续一期;二是复发性贫困,多个贫困时段,且有一些时段超过了一期。

[③] Baron, R. M., David A. K. (1986). "The Moderator-mediator Variable Distinction in Social Psychological Research." *Journal of Personality and Social Psychology*, 51(6), 1173–1182.

2. 农村慢性贫困家庭的形成过程

在工业化、城市化发展背景下描述和解释农村慢性贫困生成的内在机理、根本动因和影响因素。通过以上分析，本文发现，慢性贫困家庭既缺乏摆脱贫困的基础，也缺乏向上发展的基本条件，并且两者相互作用。

第一，由于抗风险能力弱，慢性贫困家庭在传统生产生活风险与工业化冲击的背景下呈现出风险应对能力不足的高度生存脆弱性，不仅导致其生活水平在潜在冲击下具有进一步下降的可能性，这种脆弱性带来的反馈效应也导致慢性贫困家庭倾向于采取保守的生计策略，进而难以在转型背景中进行有效的生产活动调整。

第二，由于缺乏基本的交往与协调能力和学习能力，导致慢性贫困家庭呈现出发展脆弱性，不利于其通过自身赚取足够的经济资源并由此形成经济资本、社会资本等的积累，这反过来又会进一步导致生存脆弱性的发生。

第三，从最终结果来看，生存脆弱性与发展脆弱性相互影响，使慢性贫困家庭呈现出低水平向下发展的趋势，并导致长期的资源低下和内生动力的逐渐丧失。

### (三) 生命历程变迁下的农村慢性贫困与跨代弱势累积

基于对生命历程变迁下农村家庭慢性贫困生成机制的分析结论，进一步考察宏观变迁如何由家庭这一中介对子代个体生命历程的发展产生影响。例如，工业化、城市化改变了农村家庭间的资源分配状况，与在分化中实现向上发展的农村家庭相比，处于低水平发展陷阱的慢性贫困家庭长期资源匮乏，造成对子代成长与发展过程进行经济资源投入的客观能力不足。与此同时，在经济结构调整背景下，伴随着对人力资本等市场能力要求变高，人力资本投资时间变长，回报的不确定性也在增加，进一步削弱了抗风险能力较弱的慢性贫困家庭对子代教育投资的意愿和动力，家庭决策使家庭内部的资源使用与分配更不利于子代发展。同时,由于学习能力低下,慢性贫困家庭也难以对子代进行充分的文化资本投入,经济资源和文化资本投入的缺失使慢性贫困家庭对子代的生命历程发展和关键转折期的选择产生不利影响,并在教育制度、劳动力市场制度等因素的共同作用下造成子代未来的竞争劣势。由此,通过跨代弱势累积造成贫困状态在更长时间段内的延续。

## 五、慢性贫困家庭中的儿童与跨代弱势累积

### (一) 农村家庭分化基础上跨代弱势累积的研究框架

从目前工业化、城市化发展的阶段性特征来看,城乡一体化基础上现代职业分工逐步形成,工业化后期的经济结构调整使经济活动中资本和技术密集型岗位增量扩张,同时产业部门内部调整进一步导致传统依赖于低技术劳动力的经济部门衰弱和现代经济部门发展。在此背景下,劳动力市场的成功和未来经济地位的获得愈发依赖于以人力资本等衡量的市场能力,教育回报的上升带来人力资本影响职业获得的重要性逐步增加,[1]进而决定未来的经济收入水平。

从子代个体生命历程发展的角度,本文借鉴儿童发展领域相关研究,关注在工业化、城市化起步发展后仍处于低水平均衡的农村慢性贫困家庭,对于子代人力资本和非认知能力等衡量未来市场能力的关键发展结果产生影响的家庭微观机制和动态过程,并与非慢性贫困家庭对比,这些发展结果对子代生命历程关键转折期的升学/择业选择和经济地位获取具有重要影响。根据数据可得性,将考察的时间点放在子代 10～18 岁阶段,在对于这一年龄阶段的动态考察中,对义务教育阶段结束后的就业/升学选择这一转折事件给予特别

---

[1] 吴愈晓:《社会分层视野下的中国教育公平:宏观趋势与微观机制》,《南京师大学报》(社会科学版),2020 年第 4 期。

关注。

本文将家庭贫困对子代人力资本和非认知能力发展过程和结果产生影响的微观机制分为两类:家庭社会经济资源转化机制和文化再生产机制。① 这些机制伴随着儿童的成长过程持续发挥作用,并在儿童的不同成长阶段扮演着不同角色;同时,前一阶段的发展结果将对后一阶段产生持续性累积影响,由此共同推进贫困与非贫困家庭跨代弱势/优势累积的产生。与此同时,鉴于工业化、城市化的发展和农村劳动力流动的现实,与未考虑宏观结构变迁相比,正在进行中的城市化进程加快和经济结构调整可能对家庭社会经济资源转化机制和文化再生产机制产生影响,体现在强化这些机制的作用效果(参见图3)。

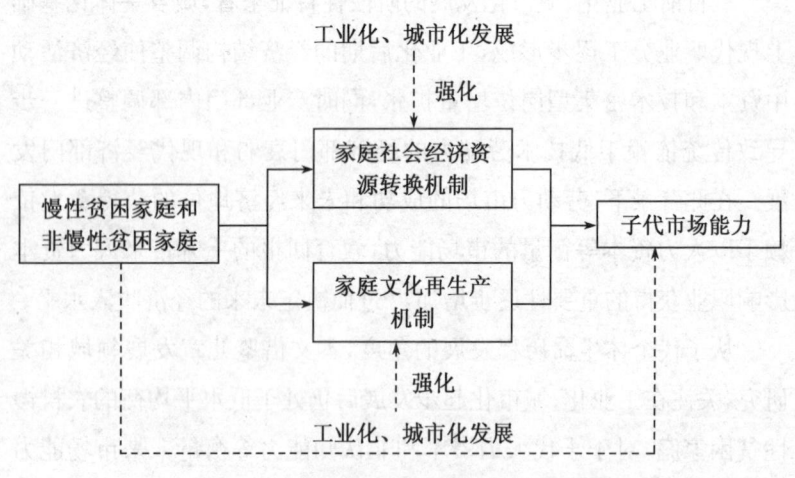

**图3 跨代累积弱势的产生路径与机制**

---

① 李煜:《制度变迁与教育不平等的产生机制——中国城市子女的教育获得(1996—2003)》,《中国社会科学》,2006年第4期;吴愈晓:《社会分层视野下的中国教育公平:宏观趋势与微观机制》,《南京师大学报》(社会科学版),2020年第4期。

## (二) 跨代弱势累积的产生

### 1. 研究假设

本文从儿童发展的角度考察两个问题,第一,从子代生命历程的发展过程看,慢性贫困家庭的儿童与其他家庭中的儿童在教育发展成就和非认知能力方面的各阶段发展结果是否有差异,这种差异是否随时间在扩大,并从最后关键转折期的选择性结果,如升学、择业等方面进一步体现出来?第二,如果衡量未来关键市场能力的发展结果伴随时间变化在扩大,那么对于儿童来说,优势/弱势累积过程背后的机制为何?

由此,本文提出假设1:慢性贫困家庭与非慢性贫困家庭儿童的教育发展成就和非认知能力表现有差异,这种差异伴随孩子的成长在扩大;不断扩大的发展结果差异将最终对儿童的升学/就业选择产生显著影响。

如果假设1成立,本文进一步提出假设2:与其他家庭相比,农村慢性贫困家庭对于子代的经济资源投入较低,由此导致其在各个阶段较差的教育发展成就和非认知能力发展水平,以及假设3:与其他家庭相比,农村慢性贫困家庭对于子代的文化资本投入较低,由此导致其在各个阶段较差的教育发展成就和非认知能力发展水平。

最后,由于本文对同一个出生世代的儿童进行基于生命周期的考察,因而认为在优势/弱势累积的发展过程中,不同机制发挥作用的时间不同。由此,参考已有研究,提出假设4:文化再生产机制在儿童早期发展中的作用较大,伴随儿童长大,社会经济资源转化机制的作用在变大。

### 2. 数据来源和研究步骤

为了扩大样本量,本文纳入 CFPS 2008 年和 2009 年的试调查数据,并假设 2008 年处于 10 周岁的儿童和 2010 年处于 10 周岁的儿童可近似看作同一个世代。由此本部分将使用 CFPS 从 2010 年到 2018 年跨期 8 年的全部 5 期观测数据（预调查采用 2008—2016 年数据），瞄准调查初期处于 10 周岁，并于最后一期长到 18 周岁世代儿童，共涉及儿童 414 名。这些孩子成长于 21 世纪的前 20 年，将会成为未来受经济结构调整影响最大的一代人。

本文通过两步骤分析来回答两个研究问题：

第一，为了从儿童个体生命历程发展的角度展示跨代优势/弱势累积的发生过程，本文通过回归分析估计了慢性贫困家庭和非慢性贫困家庭在每一个观测期，儿童在教育发展成就和非认知能力表现方面的平均结果，主要关注点在于这种平均结果在初期的差异是否随着时间扩大、缩小或保持稳定。在这一步，本文还考察了家庭所属的贫困类别与儿童 18 岁时的升学/就业结果之间的关联。

第二，本文的重点在于进一步分析跨代优势/弱势累积过程背后的机制。本文先通过理论构建模型，后用结构方程模型予以拟合。从个体生命历程的动态发展过程出发，家庭对于儿童发展的影响可以表现为三种效应：因果效应、选择效应和路径依赖效应。在本文的研究中，教育发展成就和非认知能力被看作是发展健康的表现，并会影响到成年时期的劳动力市场参与状况、收入情况和社会经济地位获取。根据因果效应，家庭贫困状况通过经济资源和文化资本的投入影响了儿童的发展结果，根据选择效应，体现为教育发展成就和非认知能力的儿童发展结果会影响成年时候继续接受教育或就业的选择。路径依赖效应强调前期发展结果对后期相应结果的影响，三种效应综合便可以从生命周期的角度反映儿童发展的个体—过程—场景—时间维度。

### 3. 慢性贫困家庭中的跨代弱势累积

通过以上分析，本文发现，慢性贫困家庭儿童在个体和家庭特征方面表现出劣势，这种劣势通过家庭经济资源和文化资本的投入不足造成其以教育发展成就和非认知能力为表现的关键性发展结果，在个体生命历程发展的各阶段均落后于非慢性贫困家庭中的儿童。

同时,从跨代弱势累积的过程和机制来看,伴随着儿童的长大,非慢性贫困家庭儿童与慢性贫困家庭儿童在教育发展成就方面的差异不断扩大,而非认知能力的差异基本保持稳定,其中,教育发展成就差异的扩大是路径依赖效应和家庭投资因果效应共同作用的结果,并对其后升学/就业关键转折期的选择产生了重要影响。

同时,本文还发现,除了家庭各类资本投入外,在考察初期,儿童关键性的发展结果就已经表现出了差异和较为明显的路径依赖效应,考虑到儿童年纪越小,对于家庭的依赖越强,这表明贫困给慢性贫困家庭儿童带来的代际创伤应该在生命周期早期就已经出现,但由于数据的限制本文无法对其个体生命历程轨迹进行向前追溯的考察。

## 六、建立农村慢性贫困综合性干预体系

针对研究结论并借鉴已有的国际慢性贫困干预经验,本文认为要想有效解决农村慢性贫困问题,必须从快速变化的宏观社会经济背景出发,建立一个兼顾短期贫困干预、中期代际阻断和长期贫困预防的综合性干预体系。

### (一) 构建"基本生活保障"与"多维干预"相结合的慢性贫困治理机制

第一,以基本生活保障为基础缓解生存脆弱性。包括通过基本现金补助与生活负担减免保障基本需求,强化制度性救助的兜底功能,防止"贫困化"和"再贫困化",以及强化非正式支持与正式支持双重保障作用以提高抗风险能力。

第二,通过"多维干预"降低发展脆弱性。注重帮助慢性贫困家庭克服结构性劣势,扩展选择机会和选择能力,同时通过能力发展型与支持融合型服务相结合,增强脱贫内生动力和社会—经济韧性。

## (二) 实施以儿童为中心的农村家庭慢性贫困阻断政策

第一,重视家庭功能的发挥在儿童早期发展中的重要性。强化对贫困家庭的育儿支持,帮助营造良好的家庭氛围和文化氛围,针对有儿童的贫困家庭提供育儿津贴,进一步加大对贫困家庭育儿的经济帮扶,同时对于确实没有抚养能力、短期内也没有脱贫可能的慢性贫困家庭提供育儿咨询、教育指导、随访监督、替代性照料等服务。

第二,完善具有生命周期视角的儿童政策。除了继续保持对于家庭经济功能和抚育功能的支持,在青少年阶段,保证持续性的家庭经济补助和教育资助、辅助性的营养和健康投入、贫困儿童全覆盖的高等教育机会优先提供和资助。

## (三) 从农村生活条件和家庭需求出发实现对慢性贫困的预防

第一,依托农村生活条件提高有效生计资本的可及性。提高村级信贷资金的可及性,设立村级互助资金和发展基金,为农村家庭面临的各项生活和发展困境提供资金支持和服务帮助,为生产和就业过程中遇到的困难提供补贴、培训和技术支持,促进先进市场经验的传播,为贫困家庭子女接受教育提供教育资金和课外辅导等。

第二,通过社区社会资本和基本公共服务建设以促进生计策略调整与转化。通过在社区层面进行社会资本和基础设施建设等优化转化条件,促进农村家庭在工业化、城市化这一宏观变迁背景下进一步实现生计策略的调整与转化。包括通过外部资源的输入对社区整体环境进行改造,在社区内部通过多种方式加强不同经济地位之间家庭的联系,发挥社区基本公共服务的作用。

第三,构建农民参与机制以实现需求表达与资源连接。通过社区参与机制更好地包容农村弱势群体,根据他们所表达出的需求来提供资源和服务,并增强这些资源和服务活动的可持续性和对穷人的包容性。基于社区参与机制构建,还可以在引导农村家庭需求表达的基础上,建立相关农村家庭信息数据库,在对需求信息进行搜集的基础上,对社区自有资源和外部资源进行整合,提高资源配置效率。